Fourfold Gospel Sermon Book

사중복음과 우리의 신앙

여성삼 외 26명

중생·성결·신유·재림의
실천적 설교

사랑마루
SARANGMARU

사중복음과 우리의 신앙

발행일 _ 1판 1쇄 2017년 5월 20일
발행인 _ 김진호
지은이 _ 여성삼 외 26명
편집인 _ 송우진
책임편집 _ 전영욱
기획/ 편집 _ 강영아 장주한
디자인/일러스트 _ 권미경 오인표
마케팅/ 홍보 _ 황성현
행정지원 _ 조미정 신문섭

펴낸곳 _ 도서출판 사랑마루
서울시 강남구 테헤란로 64길 17(대치동)

대표전화 TEL (02) 3459-1051~2/ FAX (02) 3459-1070
홈페이지 http://www.eholynet.org, http://www.ibcm.kr
등록 2011년 1월 17일 등록번호/ 제2011-000013호
ISBN 979-11-86124-38-3 03230
가격 12,000원

Fourfold Gospel Sermon Book

사중복음과 우리의 신앙

여성삼 외 26명

중생·성결·신유·재림의
실천적 설교

사랑마루
SARANGMARU

사중복음과 우리의 신앙

무엇인가에 익숙해진다는 것은 우리가 그것을 '당연한 것'으로 받아들인다는 긍정적인 측면과 함께 '소중하게 여기지 않는다.'는 부정적인 측면을 가지고 있습니다. 그렇기에 당연한 것을 소중하게 여기기 위해서는 늘 오늘에 맞게 새로움을 추구할 필요가 있습니다. 이것을 문학적 표현으로 '낯설게 하기'라고 합니다. 제110년차 총회장으로 저는 우리에게 익숙한 중생 · 성결 · 신유 · 재림의 사중복음이 우리의 사명임을 다시 한 번 되새기는데 앞장서고자 노력해 왔습니다. 이를 위해 사중복음 컨퍼런스를 개최하고 사중복음 노래를 만들었습니다. 그러나 이러한 노력이 미치는 거리가 목회자들에게 한정되어 있다는 아쉬움을 늘 갖고 있었습니다.

이러한 때에 성도들에게 보다 효율적으로 사중복음을 전달하기 위해 첫 번째 결과물로 목회현장에서 사중복음을 실천하고자 매일 기도하며 고민하는 성결교회 동역자들의 설교들을 모아 '사중복음 설교집'을 발간하게 됨을 매우 기쁘게 생각합니다.

학문적으로 익힌 사중복음이 설교자라는 프리즘을 통해 얼마나 다양한 모습으로 나타날 수 있는지, 그래서 '새로운 게 있겠어!'라고 얕잡아 보던 이들의 고정관념이 얼마나 낯선 것인지를 알게 해줄 것입니다.

첫술에 배부를 수 없습니다. 그러나 서툴더라도 자꾸만 시도해야 합니다. 이제부터 우리는 새로운 옷으로 갈아입은 사중복음을 자꾸 만나게 될 것입니다. 그래서 익숙해지고 소중하게 느끼는 사중복음이 되었으면 합니다.

2017년 5월
기독교대한성결교회 제110년차
총회장 여성삼 목사

목차

성결교회의 사중복음과
우리의 신앙

데살로니가전서 5장 23~24절

　이 땅에 성결교회가 태동한지 110주년이 되었습니다. 먼저 성결교회는 자랑스러운 세 가지 특징이 있습니다. 첫째는 한국인에 의해 시작된 교회라는 것입니다. 성결교회는 김상준, 정빈 두 사람이 동경에서 OMS 선교사들을 만나 동경성서학원에서 공부를 마치고 1907년 5월 30일에 조선으로 돌아와 무교동 12번지에 "야소교 복음전도관"이란 간판을 걸고 '성결의 복음'을 전하기 시작하면서 첫 시작이 되었습니다. 다른 교단들은 선교사들이 복음을 가지고 이 땅에 들어와 전할 때에 안방에서 앉아서 영접했다면, 성결교회는 한국 사람이 해외에 나가서 복음을 영접하고 돌아와 한국인의 의해 첫 시작이 된 것이기에 자랑할 만한 가치가 있습니다.

둘째는 교파교회를 추구하지 않은 초교파적인 사상을 가진 교회입니다. 장로교회나 감리교회는 1885년 교파 배경을 가진 아펜젤라와 언더우드가 들어와 처음부터 교파 교회로 출발했습니다. 그러나 성결교회는 교파교회를 지향하지 않고 전도하여 결실이 되면 가까운 교회에 나가도록 권유했습니다. 그리하여 14년 동안은 전도하여 결실이 맺어지면 가까운 교회에 신자들을 보냈습니다. 그 후 1911년 경 성성서학원(서울신학대학교 전신)을 시작하여 지도자를 양성하기 시작했고, 1921년 조선야소교 동양선교회 성결교회라는 명칭으로 교파 교회를 조직하면서부터 교단의 모습을 갖추기 시작했습니다.

셋째는 일제에 의해 교단이 강제 해산된 교회입니다. 본 교단의 전도표제인 사중복음(중생, 성결, 신유, 재림)중에 재림사상이 일본 군국주의에 정면으로 위배되어 1943년 12월 9일에 일제에 의해 전국에 있는 성결교회는 강제해산을 당했습니다. 예수님이 재림하시면 일본의 천황도 심판받는다고 할 때 성결교회는 패쇄 조치를 당했습니다. 당시에 다른 교단들은 지도자가 투옥되거나 순교를 당하기는 했지만 교단적으로 교회가 폐쇄되지는 않았습니다. 그러나 성결교회만은 전국에 있는 모든 성결교회 정문에 큰 나무로 못을 박아놓고 아무도 들어갈 수 없도록 하여 할 수 없이 가까운 장로교회나 감리교회에 출석하게 된 것입니다.

1. 성결교회의 강조점

첫째는 사중복음(四重福音)입니다. 사중복음이란 중생, 성결, 신유, 재림을 말하는 것으로 중생은 거듭남으로 구원받아 생명을 건지는 것이며, 성결은 온전한 사랑을 실천하는 것이며, 신유는 영혼뿐만 아니라 육체도 회복됨을 말하는 것이며, 재림은 주님을 기다리는 소망으로 성결교회는 초기부터 체험적 신앙 강조했습니다.

두 번째 강조점은 전도와 선교에 강조점을 둔 것입니다. 성결교회는 일제 때 만주에 선교사를 파송하여 연길지역에 '용정교회'를 세웠습니다. 지금도 용정시에 가면 '성결예배당'이라고 간판이 걸려 있는 교회건물(지금은 문화재 전시관으로 사용)이 있습니다. 교단이 약할 때 선교에 치중한 것입니다. 우리는 지속적으로 한사람이 1년에 한 사람을 전도하여 하나님께로 인도하는 것을 목표로 하고, 또 한 사람이 일평생 한 교회를 설립하는 것에 목표를 두고, 한 가정이 한 선교사를 파송할 수 있도록 해야 합니다. 이런 면에서 성결인의 긍지와 자부심을 가져야 할 것입니다.

셋째는 거룩하게 사는 성결을 강조하는 교회입니다. 그래서 이름도 성결교회입니다. 레위기 11장 45절에는 "내가 거룩하니 너희도 거룩할 지어다"고 했습니다. 또 베드로전서 1장 16절에는 "기록하였으되 내가 거룩하니 너희도 거룩 할지어다."고 했습니다. 마태복음 5장 48절에는 "하늘에 계신 너희 아버지의 온전하심과 같이 너희도 온전하라."고 했습니다. 여기에 '온전'이란 단어는 거룩을 의미하는 히브리어의 "카도쉬"란 단어입니다. 데살로니가전서 4장 7절에는 "하나님이 우리를 부르심은 부정케 하심이 아니요 거룩케 하심이라"고 했습니다. 따라서 성결교회 성도는 거룩하고 깨끗해야 합니다. 성경은 온전한 성결을 말하고 있습니다. 데살로니가전서 5장 23절에 "평강의 하나님이 친히 너희로 온전히 거룩하게 하시고 또 너희 온 영과 혼과 몸이 우리 주 예수 그리스도 강림하실 때에 흠 없게 보전되기를 원하노라"고 했습니다. 육체도 영혼도 주님오실 때까지 흠없이 보전되어야 합니다. 이것은 온전한 성결로서 영과 혼과 몸까지도 주님 재림 때까지 거룩해야 합니다.

2. 성결교회의 사중복음의 특징

① 먼저는 중생(重生)은 거듭남을 말합니다. 중생이란 무거울 중(重)과 날 생(生)이란 단어로 다시 태어남을 의미합니다. 거듭남은 신앙생활에서 가장 기본이 되는 신앙입니다. 니고데모가 밤중에 예수님을 찾아와 영생에 대하여 질문할 때 예수님은 "사람이 물과 성령으로 나지 아니하면 하나님 나라에 들어갈 수 없다고 했습니다. 중생은 거듭나는 것이며, 새사람 되는 것이며, 새롭게 태어나는 것이며 신생(新生)이란 뜻입니다. 철저하게 죄를 회개하고 나면 주님이 주시는 축복으로 거듭나게 되는 것입니다. 거듭남이란 말은 다음의 몇 가지 뜻이 있습니다.

중생은 신령(神靈)한 출생으로서의 거듭남(as a divine generation)입니다. "그가...진리의 말씀으로 우리를 낳으셨느니라(약

1:18)"고 했으며, "예수께서 그리스도이심을 믿는 자마다 하나님께로부터 난 자니 또한 낳으신 이를 사랑하는 자마다 그에게서 난자를 사랑하느니라(요일5:1)"라는 말씀처럼 '낳음'이라는 말과 '거듭난다.'는 말과 '다시 난다'라는 말들은 밀접히 관련된 말들입니다. 중생은 사람의 영혼 속에서 영적인 영역에서 '나게하는 하나님의 역사'입니다. 따라서 중생이란 말은 생명의 부여(a bestowment of life)라는 뜻을 가지고 있습니다. 또 중생은 신령(神靈)한 창조로서의 중생(as a divine creation)을 의미합니다. "우리는 그의 만드신 바라 그리스도 예수 안에서 선한 일을 위하여 지으심을 받은 자니(엡 2:10)"라고 했고, "그런즉 누구든지 그리스도 안에 있으면 새로운 피조물이라 이전 것은 지나갔으니 보라 새 것이 되었도다(고후 5:17)"고 했는데, 중생은 곧 새로운 피로물로서 인간이 처음 창조되었던 본래의 형상으로 회복되는 일입니다.

또 중생은 영적부활(靈的復活)로서의 중생(as a divine resurrection)을 말합니다. "아버지께서 죽은 자들을 일으켜 살리심 같이 아들도 자기의 원하는 자들을 살리느니라(요5:21)"고 했고 "너희의 허물과 죄로 죽었던 너희를 살리셨도다(엡2:1)"고 하신 말씀처럼, 죄와 사망의 옛 상태와 대조적으로 중생은 영적 부활로 말미암아 죄와 허물로 죽었던 영혼이 다시 살아나 새로운 생명속에 살게 되는 일입니다. 곧 중생은 새로운 생명에의 입문입니다.

요한 웨슬레는 그의 중생에 관한 설교에서 중생을 정의(定義)하기를 "사람의 영혼 속에서 역사하사 그것을 새로운 생명으로 인도하시며 그 영혼을 죄의 죽음에서 의의 생명으로 살아가게 하시는 하나님의 위대한 변화"라고 했습니다. 존. 폴은 중생을 "사망에서 생명으로 향하는 변화이며, 죄악의 지배로부터 은혜의 통치로 향하는 변화이며, 또한 타락에서 상실했던 영적 생명을 복구시키는 일"이라고 정의했습니다. 루터는 "중생이란 예수 그리스도를 믿음으로 받게 되는 성령의 능력으로 말미암아 우리들의 타락된 본성을 새롭게 하는 일"라고 했습니다. 포스터 감독은 중생을 "우리 속에 이뤄지는 내적 본질을 변화시키는 일로서 이것으로 말미암아 우리 영혼 속에 영적 생명이 주입되는 것"라고 했습니다.

여기서 가장 중요한 것은 '죄의 인식'입니다. 죄에는 두 가지가 있는데 첫째는 내가 범한 죄로 '자범죄(自犯罪)'가 있고 또 하나는 내 속에 '내주한 죄 즉 원죄(原罪-Original sin)'가 있습니다. 우리가 처음 믿기로 작정하고 회개하면 내가 범한 죄와 허물에서 사함을 받습니다. 이것을 중생이라고 말합니다. 그러나 내 속에 여전히 내주한 죄가 문제입니다. 저는 개인적으로 잔디밭을 좋아 합니다. 과거에는 단독 주택에서 살 때 마당에 잔디밭을 가꾸었던 적이 있습니다. 잔디를 심고 정원을 만들어 가꾸었지만 잔디밭에 돋아나는 풀이 문제였습니다. 일주일에 한 번씩 풀을 뽑아 주어도 계속 풀이 돋아 납니다. 풀뿌리를 완전히 제거해야 합니다. 이것이 완전히 거듭난 신자의 모습입니다.

② **성결(聖潔)입니다.** 성결이란 거룩하고 깨끗하게 사는 것을 말합니다. 거듭나고 중생했지만 아직도 내속에 '내주하는 죄의 뿌리'가 여전히 남아 있는 것이 문제입니다. 이것은 풀을 뽑았지만 여전히 계

속하여 풀이 돋는 것과 같습니다. 뿌리까지 완전히 해결하는 것을 '성결의 은혜'라고 말합니다. 지금은 애완견을 많이 키웁니다. 과거에 보통의 개들을 키우면서 개의 꼬리를 자르면 귀가 빳빳해 진다고 꼬리를 많이 잘랐습니다. 암컷의 꼬리를 자르고, 수컷의 꼬리를 자르면, 그 사이에서 태어나는 새끼는 꼬리가 없는 것이 나와야 하는데 모두 꼬리가 긴 것들이 나옵니다. 거듭난 부부 사이에 태어나는 자녀들이라도 여전히 원죄를 지키고 태어나는 것입니다. 토마스 쿡(Thomas Cook)은 「성결과 유혹」이라는 글에서 "성결한 사람이라도 죄를 범할 수는 있으나 그 마음속에 강력한 권능을 받아 맹렬한 싸움이 계속될지라도 그리스도 안에서 완전히 승리하는 것이 성결이다"고 했습니다. 즉, 성결은 죄의 본 바탕을 털어 버리는 것입니다.

모든 죄의 본성을 털어 버리고 온전한 성결(그리스도인의 완전)을 이루게 되는 것을 말합니다. 여기서 성결을 오해하는 몇 가지가 있습니다. "내가 온전하니 너희도 온전하라"는 말과 '온전'이란 말은 곧 '완전(Perfect)'을 뜻하기에 생겨나는 오해입니다. 첫째 성결은 절대적인 완전이 아닌 상대적 완전입니다. 하나님 외에는 절대가 없기에 절대적 완전이 아닌 '상대적인 완전'입니다. 둘째는 천사 같은 완전이 아닙니다. 천사는 지식이나 판단이나 분별력에 완전하지만, 사람은 성결의 은혜를 체험해도 여전히 지식이나 판단이나 분별력에 실수가 있을 수 있습니다. 셋째는 거듭나고 성결해도 하나님 나라의 완전한 상태로 살아가는 것은 아닙니다. 여전히 '죄 많은 세상에서 살아가는 완전'입니다. 성결의 은혜를 받아도 여전히 넘어질 수 있는 가능성이 있습니다. 넷째는 '무죄한 완전'이 아니라 죄가 있어도 '타락하지 않는 완전'입니다. 성결을 체험해도 여전히 유혹을 받을 수 있습니다. 주님도 이 세상에 계실 때 유혹을 받으셨습니다. 죄의 유혹은 있으나, 죄를 안 짓는 완전입니다.

성결의 또 다른 표현들은 '더욱 은혜의 최고점을 향하여 나가는 진보'입니다. 성결은 그리스도 안에 있는 것이며, 성결은 그리스도로 말미암아 보호를 받는 것입니다. 성결은 마음의 청결을 말하며, 죄의 몸을 멸하고 옛사람은 십자가에 못 박고, 마음에 간사함이 없는 상태를 말합니다. 성결은 거룩하고 아름다운 것이며, 사랑을 온전히 이루는 것입니다. 따라서 온전한 성결은 곧 온전한 사랑입니다.

우리 성결교회는 교단 헌법에 기록된 대로 웨슬레가 가르쳤던 복음을 그대로 전하고자 하는 사명으로부터 세워진 교회입니다. 웨슬레에 있어서 복음 전파의 핵심은 바로 "성결"에 있었습니다. 따라서 "성결교회"라고 하는 교파 이름을 갖게 된 것은 성결의 교리가 서울신학대학교와 기독교대한성결교회에 있어서 얼마나 중심적인 교리인가를 잘 표현하여 주는 것입니다. 윌리암 호턴(William Horden)은 오늘의 신학동향(New direction in theology today)을 언급하면서 성결의 교리가 재발견되고 있다고 지적한 바 있습니다. 즉 오늘의 신학에 있어서 '성결 없는 교회의 구원론'이야 말로 절름발이 교리로 전락되고 만 것입니다. 성결을 별개의 교리로 취급할 것이 아니라, 구원의 전 과정 중에서, 구원은 좁은 의미로 볼 때 거듭난 것으로 부터의 현재적 구원을 말한다면, 넓은 의미에서는 하나님의 선행적 은총으로부터 시작합니다. 곧 사람이 거듭나기 전에도 하나님이 선행적 은혜로 역사하셔서 인간이 회개하고 믿게 되는 것입니다. 그리하여 하나님과의 화해를 이룬 사람은 의롭다 함을 받습니다. 바로 이것이 율법적이고 객관적인 관계에서 설명하게 될 때 의인(義認)이라고 말하고, 곧 죄에 대한 용서함을 의미합니다. 하나님 앞에 의롭다함을 받은 의인이 성장해 가는 과정이 하나님께서 우리 안에 계심으로 기인되는 변화의 과정인데 이것을 넓은 의미에서의 성화(Sanctification)라고 말합니다.

따라서 성화의 시작은 중생으로부터 입니다. 성화는 한사람의 태도와 방향의 변화를 뜻하는 주관적인 면에서의 근본적인 변화(Real Change)이며, 죄와의 관계에서 말하면 죄책(Guilt)이 아닌 범죄케하는 세력에서의 해방을 말합니다. 이렇게 볼 때 성결은 구원론의 중심을 이루고 있습니다. 문제는 어떻게 성결의 과정이 이루어지느냐입니다. 웨슬리는 성결은 인간의 노력에 의해서가 아니라 하나님께서 성령으로 역사하시는 것이라고 했습니다.

웨슬리는 성결은 순간적으로 일어나는 중생의 사건에서 시작되고(Initial Sanctification), 계속하여 점진적으로 성장하는 성결의 과정(Gradual Sanctification)을 갖게 된다고 했습니다. 그러나 이 점진적인 과정에 다시 순간적이고 극적인 체험을 경험하게 되는데 이것을 온전한 성화(Entire Sanctification)라고 말하며, 흔히 '성결의 체험'을 하였다라고 말합니다.

③ 신유(神癒)입니다. 신유란 하나님의 능력으로 병 고침을 받는 것입니다. 죄 회개하고 영혼만 구원받는 것이 아니라 육신도 구원을 받아 건강하게 살아가는 것입니다. 마가복음 16장 17-18절 "믿는

자들에게는 이런 표적이 따르리니 곧 저희가 내 이름으로 귀신을 쫓아내며 새 방언을 말하며 뱀을 집으며 무슨 독을 마실지라도 해를 받지 아니하며 병든 사람에게 손을 얹은즉 나으리라"고 했고, 말라기 4장 2절에 "내 이름을 경외하는 너희에게는 의로운 해가 떠올라서 치료하는 광선을 발하리니 너희가 나가서 외양간에서 나온 송아지 같이 뛰리라"고 했습니다.

저는 목회하면서 각종 병든 사람들이 깨끗하게 낫는 기적을 수없이 많이 목격했습니다. 제 자신도 나도 모르게 폐에 이상이 있어 병이 걸렸다가 나도 모르는 사이에 나은 흔적이 있습니다. 하나님이 주신 신유의 축복입니다. 또 결혼한 지 7년 된 부부가 교회 나와 등록했습니다. 그 집사님 집에는 아이가 없었는데 함께 기도했더니 쌍둥이를 임신케 하셨습니다. 그것도 아들 딸 쌍둥이를 얻은 것입니다. 간성혼수가 왔던 36세의 한 집사님이 기도로 건강을 회복했던 일도 있습니다. 하나님의 능력으로 병 고침을 받은 것입니다. 출애굽기 15장 26절에는 "내가 애굽 사람에게 내린 모든 질병의 하나도 너희에게 내리지 아니하리니 나는 너희를 치료하는 여호와임이니라"고 했습니다.

마태복음 8장 16~17에는 "저물매 사람들이 귀신 들린 자를 많이 데리고 예수께 오거늘 예수께서 말씀으로 귀신을 쫓아내시고 병든 자를 다 고치시니 이는 선지자 이사야로 하신 말씀에 우리 연약한 것을 친히 담당하시고 병을 짊어지셨도다"고 하였으며, 야고보서 5장 14~15에는 "너희 중에 병든 자가 있느냐 저는 교회의 장로들을 청할 것이요 그들은 주의 이름으로 기름을 바르며 위하여 기도할지니

라. 믿음의 기도는 병든 자를 구원하리니 주께서 저를 일으키시리라"고 하셨습니다. 위의 몇 구절만으로도 신유에 대한 성서적 근거는 충분하며 그 의미도 스스로 설명해 줍니다. 한마디로 요약하면 인간의 힘으로 고칠 수 없는 육체의 병을 하나님의 능력을 믿음으로 고침을 받는 것입니다. 신유는 이론보다도 예수님 하신 치유사역(Healing Ministry)이 이를 증명해 줍니다. 예수께서 기적으로 모든 병을 고치신 것은 유대인들과 바리새인들도 인정하였고, 복음서에 기록된 것은 모두 사실적 가치가 충분한 것입니다. 더욱이 의사인 누가는 그런 신유에 관한 기사를 누구보다도 자세하게 더 많이 기록하고 있습니다.

예수님은 자신이 신유의 기적을 행하였을 뿐 아니라 이런 기적을 행할 수 있는 능력을 그 제자들에게도 주셨습니다. 따라서 제자들도 더러운 귀신을 쫓아내기도 하였고 모든 병을 고쳤습니다. 이 신유의 기적은 예수의 제자들과 그 뒤를 따른 많은 성도들이 병을 고쳤고 또 고침의 약속을 받은 것입니다. 인간은 영과 육과 혼으로 창조되었기에 구원도 전인적으로 구원을 받아야 합니다. 구원의 완성은 현재가 아니라 그리스도께서 재림하실 때에 얻게 되는 완전한 구원이 성취되는 종말론적인 성격을 가지고 있습니다. 기독교의 구원관은 영과 육을 이원론적으로 구분하는 헬라적인 구원이 아니고, 영과 육이 모두 구원받는 히브리적인 구원을 말합니다. 따라서 몸까지 속량함을 받을 때 구원은 완성되는 것이다. 바울도 "주 예수의 강림할 때까지 우리의 온 영과 혼과 몸이 흠 없이 보존되기를(살전5:23)" 힘써야 한다고 했습니다.

④ **재림(再臨)입니다.** 재림은 주님이 다시 오신다고 약속한 것입니다. 신약성경에는 주님의 재림 약속이 314번이나 기록되어 있습니다. 영어 성경에는 "I will coming soon"이라고 약속했는데 곧 오신다는 뜻입니다. 마태복음 25장의 지혜로운 다섯 처녀처럼 등과 함께 기름을 준비하여 신랑 되신 주님을 영접할 수 있어야 합니다. 성경에 모든 예언들이 다 이루어졌는데 주님의 재림 약속은 아직 이루어지지 않은 미래의 일입니다.

기독교의 종말사상은 불가피하게 〈하나님의 나라〉사상과 밀접한 상관이 있습니다. 왜냐하면 예수의 재림이 궁극적으로 영원한 하나님의 나라를 완성되기 때문입니다. '하나님의 나라'는 예수께서 처음 갈릴리에서 하신 첫 설교의 주제였고, 예루살렘에서 니고데모를 면접하실 때에 거듭나야 한 까닭이 역시 '하나님의 나라에 들어가기 위함'이라고 밝혔기 때문입니다. 사도행전 28장 30절에는 바울의 로마 선교를 대단원(大團圓)내릴 때에 "담대히 하나님의 나라를 전파하며 주 예수 그리스도께 관한 것을 가르치되 금하는 사람이 없더라."고 하여 끝까지 일관된 "하나님의 나라"를 말하고 있습니다.

그러나 '하나님 나라'라고 말할 때에 전제가 되고 있는 조건(Pre-suppositions)이 있는데, 성경의 예언이 모두 성취될 것에 대해서 개괄적으로 동의를 하는 것입니다. 사자(死者)의 부활, 성도의 보상(報償), 악자(惡者)의 처벌, 죽음 없는 생명의 소유, 등이 실현될 것을 믿는 것입니다.

예수의 재림에 대하여 그 시기를 가늠할 때, 세 가지 해석이 있습니다. 첫째는 재림을 이해함에 있어서 '전 천년왕국설(Premillennia lism 또는 Chiliasm)'이 있습니다. 계시록 20장에 있는 말씀대로 예수께서 강림하실 터인데 천년왕국이 그 후에 있으며, 다시 그후에 최후의 심판이 있다고 믿는 것입니다. '천년의 왕국'이 예수의 재림 이후에 시작된다고 믿는 것입니다. 우리교단의 신앙은 이것을 따르고 있습니다. 둘째는 3세기의 알렉산드리아 학파의 비자의적(非字意的) 입장에 서서 이 예언을 영해(靈解)에 의하여 전의(轉義)해석을 하는 것입니다. 이 해석은 천년왕국이 예수의 재림으로 영원한 나라로 완성된다고 봅니다. 이 해석의 대표적인 사람이 어거스틴(354-430)으로 그는 계시록 20장을 자의(字意)적으로 해석하였으나, 당시의 천년왕국주의자가 지나치게 타계(他界)적인 것에 반발하여 입장을 번의하였고 "하나님의 도성(The city dof God)"에서 더욱 영적해석으로 굳히었습니다.

어거스틴의 입장이 바로 로마 카톨릭 교회의 해석의 입장이며 천년왕국이 다름 아닌 교회시대라고 했습니다. 셋째는 약간의 수정을 가한 무천년왕국론의 변형이라고 할 수 있는 후 천년(後千年)왕국 사상입니다. 교회의 선교활동이 드디어 세계를 풍미할 것이고 복음의 의(義)가 땅 끝까지 미칠 때에 드디어 평화의 황금시대가 역사의 종말기(綜末期)에 실현될 것인데 이것이 천년왕국이며 이 황금기가 끝날 때에 예수의 재림이 실현될 것이라는 것입니다. 다니엘 휫비(D Whitby 1638-1725)의해서 최초로 소개되었으나 20세기 후반에 세계대전이후에 이 견해는 실현 불가능한 것으로 생각하여 '후천년왕국설'은 둘로 갈라져서 전 천년왕국설 아니면 무천년왕국설로 흡수되었습니다.

계시록 20장 4~5절에서 "저들이 살아서 그리스도로 더불어 천년 동안 왕 노릇하니 그 나머지 죽은 자들은 그 천년이 차기까지 살지 못하더라. 이는 첫째 부활이라"고 했는데, 여기에 두 번 나오는 "산다"(ezesan)의 의미는 자의적으로도 몸의 부활을 말하며, 동시에 성도의 영의 부활인 성도의 삶을 가리킵니다. 계시록 22장 20절에 "내가 진실로 속히 오리라 하시거늘 아멘 주 예수여 오시옵소서"라고 말했습니다. 우리 모든 성도들은 재림의 소망을 가지고 살아야 하는 이유는 예수의 재림이 구원의 완성이며, 하나님 나라의 완성이기 때문입니다. 우리의 영과 혼과 몸이 주님오실 때까지 흠 없게 보전되도록 믿음에 승리자가 되시길 축원합니다(아멘).

사중복음, 온전한 복음

데살로니가전서 5장 23~24절

새빛교회 신상범 목사

Ⅰ. 서론

'사중복음'은 우리 성결교회의 대명사입니다. 그래서 '성결교회하면 사중복음'으로 통하지만 예전에는 사중복음이라는 표현보다는 온전한 복음, 또는 순복음이라는 표현을 더 많이 사용했습니다. 마틴 냅에 의해 설립된 만국성결연맹의 설립목적이 영육을 포함한 온전한 구원을 선포하며 새로운 교파를 설립하기보다는 선교사역을 감당하고자 함이었습니다. 이러한 정신을 계승한 것이 동양선교회입니다. 동양선교회의 설립자인 찰스 카우만은 동경성서학원을 세우면서 순복음(Full Gospel)을 전하는 것이 목적이라고 하였습니다. 이것은 복음의 완벽함이라는 의미보다는 지금까지 다른 개신교파들이 온전한 복음을 전하지 못했다는 반성과 복음을 표현하는 것에 있어서 더 온전해졌다는 의미에서 시작된 표현입니다.

개신교는 루터의 칭의에 근거해서 생겨났습니다. 우리가 구원받는 것은 '우리가 열심히 의를 행하여 그것 가지고 주님 받아 주세요.' 하는 것이 아니고, 예수 그리스도께서 이루신 그 의를 받아들이고, 하나님 앞에 나아가는 것입니다. 성결의 복음은 "내가 거룩하니 너희도 거룩하라"(레19:2)에 근거합니다. 하나님은 우리의 거룩, 즉 성결을 요구하시는데 기독교는 역사적으로 오랫동안 가르치지 않았습니다. 그래서 요한 웨슬리는 칭의에 더하여 성결도 강조하였습니다. 보다 더 온전한 복음이 된 것입니다.

19세기 미국의 복음주의자들이 성경을 연구하다가 한 동안 무관심 했던 신유의 복음을 발견했습니다. 예수님께서 질병을 고치신 것은 가르치고, 전파하신 것과 함께 3대 사역 가운데 하나인데 당시는 초대교회까지만 이것이 가능했다고 생각했습니다. 그러나 예수님은 영혼만 아니라 육체까지도 구원하시기를 원하신다는 것을 알고 강조함으로 보다 더 온전한 복음이 되었습니다.

그들은 또한 성서에서 "내가 다시 올 것이다." 라는 재림의 복음을 발견했습니다. 기독교가 다시 오실 예수님에 대해서 가르치지 않는다면, 초대교회의 신앙정신도 잃어버리는 것이요. 기독교 복음의 진수를 놓치고 완성된 복음을 갖지 못하는 것입니다.

온전한 복음을 전하게 되면 어떤 결과가 생기게 됩니까? 온전한 구원을 이루게 됩니다. 초기부터 성결교회 목적은 온전한 복음을 전해서 온전한 구원을 이루게 하는 것입니다. 온전한 구원은 무엇입니까? 죄지은 사람은 벌을 받아야 하는데, 벌에서 해방되는 것이 구원입니다. 이것 또한 전부가 아닙니다. 벌에서 해방되었으나 내 마음에 죄의 세력이 남아 있습니다. 그래서 죄를 반복하게 됩니다. 이 죄의 세력, 죄의 쓴 뿌리를 뽑아 버리는 것이 성결의 은혜입니다. 그러나 온전한 복음이라 말함에 있어서 조심해야 할 것이 있습니다. 성결의 은혜를 체험한 이후에도 우리는 육체를 가지고 있기 때문에 육체적 질병에 매일 수도 있고, 감정적으로 화를 낼 수도 있습니다. 연약함에서 오는 한계를 지니고 있습니다. 그렇다면 이 연약함은 언제 온전해 집니까? 주님께서 다시 오시는 그날에 온전해집니다. 구원의 역사는 이미 시작되었으나 완성은 주의 재림의 날에 완성되는 것입니다.

이제 온전한 복음(Full Gospel)인 사중복음을 하나씩 이야기해 나가고자 합니다.

II. 중생의 복음

사도 바울이 "의인은 없나니 하나도 없으며 모든 사람이 죄를 범하였다."고 말했습니다. 죄가 무엇입니까? 우리의 마음의 중심에 '하나님이 아니라 내가 있는 것'입니다. 신학자 디히트리히 본회퍼는 인간이 "선악과를 따먹었다는 것은 무엇이냐? 하나님이 선악을 판단해야 하는데, 내가 선악을 판단하는 것을 말한다." 라고 했습니다. 오늘날 수많은 사람들이 아담이 지은 죄를 반복하고 있습니다. 성 어거스틴은 죄인 즉 원죄 가운데 있는 사람은 교만과 욕망이 함께 있다고 말합니다.

교만은 무엇입니까? 하나님과 같이 되고자 하는 것입니다. 하나님과 같이 되어서 모든 것을 지배하고자 하는 욕망이 인간 모두에게 있다는 것입니다. 인간이 죄를 지으면 그 결과는 사망입니다. 거짓의 아비인 사탄은 태초부터 인간에게 죄를 지어도 결코 죽지 않는다고 기만했습니다. 그러나 하나님은 죄를 범하면 정녕 죽으리라고 했습니다. 그러므로 인간의 과제는 이 필연적인 사망에서 어떻게 벗어날 것인가 하는 것입니다.

여기에 대한 해답을 찾은 사람이 마틴 루터입니다. 1505년 7월 2일, 친구와 함께 학교로 오다가 친구가 옆에서 벼락을 맞아 죽는 사건을 통해 루터는 심판의 하나님에 대해 생각하게 되었습니다. 수도원에 들어간 루터는 규율을 가장 잘 지키는 자가 되었습니다. 그러나 고해성사를 하고 나오면, 또 다른 죄를 고해성사하는 등 거듭 반복하는 죄에 대한 결벽증 환자가 되었습니다. 루터가 그렇게 열심히 죄를 고백하고 사니까 루터의 제자가 그에게 물어보았습니다. "선생님은 그렇게 철저하게 신앙생활을 하는 것을 보니까 선생님은 정말 하나 님을 사랑하는가 봅니다." 루터가 대답했습니다. "천만에 난 하나님 을 저주했었네..." 죄만 따지는 하나님, 죄를 용서치 않으시는 하나 님을 저주하리 만큼 괴로웠다는 것입니다. 루터는 신학교에 들어가 성서를 연구하는 교수가 되었습니다. 성서를 연구하다 보니까 그 동 안 알던 것하고는 너무 달랐습니다. 로마서 1장 16절 "의인은 믿음 으로 말미암아 살리라"는 말씀을 읽으며 크게 깨닫게 됩니다. 하나님 은 죄만 지적하는 하나님이 아니라 아들 예수 그리스도를 보내서 우 리를 용서하시고 사랑하시는 분이었습니다. 그렇습니다. 루터의 깨 달음처럼 구원은 예수 그리스도의 은혜를 받아들여서 의롭다고 인정 받는 것입니다. 구원은 인간의 공로로 이루어지는 것이 아니라 예수 십자가의 공로를 인정함으로써 이루어지는 것입니다.

중생은 성령의 일깨우심의 은혜로 내가 죄인인 것을 고백하고 예 수 그리스도를 구주로 영접할 때 일어나는 전적인 하나님의 은혜의 선물입니다.

III. 성결의 복음

어거스틴의 고백록에 보면, 어거스틴이 어릴 때 배 서리한 이야기
가 나옵니다. 어거스틴이 어렸을 때, 배나무 밭을 지나가다가 남의
집 배를 따먹었습니다. 처음에는 배가 고파서 따먹었는데, 나중에는
배가 고프지 않아도 따먹게 되었습니다. 어거스틴은 "내 마음에 남의
것을 내 것으로 하고 싶은 마음의 죄성이 있어서 그렇다." 고 했습니
다. 외적인 변화에 의해 사람이 바뀌지 않습니다. 마음의 죄성을 해
결하지 않고는 죄의 근본적인 문제는 해결되지 않습니다. 성결의 은
혜는 변화(Change)가 아니라 교체(Exchange)입니다. 성결의 은
혜는 근본적인 변화를 가져오는 것이며 마음을 주님의 마음으로 바
꾸는 것입니다.

초대교회 교부 중에 이스라엘의 그레고리는 원숭이를 훈련시켰습
니다. 원숭이가 사람 마스크를 쓰고 사람 흉내를 내며, 기도하고 찬
양하는 복음적인 원숭이가 된 것입니다. 그런데 바나나를 원숭이 앞
에 던졌더니 원숭이가 마스크를 찢어버리고 바나나를 먹었습니다.
바나나를 먹고 싶은 데, 사람의 마스크를 써서 못 먹으니까 마스크를
찢어버린 것입니다. 그러자 사람들이 "원숭이는 원숭이야!" 라고 말
했습니다.

이스라엘의 그레고리는 신자가 이와 같다고 합니다. 보통 때는 신
자가 신자 같습니다. 그러나 그 앞에 벼슬이나 돈과 같은 이권을 던
지면 그것을 하나 더 얻으려고 온갖 추악한 짓을 저지릅니다. 외적으

로 그리스도인이라고 해서 그리스도인입니까? 그리스도인이라는 것은 그리스도의 마음을 가진 사람들이지 외적으로 흉내 내는 것이 아닙니다. 정말로 중요한 것은 인간의 마음을 바꾸는 것입니다. 도대체 인간의 마음을 어떻게 바꿀 수 있습니까?

첫째는 십자가의 보혈입니다. 우리 교단 부흥사이셨던 이원호 목사는 '나의 변화는 예수 십자가의 보혈의 은혜로만 가능했다.'고 고백한 적이 있습니다. 그렇습니다. 예수 그리스도의 십자가의 보혈만이 인간의 마음속에 있는 죄악의 본성을 깨끗하게 할 수 있습니다.

둘째는 성령세례입니다. 원래 세례는 침례입니다. 완전히 물에 잠기는 것입니다. 완전히 물에 잠기어서 죽는 다는 것입니다. 세례와 같이 성령세례는 성령 안에 푹 잠기는 것입니다. 우리가 성결의 은혜를 받으려면, 우리가 성령의 은혜에 푹 잠기어야합니다. 19세기 미국의 성결 운동가인 팔머 여사는 말했습니다. "우리가 어떻게 성결의 은혜를 받을까요? 주의 제단 앞에 우리 자신을 드리게 되면 받게 됩니다."라고 말했습니다.

초기 한국교회 평양 대부흥에 장대현교회 길선주 목사님이 등장합니다. 죽은 친구의 부인이 세상 물정을 잘 몰라서 길목사님께 재산정리를 맡겼으나, 재산 가운데 일부를 자기 주머니에 넣었습니다. 이후로 주일날 설교를 하는데 하나님의 은혜가 임하지 않는 것입니다. 길선주 목사님은 설교하다 말고 오늘 우리 가운데 하나님의 은혜가 임하지 않는 것은 나 때문이라고 자기 죄를 고백합니다. 길선주 목사님의 고백을 듣고 많은 사람들이 자신들의 죄도 솔직히 털어 놓고 회개하면서 평양대부흥운동이 촉발되었습니다.

우리는 성결의 은혜를 통해서 무너져 가는 한국 교회와 사회를 다시 세우고, 타락해버린 한국 민족을 회복시켜야 합니다. 이 원대한 비전은 사실 나의 변화로부터 시작해야 합니다. 우리 성결교회가 진정한 사회와 교계, 나라의 개혁을 이루고자 한다면, 성결인들이 먼저 성결의 은혜 속에서 살아야 합니다.

19세기말 영국과 미국 도시에서 도시선교운동이 일어났습니다. 이들은 죄악으로 얼룩진 슬럼가에 들어가서 그들과 함께 살면서 그들을 섬기며, 성결한 삶을 보여주었습니다. 그리고 다가오는 그들에게 죄로부터 돌이켜 성령의 능력으로 새로운 삶을 살 것을 제안했습니다. 그 결과 수많은 사람들이 새로운 삶을 살게 되었습니다.

IV. 신유의 복음

인간은 영혼과 육체로 되어 있습니다. 영혼은 죄로 말미암아 파괴되고, 육체는 질병으로 인해 파괴됩니다. 예수님은 이 세상에 오셔서 죄의 문제만 해결하신 것이 아니라 질병의 문제도 해결하셨습니다. 영혼이 없는 인간은 시체요, 육체가 없는 영혼은 유령입니다. 예수님은 우리를 영과 혼과 몸이 온전케하시기를 원하십니다.(살전

5:23)

　근대교회사에서 신유운동의 근원이 되는 사람은 독일의 불름하르트입니다. 이 불름하르트가 목회하던 교회에는 고트리빈 디투스라는 여자 신자가 있었습니다. 그녀는 정신병자였는데, 기도 후에 '예수는 승리자'라고 외치고 병에서 나았습니다. 그 후 그는 요양원을 세우고 신유운동을 전개했습니다. 불름하르트는 서구신학이 성경에서 놓치고 있던 영적인 전쟁의 승리 개념을 악마에 대한 승리로 이해했던 것입니다.

　미국에서 신유운동을 크게 일으킨 사람은 의사였던 컬리스입니다. 그는 "믿음의 기도는 병든 자를 구원하리니 주께서 그를 일으키시리라 혹시 죄를 범하였을지라도 사하심을 받으리라"(약5:15)는 야고보서의 말씀을 믿고 기도하여 치료를 경험했습니다. 이후에 그는 요양원을 세워 본격적인 신유운동을 일으켰습니다.

　미국에서 신유신학을 정립한 사람은 장로교 목사인 심프슨입니다. 그는 목회 도중에 만성심장병으로 고생했습니다. 그는 메인주로 요양을 떠났습니다. 근처의 집회장소에서 예수는 만군의 주라는 찬송을 들었습니다. 거기서 그는 예수님이 영혼만이 아니라 육체의 문제도 해결하시는 분으로 믿게 되었습니다. 그는 신유의 복음을 믿고, 그것을 전할 것을 서약했습니다. 그 뒤부터 만성심장병에서 나음을 얻었습니다. 그의 강조점은 '그리스도는 죄를 용서하실 뿐만이 아니라 병을 치료하시는 넉넉하신 분'이라는 것이었습니다.(All Sufficient Christ).

만국성결연맹의 설립자인 마틴 넵도 오랫동안 일사병으로 고생했습니다. 그는 성결의 체험과 동시에 신유를 경험했습니다. 영과 육의 축복을 동시에 경험한 것입니다. 신유에 관한 체험적인 사례가 이루 헤아릴 수 없을 정도로 많습니다. 성결교회의 신유는 하나님의 치료하심을 강조하는 디바인 힐링(Divine Healing)입니다. 신유는 강력한 하나님의 치유를 체험하는 것입니다. 신유는 미래에 있을 부활의 몸을 지금 여기에서 체험하는 것입니다. 그러나 신유운동이 질병치료에만 목적을 두면 현세적 신앙인이 될 위험성이 있습니다. 더욱이 성경적 신유는 '전인격적인 회복'과 '건강한 상태를 유지하는 것'도 포함하고 있습니다. 그러나 신유의 궁극적인 목적은 성결한 삶이라는 것을 잊지 말아야 합니다.

V. 재림의 복음

사도들과 교부들은 모두 부활하신 주님의 재림을 기다리는 소망 가운데 신앙생활을 했습니다. 사도들과 교부들은 재림에 대한 주님의 약속을 믿고 기다리며 증거 했습니다. 그들은 예배 때마다 "이것들을 증언하신 이가 이르시되 내가 진실로 속히 오리라 하시거늘 아멘 주 예수여 오시옵소서 주 예수의 은혜가 모든 자들에게 있을 지어다 아멘"(계 22:20-21)이라는 말씀을 따라 "마라나타"(아멘, 주 예수여 어서 오시옵소서)하고 기도했습니다.

예수께서는 자신의 재림을 확실한 것으로 언급하셨으며(눅

17:22-37), 하늘로 올리우신 그대로 다시 오실 것이라는 약속을 분명히 하고 있습니다. "그 때에 인자의 징조가 하늘에서 보이겠고 그 때에 땅의 모든 족속들이 통곡하며 그들이 인자가 구름을 타고 능력과 큰 영광으로 오는 것을 보리라"(마 24:30). 사람들은 주의 재림이 더디 온다. 심지어 오지 않는다고 말하기도 합니다. 하지만 우리는 확실히 믿습니다. 약속된 말씀처럼 그날은 예고 없이 도적처럼 올 것입니다. 임신한 여자의 해산날처럼 갑작스럽게 찾아올 것입니다(살전 5:2-4).

예수님의 재림은 복음의 궁극적 완성입니다. 예수님의 재림은 성도의 구원의 궁극적인 완성이기에 모든 그리스도인의 소망입니다. 또한 우리가 중생과 성결과 신유의 은혜를 구하는 것도 바로 이 재림의 소망에 참여하기 위해서 입니다. 이 세상에서 우리는 성결의 은혜를 체험하지만 실수할 수 있습니다. 신유의 은혜를 체험하고 치유되었지만 다시 병에 들 수 있습니다. 죽었다가 살아난 나사로도 다시 죽었습니다. 궁극적인 구원은 오직 예수 그리스도의 재림으로 이루어집니다. 재림은 온전한 복음의 마지막 완성입니다.

19세기 미국의 부흥사였던 무디는 "재림을 믿기 때문에 나는 세 배나 더욱 열심히 일한다."고 하였습니다. 그의 사역과 복음전파의 열정은 재림의 복음에서 나온 것입니다. 재림의 신앙이 확고했던 19세기에는 선교의 부흥이 일어났습니다. 재림의 신앙이 확고했던 성결인들은 성결한 삶을 살았습니다. 재림의 신앙이 확고했던 성결교회

조상들은 일본 제국주의 말기에 교단이 해산되는 고통과도 바꾸지 않았습니다. 재림의 복음은 성결교회를 온전하게 하는 궁극적인 교리로서 포기할 수 없는 정체성이기 때문입니다.

말씀을 맺겠습니다. 사중복음을 예전에는 순복음이라고 했습니다. 정확한 번역은 온전한 복음입니다. 그리고 완전한 복음입니다. 중생의 구원의 복음, 성결한 삶의 능력의 복음, 강건한 영혼육의 신유의 복음, 온전하고 영원한 나라의 완성, 재림의 복음은 그야말로 온전하고 완전한 복음입니다.

종교개혁 500주년을 맞이한 2017년 개신교 복음주의 웨슬리안을 표방하는 우리에게 사중복음은 신학적 정체성일 뿐만 아니라 우리 교단의 온 교회가 증거 해야 할 전도표제입니다. 이것은 마틴 루터의 종교개혁 이후로 개신교 시작부터 내려온 개신교 500년 신학의 정수입니다. 우리 성결교회가 사중복음으로 개신교 개혁의 선봉이 되고 주체가 되어야 합니다. 사중복음의 정착과 확산은 자랑스러운 개신교 개혁을 이어가는 것입니다. 아쉽게도 이 시대는 19세기에 영미권을 중심으로 일어났던 복음주의 운동의 유산인 사중복음을 주창하지 않습니다. 이제 성결교회는 사중복음의 마지막 파수꾼이 되었습니다. 이것은 우리의 정체성이면서 동시에 개신교의 정체성이며 또한 사명입니다.

로마 가톨릭의 왜곡된 복음에 대한 저항으로 시작된 프로테스탄트

(저항하는 자들)라는 의미는 개신교의 복음이 온전한 복음의 지향에서 시작되었음을 가르쳐 줍니다. 사중복음은 온전한 복음을 지향하는 성결교회의 정체성입니다. 개혁 500주년의 기치를 성결교회가 이어가고 사중복음으로 열매를 맺읍시다. 아멘

예수님의 사중복음과 하나님 나라

사도행전 1장 1~11절

서울신학대학교 **최인식** 교수

1.

성경은 하나님의 약속의 말씀, 곧 하나님의 언약입니다. 그 언약은 우리 가운데 하나님 나라, 곧 영원한 생명의 나라를 이루어 주시겠다는 기쁜 소식입니다. 하나님 나라는 하나님의 말씀, 하나님의 법, 하나님의 뜻대로 다스려지는 나라입니다.

하나님의 법은 두 가지로 요약됩니다. 하나님을 사랑하는 것과 이웃을 사랑하는 것입니다. 우리 인간들은 이 두 가지 사랑의 법을 모두 어겼습니다. 이 하나님 나라를 이루어주시기 위해서 메시아를 보내주실 것을 약속해 주었습니다. 그리고 나사렛 예수께서 하나님이 보내신 메시아이며, 누구든지 예수가 메시아인 것을 믿으면 하나님을 사랑하고, 이웃을 사랑하는 영원한 생명의 나라의 백성이 될 수 있다는 약속입니다.

기쁜 소식이란 '하나님 나라'가 우리의 세상 가운데 곧 임한다는 것이요, 하나님께 돌아오는 자들은 누구든지 하나님 나라의 백성이 된다는 것입니다. 그것은 우리 힘으로는 도저히 안 되는 일이지만, 우리가 단지 하나님을 믿고 말씀 따라 순종만 하면 이루질 수 있다고 하기 때문에 기쁜 소식이라 하는 것입니다. 하나님께서는 이 기쁜 소식을 전하기 위해서 하나님의 사자들을 보내셨고, 마지막으로 독생자 예수 그리스도까지 보내었습니다.

하나님이 보낸 종들이나 아들의 사명은 하나님 나라를 가르치고 모든 자들이 하나님 나라에 참여하도록 이끌어주는 것입니다. 그러므로 신앙생활을 잘 한다는 것은 성경이 가르치고 있는 하나님 나라를 바로 알고, '하나님 나라의 백성' 답게 사는 것입니다.

2.

성경은 하나님 나라 백성의 신분을 가지게 된 하나님의 자녀들이 어떻게 하면 하나님 나라를 대적하는 세력들과 싸워 이길 수 있는 지를 교훈하는 하나님의 말씀입니다. 성경을 읽는 관점은 사람마다 다를 수 있습니다. 사업을 하는 자는 성경을 읽을 때 경제적인 관점을 가지고 볼 수 있습니다. 공부하는 학생은 자신이 전공하는 분야를 먼저 생각할 것입니다. 그러면 성경은 마치 귀에 걸면 귀걸이가 되고, 코에 걸면 코걸이가 되는 요술방망이처럼 되는 것입니다.

성경은 성경이 말하고자 하는 대로 따라 읽어야 옳습니다. 성경의 참된 해석자이신 예수님의 마음으로, 예수님의 눈으로 읽으면 됩니다. 예수님의 마음으로 읽는다는 것은 아들을 세상에 보내신 하나님의 마음으로 성경을 읽는 것입니다.

세상을 향한 하나님의 마음은 어떤 것입니까? 아버지의 집을 떠나 굶어죽게 된 아들이 하루 빨리 다시 아버지의 집으로 돌아오는 것입니다. 그래서 남의 집 종살이를 그만하고 아버지의 자랑스러운 아들답게 사는 것입니다. 하나님 아버지의 마음으로 성경을 읽게 되면 자연스럽게 하나님 나라의 관점에서 읽게 될 것입니다.

이제부터 성경을 읽을 때, 먼저 하나님 나라의 관점에서 보았으면 좋겠습니다. 하루를 시작할 때도 먼저 하나님 나라의 관점에서 시작했으면 좋겠습니다. 말하거나 사인을 할 때도 하나님 나라의 관점에서 시작할 수 있기를 축복합니다.

주님이 분명히 말씀합니다. "너희는 먼저 하나님의 나라와 하나님의 의를 구하라!" 그리하면 우리가 이 땅에서 필요한 것들을 채워주실 것이라고 말씀합니다.

3.

사도행전 1장 1-11절을 통해서 확실히 확인할 수 있는 것은 예수님께서 얼마나 '하나님 나라'에 대해서 강조해 오셨는지를 알 수 있습니다. 본문의 상황은 예수님께서 부활하신 후 승천하기 전까지 사 십

일 동안 하셨던 말씀 가운데 마지막으로 유언과 같이 남기신 말씀입니다. 3절을 보면 사 십 일 동안 대부분의 활동은 '하나님 나라의 일'에 관하여 가르친 것이라 하였습니다. 삼 년간 제자들과 백성들에게 가르치신 것도 하나님 나라였는데, 부활하신 후의 그 소중한 시간에도 여전히 하나님 나라가 예수님의 중심 관심사였다는 것입니다.

그리고 마지막으로 부탁한 것이, 성령을 받아야 한다는 것입니다. 하나님 나라는 오직 성령 안에서만 가능한 것이기 때문에 성령을 받아야 한다고 말씀하였습니다. 주님으로부터 보냄을 받은 사자들이 그토록 강조하여 '성령을 받으라!'고 하는 이유가 궁극적으로는 예수님이 이 땅위에서 우리들 가운데 이루어지기 원하셨던 그 '하나님 나라'가 우리들을 통해서 실현되기를 원하기 때문입니다.

4.

성경은 하나님 나라와 관련하여 세 부분으로 말씀하고 있습니다.

첫 부분은 창세기부터 말라기까지의 구약성경입니다. 우리는 구약성경을 읽을 때 이스라엘 백성들이 하나님 나라를 그들 가운데 세우는 데 왜 실패했는지를 배울 수 있어야 합니다.

둘째 부분은 마태, 마가, 누가, 요한의 사복음서입니다. 하나님은 이스라엘 민족이 이루지 못한 하나님 나라가 무엇인지, 그리고 어떻게 세워나갈 수 있는 것인지를 하나님의 아들 예수를 보내셔서 본을 보여주었습니다. 예수님은 열 두 제자를 불러 공동체 생활을 하면서 하나님 나라가 무엇인지, 어떻게 이루어지는 것인지를 보고 배우게 하였습니다.

셋째 부분은 사도행전부터 요한계시록까지의 신약성경입니다. 과거 이스라엘 민족 안에 있었던 문제들, 심지어는 예수님의 열 두 제자 공동체 안에서 벌어졌던 문제들과 같은 어려움이 초대교회 공동체 안에도 그대로 있었습니다. 사도들은 과거의 선지자들처럼 하나님 나라가 세워져 나가는 데 필요한 원리가 무엇이며, 또한 걸림돌이 무엇인지를 보여주고 있습니다.

성경은 이스라엘 민족이나 열 두 제자들이나 초대교회 성도들 가운데서 하나님 나라가 세워지는 데 어떤 영적 싸움이 있으며, 그 싸움에서 승리하는 비결이 무엇인지를 가르쳐주고 있습니다. 예수님의 관점에서 성경을 읽을 때 하나님 나라의 복음에는 중생의 복음, 성결의 복음, 신유의 복음, 그리고 재림의 복음이라는 '적어도' 네 가지 복음의 차원이 있음을 아는 것은 매우 중요합니다. 우리는 이것을 '예수의 사중복음'이라고 부르고자 합니다. 이 복음이 들려지고, 받아들여지고, 이 복음의 능력이 나타나는 곳에 하나님 나라가 온전히 세워질 수 있게 됩니다.

특별히 성결교회는 사중복음을 다 강조하지만 그중에서도 '성결'을 보다 더 중시하기 때문에 교단의 이름까지 성결교회라 부르고 있습니다. 그러나 이 사중복음은 각기 다 중요할 뿐만 아니라, 이것 가운데 어느 한 가지라도 약화되면 온전한 하나님 나라를 세우는 데 문제가 생길 수밖에 없습니다. 예수님의 이 사중복음은 복음을 강조하는 모든 복음주의 신앙공동체의 강단에서는 끊임없이 선포되어야 할 하나님의 말씀이라 믿습니다.

5.

첫째는 거듭남의 복음입니다. 중생의 복음입니다. 중생의 복음은 세상 왕의 노예가 되어 살고 있는 우리의 신분을 바꾸어주시겠다는 약속의 말씀입니다. 노예가 스스로 자유인이 된다는 것은 불가능한 일입니다. 불가능한 일을 가능케 해 주겠다는 약속입니다. 그러므로 이를 믿는 자들에게는 복음인 것입니다.

구약성경에서는 하나님께서 애굽의 바로 밑에서 노예 신분으로 있던 이스라엘 민족에게 자유로운 하나님의 백성이 될 수 있게 하겠다는 복음을 주었습니다. 그것이 아무리 좋은 소식이라 할지라도 현실적으로 불가능하기 때문에 믿을 수 있는 이야기가 아닙니다. 그러나 이스라엘 백성들 가운데 모세를 믿고 따랐던 자들은 하나님께서 바로를 치셔서 이스라엘 민족을 모두 출애굽시켜 주었습니다. 그들은 홍해를 건너 시내산에서 율법을 받아, 마침내 하나님의 법을 가진 하나님의 백성이 된 것입니다. 세상의 노예 신분으로서는 하나님 나라를 시작할 수 없습니다.

하나님께서는 이스라엘만이 아니라 온 인류를 위해서도 동일한 기쁜 소식을 준비해 놓았습니다. 누구든지 하나님이 보내신 독생자 예수님을 믿고 순종하면, 예수님의 십자가 보혈의 공로로 세상의 죄악과 우상숭배의 노예가 되어 있는 우리를 해방시켜 자유로운 하나님의 백성이 될 수 있다는 복음입니다. 종의 신분에서 자녀의 신분으로, 노예에서 자유인으로 다시 태어나게 하시겠다는 것입니다. 썩어질 육에 속한 삶에서 썩지 않을 영에 속한 삶으로 다시 태어나게 하시겠다는 말씀입니다. 왜냐하면 "거듭나지 않으면" 하나님 나라를 볼 수 없기 때문입니다.

하나님께서는 우리가 거듭날 수 있도록 어떤 준비를 해놓으셨습니까? 예수님께서 명확히 말씀합니다. "물과 성령으로 거듭나야 하나님 나라에 들어갈 수 있다."고 하였습니다. 그러므로 성령을 받아야 합니다. 어떻게 가능하게 됩니까? 베드로가 증언합니다. "너희가 회개하여 각각 예수 그리스도의 이름으로 세례를 받고 죄 사함을 얻으라. 그리하면 성령을 선물로 받으리라"(행 2:38).

"하나님이 세상을 이처럼 사랑하사 독생자를 주셨으니 이는 누구든지 저를 믿는 자마다 멸망치 않고 영생을 얻게 하려 하심이니라." 이는 복음 중의 복음입니다. 하나님께서 우리를 사랑하셔서 예수 그리스도를 우리에게 주셨고, 우리가 예수를 믿으면 성령을 받고, 성령을 받으면 성령으로 거듭나게 해주셔서 하나님 나라에 들어갈 수 있게 하시겠다는 것입니다. 온 인류는 모두가 이와 같은 놀라운 복음을 믿고 성령으로 거듭남으로 하나님 나라의 백성이 되는 은혜를 받도록 해야 합니다.

6.

둘째는 성결의 복음입니다. 중생함으로 하나님의 자녀 된 신분과 하나님의 백성 된 자유의 신분을 가진 자들에게 하나님께서 제일 먼저 요구하는 것이 성결입니다. 곧 거룩한 삶입니다. 예수님께서도 "아버지께서 거룩하시니, 너희도 거룩하라. 누구든지 거룩하지 않고서는 하나님을 보지 못할 것이다."고 하였습니다. 그렇다면 과연 하나님이 요구하시는 성결한 삶, 거룩한 삶의 본질은 무엇입니까?

하나님께서 요구하시는 거룩의 가장 근본적인 기준은 첫째 계명을 지키는 것입니다. 이스라엘 백성들이 왜 그들 가운데 하나님 나라를 이루지 못했습니까? 첫째 계명을 지키는 데 실패했기 때문입니다. 거룩한 하나님의 백성 역시 거룩해야 하는데, 거룩하지 못했습니다. 무엇보다도 첫째 계명을 올바로 지키질 못했기 때문입니다.

첫째 계명은 무엇입니까? "나 외에 다른 신을 네 앞에 두지 말라!'는 것입니다. 다른 말로, 하나님만 사랑하되 몸과 마음과 정성과 힘을 다하여 하나님만 사랑하라는 것입니다. 무슨 뜻입니까? 이스라엘 백성은 노예의 신분에서 중생한 하나님의 백성이 되었기 때문에 하나님을 왕으로 섬기는 자들이 되었습니다. 그런데 중생하기 전에 세상에서 섬겼던 왕들의 유혹을 떨치지 못하여 중생한 후에도 하나님을 섬기되, 세상의 신들도 겸하여 섬겼던 것입니다. 하나님께서는 순수한 믿음, 순수한 사랑, 순수한 관계가 아닌 것은 싫어하시는 거룩한 하나님입니다.

하나님이 원하는 성결은 하나님과 하나님의 백성들의 관계 속에는 다른 것들이 섞여서는 안 된다는 것입니다. 주님께서도 "내가 거룩하니 너희도 거룩하라!"고 단호히 말씀합니다. "하나님과 재물을 겸하여 섬기지 못한다"고도 말씀합니다. 하나님 나라에는 다른 왕이 끼어들지 못하는 오직 하나님만이 왕으로 찬양과 경배를 받으시는 나라입니다.

다른 모든 계명을 지킨다고 하더라도 제1계명이 깨어지면 하나님 나라는 세워질 수 없습니다. "마음이 청결한 자가 하나님을 볼 것이라."고 주님 말씀합니다. 어떤 자가 청결한 마음을 가진 자인가? "두 마음"을 품지 않는 것입니다. 오직 한 대상만을 사랑하는 것입니다.

그렇게 하나님만을 섬긴다고 했던 유대인들은 어떠했습니까? 로마제국이 유대인을 지배하자, 우리들의 왕은 '로마의 황제'라고 외쳤다. 그들이 하나님을 믿지 않았던 것입니까? 아닙니다. 그 누구보다도 잘 믿는다고 자부하였던 자들입니다. 하나님도 왕으로 섬기고, 세상의 황제도 왕으로 섬겼던 것입니다.

우리는 어떠합니까? 하나님의 법을 중심으로 우리의 삶이 돌아갑니까? 아니면 자본의 논리로 우리의 삶이 돌아갑니까? 어쩌면 우리는 하나님과 재물을 겸하여 섬기고 있는 것은 아닙니까? 과연 나는 제1계명으로부터 자유로운 하나님의 자녀인 지를 분명하게 묻고 대답해야 할 것입니다.

주님께서 제1계명으로부터 자유롭지 못한, 거룩하지 못한 우리에게 하나님 나라의 복음을 약속해 주었습니다. 우리를 거룩하게 하시겠다는 것입니다. 제1계명을 온전히 따라 하나님만 사랑하는 자가 되게 하겠다고 합니다.

어떻게 하시겠다는 것입니까? 성령으로 세례를 주시겠다는 것입니다. 성령으로 충만하게 해주심으로 하나님만 사랑할 수 있도록 해주시겠다는 것입니다. 오늘 주님께서 유언과 같이 말씀합니다. '너희는 예루살렘을 떠나지 말고 아버지께서 약속하신 성령을 받아야 한다! 오직 성령이 임할 때에라야 너희에게 (하나님이 원하는 일을 할 수 있는)권능이 임한다!'

제자들의 관심사는 이스라엘에 하나님 나라가 언제 임하게 될 것이냐는 것이었습니다. 그러나 주님은 그 결과에 대해서는 하나님께 맡기라 하시면서, 제자들이 관심을 가져야 할 가장 급한 것은 그들에게 '성령'께서 강하게 임하는 것이라는 것이었습니다. 그래야 하나님만을 섬기는 하나님 나라가 임하게 된다는 것입니다.

7.

셋째는 신유의 복음입니다. 주님께서는 하나님 나라의 백성 된 우리를 향하여 "네 이웃을 네 몸과 같이 사랑하라!"고 말씀합니다. 하나님 나라는 하나님 사랑과 이웃 사랑이 실천되는 곳이기 때문입니다. 그런데 우리가 어떻게 우리의 이웃을 내 몸과 같이 사랑할 수 있습니까?

어떻게 하는 것이 진정으로 이웃을 사랑하는 것입니까? 이웃이 당하는 아픔과 고통에 동참하여 치유해주는 것입니다. 모든 사람은 생명의 근원인 하나님을 떠난 이후부터 죽음을 피할 수 없는 운명의 존재가 되었습니다. 사람들은 죽음에 이르기 전에는 영과 혼과 육이 질병으로 고통을 당하게 됩니다. 그래서 인생은 태어나고 늙고 병들어 죽는 생노병사의 길을 밟게 됩니다.

주님께서는 우리도 예수님처럼 이웃을 사랑할 수 있게 해 주시겠다는 복음을 들려주십니다. 국가와 사회, 온 세계 인류가, 그리고 가까운 우리의 이웃들이 영과 혼과 육의 질병으로 고통을 당하면서 죽어가고 있습니다. 이들을 하나님의 능력으로 치유할 수 있도록 해주시겠다고 말씀해주십니다.

하나님은 영혼육에 질병으로 고통당하는 백성들을 치유하심으로써 하나님 나라가 우리 가운데 이루어질 수 있음을 보여주었습니다.

그리고 제자들에게 "나사렛 예수의 이름으로" 병든 자들을 치유할 수 있도록 권세를 주셨듯이 우리들에게도 능력을 주시겠다는 약속입니다. 그것이 예수님의 신유의 복음입니다. 병든 우리들이 예수의 이름으로 고침을 받을 뿐만 아니라, 하나님의 자녀인 우리들도 예수의 이름으로 병든 자들을 고칠 수 있다는 것입니다. 오직 하나님 나라에서만 있을 수 있는 기쁜 소식입니다!

예수께서 선포하신 하나님 나라는 죽음 이후의 영원한 생명의 나라에 관한 것만은 아닙니다. 예수님은 하나님 나라가 이 땅위에서 이루어지도록 하기 위한 사명을 받고 이 땅위에 보냄을 받았습니다. 영혼의 질병, 마음의 질병, 육체의 질병, 등 모든 질병은 여하한 이유로 인하여 관계가 분리됨으로써 나타난 현상입니다. 하나님과의 관계가 분리될 때 영혼에 질병이 찾아옵니다. 이웃과의 관계가 분리될 때 마음에 질병이 찾아옵니다. 물질이나 자연과의 분리될 때 몸에 질병이 찾아옵니다. 어떠한 관계든지 분리된 관계를 회복하는 것, 그래서 하나의 유기적 관계로 회복되는 것을 우리는 사랑이라고 부릅니다. 사랑은 정상적인 관계를 유지하고 또한 유지되는 것을 말합니다.

하나님 나라 안에는 오직 사랑의 힘만이 작용합니다. 말씀과 십자가의 능력은 원수 되어 분리된 자들이 하나로 다시 결합되게 하는 것입니다. 성령은 진리와 사랑의 영으로서 성령이 역사하는 곳에는 분리된 모든 관계들이 재결합을 이루는 사랑의 역사가 일어납니다. 그것은 영의 세계에, 마음의 세계에, 육체의 세계에 차별 없이 일어납니다. 하나님의 치유하는 역사는 말씀과 성령의 능력이 나타나는 곳에 언제나 발생하게 되어 있습니다.

8.

마지막으로 재림의 복음입니다. 오늘날 하나님 나라의 백성들인 우리들이 가장 힘들어 하는 일은 하나님을 믿지 않는 자들이 너무도 강력하게 세상을 자신들의 뜻대로 다스리고 있다는 사실입니다. 그 가운데 그리스도인들의 존재는 심히 미약해서 세상 사람들에게는 거의 영향력을 못 미치고, 우리들끼리 만의 사적인 종교 집단으로 굳어져 가고 있는 것 같다는 느낌을 가지고 있습니다.

마치 16세기에 복음주의 신앙을 가진 자들의 모임이 유럽의 전 사회를 장악하고 있는 교황의 가톨릭 세력에 비할 때 마치 커다란 곡식 가마 밑에 깔린 서너 개의 알곡 같다고 말한 장 칼뱅이 겪었던 영적 상황과 비슷한지도 모르겠습니다. 하나님 나라를 이 땅위에 세우라는 주님의 명령이 있어 교회 공동체를 이루어 신앙의 가족과 같은 하나님 나라를 이루어보고자 하나, 오히려 우리 안에 싸움이 있고, 사랑이 메말라 가고 있는 모습을 볼 때 더욱 자신감을 잃어버리게 되는 것입니다.

하나님의 말씀에 따라 제대로 순종하지는 못하더라도, 적어도 하나님 나라를 사모하며, 하나님 나라가 이 땅위에서 이루어질 수 있기를 위해 기도하며 교회 공동체 지체들이 애쓰고 있는 것도 사실입니다. 그렇지만 우리들의 믿음과 순종만으로는 하나님 나라가 이루어진다는 것은 요원한 일과 같이 여겨지는 현실입니다.

사도행전 1장 11절은 예수님께서 하늘로 가심을 본 그대로 다시 오신다는 것입니다. 하나님 나라의 관점에서 보면, 재림의 목적은 제자들과 교회에 맡겨놓고 승천한 하나님 나라를 이 땅에서 완성하기 위함입니다. 주님이 다시 오실 때, 이스라엘 민족 안에서도 하나님 나라가 온전히 이루어질 것입니다. 사도 요한이 밧모섬에서 환상 가운데 본 천년왕국이 상징적이든, 실제적이든 이 땅위에서 이루어지는 것을 모든 자들이 보게 될 것입니다.

우리가 날마다 주기도문으로 기도하듯이 '하나님의 나라와 하나님의 뜻'이 하늘에서 이루어진 것처럼 이 땅위에서도 온전히 이루어지는 때가 오는데, 주님이 재림하시는 때라는 것입니다. 주님은 아버지께로부터 왕권을 받아가지고 이 땅에 다시 오실 것입니다. 송구스러운 일이기는 하지만, 이것이 하나님 나라를 제대로 이루지 못하고 있는 우리들에게 기쁜 소식이 아닐 수 없습니다.

주님이 오시게 되면, 왕권을 가지고 공의에 입각한 심판을 하게 될 것입니다. 심판의 첫 번째 기준은 어린양의 보혈로써 하나님과 화해되었는지, 그래서 하나님의 자녀로서 하나님 나라의 시민권을 가지고 있는지를 보는 것입니다.

신학적으로 칼뱅주의자가 되었든, 웨슬리안이 되었든 간에 누구든지 예외 없이 마지막 심판의 때에 영원한 하나님 나라에 들어갈 수 있는 유일무이한 조건이 있습니다. 그것은 예수님의 이름으로 새겨진 보혈의 도장이 찍힌 하나님 나라 패스포드입니다. 하나님 나라 패스포드가 자신의 심령에 간직되어 있는 자만이 심판을 통과할 수 있습니다. 히브리서에서 말씀합니다. "사람이 한 번 죽는 것은 정한 이치다. 그 후에는 심판이 있다."고 했습니다.

심판의 두 번째 기준은 심판에 합격하여 통과된 자들만을 위한 것으로서 하나님의 자녀들이 받게 될 상급과 관련된 것입니다. 하나님을 온전히 믿고 말씀에 순종함으로써 하나님의 뜻을 얼마나 드러냈는지를 보고 평가하게 될 것입니다. 세상에서 제대로 정당하게 평가받지 못한 것들은 최후의 심판자이신 주님이 오실 때 만천하에 드러나게 될 것입니다. 말씀대로 의를 따라 살다 핍박과 손해와 억울한 일을 당한 성도들에게는 주님의 재림 이상으로 복된 소식이 없을 것입니다. 그러므로 우리는 진리의 성령으로 충만하여 진리 가운데 좌로나 우로나 치우치지 말고 끝까지 주님 가신 길을 본받아 가시기를 축복합니다.

9.

주님 말씀하신 것처럼, 먼저 하나님의 나라와 하나님의 의를 구하는 하나님 나라 공동체 우리 모두가 되어야 합니다. '하나님 나라'는 성경 전체를 관통하는 주제이며, 성경은 하나님의 백성들이 이 땅위에서 하나님 나라를 이루어나가는 데 필요한 말씀을 기록해 놓은 하나님 나라 매뉴얼이라 할 수 있습니다.

예수님께서는 우리를 하나님 나라의 복 된 자녀로 부르셔서 우리로 하여금 하나님 나라를 이 땅위에서 세워나갈 수 있는 복음을 선포하시고, 그 복음의 능력을 실제로 보여주었습니다. 세상 왕의 노예로 있던 우리들이 하나님 나라의 백성이 될 수 있도록 거듭남의 복음, 중생의 복음을 주었습니다. 누구든지 예수를 믿고 세례를 받으면 성령을 주시고, 성령으로 거듭나게 해주심으로 하나님 나라 백성의 신분을 주신다는 것입니다.

주님은 우리로 하여금 재물이나 세상적인 것을 하나님과 겸하여 섬기는 것이 아니라, 오직 하나님만을 사랑하는 성결한 삶을 살 수 있도록 성령을 충만히 부어주시겠다고 하였습니다. 뿐만 아니라, 하나님 나라의 백성으로서 우리 주변의 영혼육의 질병으로 고통당하는 이웃을 '예수의 이름으로' 치유함으로써 이웃을 사랑할 수 있는 권능을 주신다는 것입니다. 그리고 세상의 악을 심판하고, 의인의 억울함을 풀어주며, 하나님 나라를 이 땅위에서 완성하기 위해 예수님께서 왕중의 왕으로 다시 오시겠다는 재림의 복음을 주었습니다.

하나님이 우리를 통해서 세우시고자 하는 하나님 나라는 우리의 힘으로 되는 것이 아니라, 예수님이 주신 복음을 믿고 성령으로 충만하여, 성령이 우리를 통해서 역사하시도록 하는 것입니다. 예수님의 중생, 성결, 신유, 재림의 사중복음을 바로 깨닫고 믿음으로 우리 공동체 가운데 하나님 나라가 든든히 세워지고, 우리 교회가 예수님의 하나님 나라의 복음을 권능으로 선포하는 마지막 때의 증인이 되어야 할 사명이 우리 모두에게 있습니다!

첫 번째 설교

중생

Regeneration

중생은 절대적 사건이다

요한복음 3장 1~7절, 14~15절

대광교회 김준호 목사

시시한 일에 목숨을 걸지 말라는 책이 있었습니다. 사람들이 중요한 일과 시시한 일을 구분하지 못하고 삶을 낭비하는 경우가 비일비재합니다. 우리가 복음을 듣고 믿음을 갖게 되어 구원받은 하나님의 자녀로 살아가게 되는 것은 참으로 감사한 일입니다. "너희는 먼저 그의 나라와 의를 구하라"고 예수님은 말씀하십니다.

믿음으로 사는 성도는 시시한 일에 관심을 끄고 중요한 일에 초점을 맞추고 사는 것입니다. 예수님의 제자 중 가장 젊은 제자였던 사도

요한은 요한복음을 통해서 세 가지 절대적인 사건을 말하였습니다.

그는 만찬석에서 예수님의 품에 안겨 예수님의 사랑을 받던 제자요, 예수님의 가슴에 기대어 주님의 숨결을 들었던 사람입니다. 그는 가장 젊은 나이에 부름을 받고 가장 오래 산 제자로써, 주님 승천 후 거의 60년을 살았습니다.

그가 주님의 재림을 기다리면서 주님의 가르침을 많이 묵상한 끝에 세 가지 중대한 사건을 기록하였습니다.

첫 번째 절대적 사건은

인류 역사에서 가장 중요한 사건으로 예수 그리스도가 십자가를 지시는 사건입니다.

창조 이후로 예수 그리스도께서 십자가를 지시는 사건보다 더 위대한 사건은 없습니다. 왜 그렇습니까? 하나님은 우리 인간이 사탄의 유혹으로 하나님을 떠나 죄를 짓게 되고 영원한 형벌을 받게 되었습니다. 실패한 인간을 구원하시기 위해서 하나님은 예수 그리스도를 보내셔야 했고, 그분은 반드시 십자가에 달리셔야 했습니다.

이렇게 예수 그리스도의 십자가의 사건이 없다면 구원도 없고 인간을 향한 하나님의 계획은 실패한 것으로 될 수밖에 없습니다. 예수 그리스도께서 십자가에 달리심으로 인간에 대한 하나님의 구원 계획이 성취되고 인간은 용서와 구원의 희망을 갖게 되었습니다.

요한복음 3장 14절에 "모세가 광야에서 뱀을 든 것 같이 인자도 들려야 하리니"

여기에서 '인자도 들려야 한다' 는 말은 절대적으로 일어나야 될 사건이었습니다. 민수기에 보면 이스라엘 백성이 광야를 지날 때 하나님과 모세에게 불평하게 되고 그때 하나님이 불뱀을 보내어 그 백성을 물게 되고 물린 자는 다 죽게 되었습니다.

그때 부르짖는 이스라엘 백성의 기도를 들으시고 하나님은 모세를 통하여 구리 놋뱀을 만들게 하셨고 장대 위에 그것을 달아 쳐다보는 자마다 고침을 받도록 하셨습니다. 이때 독이 펴져 죽어가는 사람일지라도 그 장대 놋뱀을 보는 자는 살아나게 되었습니다. 마찬가지로 예수님이 십자가에 들리시고 그 십자가에 못 박히신 예수님을 바라보고 믿음으로 중생합니다.

15절에 "이는 그를 믿는 자마다 영생을 얻게 하려 하심이니라" 말씀합니다. 우리 인간이 죄에 물려 우리는 영원한 사망을 당할 수밖에 없지만, 주님이 오셔서 십자가를 지심으로 회복의 길이 열렸습니다. 그러므로 인간의 역사 가운데 가장 위대한 사건은 예수 그리스도가 십자가에 죽으시는 사건이었습니다.

두 번째 절대적 사건은

인간이 십자가의 복음을 듣고 그리스도를 믿음으로 거듭나 하나님의 자녀가 되는 일입니다. 예수 그리스도가 십자가 위에서 죽으신 사건은 절대적 사건이지만 그를 믿고 중생하지 않는다면 아무런 의미가 없을 것입니다.

예수 그리스도가 십자가에 달려 죽으시는 사건은 하나님이 하신 일이고 이제 우리 인간이 해야 할 일은 십자가에 달리신 예수 그리스도를 믿고 받아들임으로써 성령의 역사를 통하여 중생의 은혜를 받는 것입니다.

오늘 본문에 예수님을 찾아온 니고데모는 인간 중에서 최고의 인간입니다. 그는 부자였고 학자였으며 바리새인으로서 윤리적으로는 흠이 없는 사람입니다. 그는 정치적으로 산헤드린 회원 중에 한 사람으로서 종교적으로나 정치적으로도 엘리트에 속하는 사람입니다

'니고데모'라는 그의 이름이 헬라식 이름인데 이는 '정복자'라는 뜻을 갖고 있으며 역사가 요세푸스에 의하면 니고데모는 유대인 가문 중 유명한 가문 중에 하나라고 알려져 있습니다. 그토록 완벽한 인간인 니고데모가 밤에 예수님을 찾아 온 것은 영적인 고민, 즉 구원 받지 못한 자의 갈망, 허무를 견디지 못하고 주님을 찾아와 대화한 것으로 보여집니다.

예수님은 니고데모에게 '네가 거듭나지 아니하면 하나님의 나라를 볼 수 없느니라'고 말씀했습니다. 주님은 니고데모에게 거듭 '진실로 진실로 거듭나지 아니하면 하나님을 볼 수도 없고 하나님의 나라에 들어갈 수도 없다'고 말씀했습니다.

예수님은 니고데모에게 거듭남의 중요성과 새로운 탄생을 말씀하신 것이고 인간의 어떤 그 무엇으로도 구원받을 수 없다는 사실을 확

실하게 천명하신 것입니다. 중생과 거듭남에 있어서 지식, 도덕, 철학, 권력, 명성, 가문이 전혀 도움이 되지 않는 다는 것입니다.

오직 예수 그리스도의 십자가의 죽으심을 나를 위해 죽으신 것으로 믿고 하나님이 예수님을 통해서 하신 일을 믿음으로 받아들임으로써 우리는 중생하게 되고 구원을 받게 됩니다. 인간의 출생이 신비스러운 것처럼 성도의 믿음을 통한 중생의 역사도 매우 신비스러운 것입니다.

세 번째 절대적인 사건은

믿음으로 중생한 자가 성삼위 하나님을 경외하고 예배드리는 사건입니다.

구원받고 중생한 사람은 하나님을 경외하고 예배하게 될 것입니다. 소요리문답 제1번, "사람의 제일 되는 목적은 무엇입니까?" 사람의 제일 되는 목적은, 하나님을 영화롭게 하고 그를 영원토록 즐거워하는 것입니다. 세상 사람과 거듭난 우리와의 차이가 무엇이겠습니까? 그들은 하나님을 예배하지 않습니다. 중생하고 구원받은 우리는 하나님을 예배합니다.

요한복음 4장 23-24절 "아버지께 참되게 예배하는 자들은 영과 진리로 예배할 때가 오나니 곧 이 때라 아버지께서는 자기에게 이렇게 예배하는 자들을 찾으시느니라, 하나님은 영이시니 예배하는 자가 영과 진리로 예배할지니라"

예수님이 이 땅에 오시고 십자가를 지심으로써 구원과 중생의 길이 활짝 열렸습니다. 하나님의 은혜로 중생한 우리들은 이제야 말로 하나님을 신령과 진정으로 예배할 때가 되었습니다.

구약의 예배는 신약의 예배에 비교하여 매우 불확실한 가운데 하나님께 제사하였습니다. 이제 우리에게는 모든 것이 명확하고 분명해졌습니다. 예언된 메시아가 오셨고 그분이 십자가에 죽으시고 부활하심으로써 죄의 정복을 선언하시고 승리가 되셨습니다.

바로 지금, 하나님을 진정으로 예배해야 될 때를 맞이했습니다. 칼 바르트(Karl barth)는 "기독교 예배는 인간의 행위 중에서 가장 영광스런 행위며 가장 기념할 만한 행위며 가장 긴급한 행위이다"고 말하였고 이 말은 우리가 동의하는 바입니다.

저의 중생의 은혜에 대한 개인적 경험을 나눔으로 말씀을 마칠까 합니다.

어릴 때부터 교회를 다녔고 남다른 열심히 있어서 신학교에 갔지만, 늘 제 마음 한 구석에 중생에 대한 깨달음이나 확신이 없었습니다. 그래서 저는 누가 "중생해야 한다", "거듭나야 한다"는 설교를 할 때, 매우 마음이 불편하였습니다.

믿음을 가졌으면 구원받은 것이고 중생한 것인데 왜 굳이 "중생해야 한다, 거듭나야 한다"는 말을 새삼스럽게 하는 것인가?

오랜 시간이 지난 뒤에도 중생에 대한 의문과 함께 불확실한 가운데 그냥 시간이 흘렀습니다. 그런데 어느날 요한복음 3장 6절 '육으로 난 것은 육이요 영으로 난 것은 영이니' 이 말씀을 읽는 순간에 중생을 이해하게 되고 거듭남의 확신(중생의 은혜)를 갖게 되었습니다. 참으로 신비스러운 일이었습니다. 그 후에는 사중복음에 대한 확신으로 설교도 더 힘 있게 증거 할 수가 있었습니다.

오늘도 주님은 우리에게 말씀하십니다. "거듭나지 아니하면 하나님 나라를 볼 수 없다" 예수 그리스도의 십자가의 죽으심이 나를 위해 죽으신 것으로 믿고 그것을 믿음으로 받아들여 우리가 중생하게 되고 구원받게 되었다는 사실을 인식하고 하나님께서 우리를 창조하신 목적대로 늘 찬송하며 예배하는 하나님의 복된 백성들이 될 수 있기를 바랍니다.

당신은 반드시 거듭나야 합니다!

요한복음 3장 1~7절

하저교회 손동식 목사

한밤중에 온 손님

예수님께서 많은 표적과 기사와 이적을 행하시며 복음을 전하시던 어느 저녁, 니고데모라는 사람이 밤에 예수님을 찾아옵니다. 그런데 밤중에 찾아온 니고데모는 보통 사람이 아니었습니다. 그는 바리새인으로, 이스라엘의 율법에 정통한 랍비요, 유대의 최고의결기구요, 재판소인 산헤드린 의원이었습니다. 그런 높은 신분의 니고데모가 낮이 아니라 밤에 예수님을 찾아 온 이유는 아마도 자신의 신분과 당시에 예수님에 대하여 좋지 않은 감정을 가졌던 유대 지도자들의 눈을 의식한 까닭이었을 것입니다. 그 밤에 예수님을 조용히 찾아온 니고데모는 예수님께 이렇게 인사합니다.

**"그가 밤에 예수께 와서 이르되 랍비여 우리가 당신은 하나님께
로부터 오신 선생인 줄 아나이다 하나님이 함께 하시지 아니하
시면 당신이 행하시는 이 표적을 아무도 할 수 없음이니이다"**
(요 3:2)

'랍비여'라는 말에 주목하십시오. 정통한 유대인이며, 사람들의 존경을 받던 랍비였던 니고데모가 서른 살 정도 밖에 되지 않은 예수님께 '랍비'라고 칭한 것은 인사치례 치고는 굉장히 이례적인 것입니다. 왜냐하면 당시에 랍비가 되려면 랍비로서의 정규교육을 받아야 했고, 나이가 40세가 넘어야 했는데, 당시에 예수님은 그 어느 것도 해당사항이 없었기 때문입니다. 그럼에도 불구하고 자신보다 나이가 어린, 그 어떤 공적인 교육도 받지 못한 나사렛 출신의 예수님께 '랍비여'라고 부른 것은 니고데모가 경건한 사람이며, 겸손한 사람임을 의미합니다. 그리고 니고데모는 예수님께 이렇게 말합니다. **"랍비여 우리가 당신은 하나님께로부터 오신 선생인 줄 아나이다 하나님이 함께 하시지 아니하시면 당신이 행하시는 이 표적을 아무도 할 수 없음이니이다"**(요 3:2) 무슨 말입니까? 다시 말해 "선생님이여, 당신이야말로 하나님이 보내신 선생님인 줄 알고 있습니다. 당신이 행하시

는 기적과 표적은 사람이 절대로 할 수 없는 것입니다. 당신이 행한 기적은 거룩하신 하나님께서 함께 하실 때만 가능한 것입니다. 그러므로 당신은 하늘의 위대한 선생이십니다"고 말하고 있는 것입니다. 자기보다 나이가 한참 어린 젊은이인 예수님께 이스라엘의 최고의 선생인 니고데모는 대단한 칭찬의 말로 극진한 예의를 갖추었습니다. 그러나 그러한 니고데모에게 하신 예수님의 답례의 말씀은 전혀 엉뚱하며 동시에 심각한 것이었습니다.

"예수께서 대답하여 이르시되 진실로 진실로 네게 이르노니 사람이 거듭나지 아니하면 하나님의 나라를 볼 수 없느니라"
(요 3:3)

니고데모의 극진한 인사에 대한 답례치고는 동문서답의 말이 아닐 수 없습니다. 그러나 예수님은 어떤 말씀보다 이 진리를 율법 선생인 니고데모에게 급히 전하고 싶으셨습니다. 중생, 곧 거듭남은 사람에게, 그리고 율법 선생인 니고데모에게조차 너무나도 시급하고 긴급한 문제였기 때문입니다. 예수님은 "거듭나야 한다"는 이 말씀을 이 짧은 본문에서 세 번씩이나 강조(요 3:3, 3:5, 3:7)하고 있습니다. 본문의 3장 7절에서는 더욱 강력하게 이렇게 말씀합니다.

"내가 네게 거듭나야 하겠다 하는 말을 놀랍게 여기지 말라"
(요 3:7)

한국어 성경은 이 말씀의 중대성을 충분히 살리지 못하고 있지만 그것은 절대적이며 시급한 의미를 담고 있습니다. "너는 반드시 거듭나야만 한다"(You must be born again.) 우리는 여기에서 너무나 중요한 사실 한 가지를 확인하게 됩니다. 곧 모든 사람은 반드시 거듭나야 한다는 사실입니다.

1. '모든 사람'은 반드시 거듭나야 합니다.

> 그런데 바리새인 중에 니고데모라 하는 사람이 있으니 유대인의 지도자라(요 3:1)

신학박사도 거듭나야 합니다.

밤중에 찾아온 니고데모는 바리새인(Pharisee)으로 '구별된 사람'이었습니다. 그는 구약성경을 철저히 연구한 랍비요, 지혜의 선생이었습니다. 그러나 성경에 관한 많은 지식을 가졌다 해서 중생의 필요가 없는 것은 아니었습니다. 종교적 의무를 다했다고 해서 거듭남의 필요가 없는 것은 아니었습니다. 예수님은 니고데모를 향하여 "네가 반드시 거듭나야 하겠다"고 말씀하셨습니다.

당신이 아무리 성경지식을 가지고 있다해도, 심지어 신학박사라 할지라도 거듭나야만 합니다. 성경에 관한 많은 지식이 당신을 천국으로 인도하는 것은 아니기 때문입니다. 주일을 성수하고 구제를 통해 종교적 의무를 다하고 있다 할지라도 당신은 반드시 거듭나야 합니다. 예수님은 이스라엘의 선생인 니고데모에게 "네가 반드시 거듭나야 하겠다"고 말씀하셨습니다.

권력자도 거듭나야 합니다.

니고데모는 권력자였습니다. 니고데모를 소개하는 본문의 '유대인의 지도자'(a member of the Jewish ruling council)로 번역된 '아르콘'은 통치자나 왕을 가리킬 때 사용할 정도로 많은 권력을 가진 사람을 지칭하는 단어입니다. 성경은 또한 대제사장(행 23:5), 회당장(마 9:18), 산헤드린 의원(눅 18:18), 재판관(눅 12:56)을 지칭할 때 이 단어를 사용하였습니다. 당시 산헤드린은 치안을 위해 체포권까지 가진 막강한 권력기관이었습니다. 이 산헤드린에 속해있는 니고데모는 한마디로 힘이 센 권력자였습니다. 그러나 그런 니고데모였지만, 예수님의 눈에 니고데모는 여전히 중생이 필요한 사람이었습니다.

권세와 권력이 있다고 해서 중생이 필요치 않은 것은 아닙니다. 당신이 대통령이든, 장관이든, 대기업의 회장이든, 외제차를 타고 다니든, 아니면 월세집에 살든 어느 누구도 거듭남의 필요로부터 결코 면제될 수 없습니다. 예수님은 그런 사람들을 향해 니고데모에게 말씀하셨듯 말씀합니다. "네가 반드시 거듭나야 한다."

부자도 거듭나야 합니다.

니고데모는 또한 부자였습니다. 예수님의 장례를 기록하고 있는 요한복음 19장 39절은 니고데모가 장례를 위하여 "몰약과 침향 섞

은 것을 백 리트라쯤” 가져왔다고 말합니다. 니고데모가 가져온 몰약
은 예수님이 탄생할 당시에 동방박사가 가져온 예물 중 하나일 정도
로 매우 값비싼 향료였습니다. 또한 침향은 왕의 장례식때 사용되던
값비싼 물건으로 니고데모는 그것을 무려 백리트라를 가져왔다 하는
데 이것은 오늘날 약 34 킬로그램에 해당됩니다. 무슨 말입니까? 니
고데모는 대단한 부자였다는 것입니다.

　　그러나 니고데모가 그렇게 부자라고 해서 중생이 필요하지 않은 것
은 아니었습니다. 당신의 통장에 엄청난 재정이 있다 해서 중생이 필
요하지 않은 것은 아닙니다. 당신이 사람들이 부러워 하는 넓은 아파
트에 산다 해서 중생이 필요하지 않은 것은 아닙니다. 당신이 사람들
이 탐내는 비싼 외제차를 타고 다닌다 해서 중생이 필요하지 않는 것
은 아닙니다. 예수님은 부자 중 부자였던 니고데모에게 “너는 거듭나
야 한다. 그렇지 않으면 결코 하나님 나라에 들어 갈 수 없다”고 말씀
하셨습니다.

도덕적이며 종교적이어도 거듭나야 합니다.

　　뿐만 아니라 니고데모는 의로운 사람이었습니다. 그는 “바리새인
중의 한 사람이자, 유대인의 지도자”였습니다(요 3:1). 니고데모는
율법의 모든 명령을 준수하고자 애썼던 바리새인이었습니다. 당시에
바리새인은 안식일을 지키는 규정만 스물 넉장이 될 정도로 철저하
게 종교적 의무를 다하던 사람이었습니다. 그러나 그런 종교적인 삶
을 살고 있다고 해서 예수님의 눈에 거듭남의 필요가 없는 것은 결코
아니었습니다.

당신이 소위 모태신앙이라고 해서 중생이 필요없는 것은 아닙니다. 어려서부터 교회를 다녔다고 해서 중생이 필요없는 것은 아닙니다. 믿는 가정에서 자랐다고 해서 중생이 필요없는 것은 아닙니다. 당신이 헌금을 많이 하고 봉사를 많이 했다고 해서 거듭남의 필요가 없는 것은 아닙니다. 예수님은 종교적 의무를 다하고 있었던 니고데모를 향해 "네가 반드시 거듭나야 하겠다"고 말씀하셨습니다.

표적과 기적을 경험해도 거듭나야 합니다.

니고데모가 예수님을 찾아온 것은 예수님이 행하신 많은 표적과 기사를 보았기 때문입니다.(요 3:2) 그런데 예수님은 그런 니고데모를 향하여 "네가 반드시 거듭나야 하겠다"고 말씀하셨습니다. 어떤 분은 자신의 신비한 체험이나 대단한 경험을 중생과 동일시 생각합니다. 그러나 그러한 체험 자체가 성경적인 의미에서 모두다 중생은 아닙니다. 성경적인 의미에서 신비한 체험 자체가 중생을 의미하는 것은 아닙니다. 어떤 종교적인 체험을 했다 할지라도, 어떤 신비한 사건을 목도했다 할지라도 당신은 반드시 거듭나야만 합니다.

그러므로 이 세상에 존재하는 모든 사람은 모두 거듭나야 합니다! 이것은 너무나 중요하고 너무나 절박한 문제입니다. 그 신실하신 예수님은 우리를 너무나 사랑하시기 때문에 가장 좋은 것을 그저 주시기 원하시는 분이십니다. 자식을 위해 자신의 모든 것을 쏟아놓고서도 눈물로 기도하는 어머니처럼, 우리 하나님은 우리에게 최고로 좋은 것을 그저 주시기를 원하시는 사랑의 하나님이십니다. 그런데 그 사랑 많으신 주님께서, 그 온유하신 주님께서, 그 인자하신 주님께서 "네가 거듭나지 않으면 하나님 나라에 들어갈 수 없다"고 말씀합니다. 주님의 이 진리를 진지하게 들으십시오! 주님의 이 간절한 권면을 농담으로 듣지 마십시오! "당신은 거듭나야만 합니다!"

그러나 안타깝게도 오늘날 우리는 우리의 운명을 결정짓는 이 중대한 주님의 말씀을 소홀히 여깁니다. 사업이 잘되고 가정이 평안하기만 하면 거기에 만족하고 맙니다. 우리 자신의 번영이 우리의 눈을 가리고, 외적 부유함이 우리 영혼의 참된 필요를 망각시켜 버리고 말았습니다. 지식의 산에서, 권세와 물질의 바벨탑에서 그저 막연히 '하나님을 섬기며 살면 되지' 생각하며 스스로를 기만하며 삽니다.

그러나 당신은 참으로 거듭나야만 합니다. 그렇지 않으면 결코 하늘나라에 갈 수 없기 때문입니다. 당신은 거듭나야만 합니다. 그렇지 않으면 영원한 저주가 임할 것이기 때문입니다. 당신은 거듭나야만 합니다. 그렇지 않으면 당신은 머지않아 하나님의 존전에서 쫓겨나 영원한 지옥불 가운데 거할 것이기 때문입니다.

2. 그렇다면 거듭남의 의미는 무엇일까요?

'거듭'을 의미하는 '아노덴'은 크게 두 가지 의미가 있습니다. 첫째는 장소의 의미로 '위로부터'라는 의미요, 둘째는 시간의 의미로 '다시'라는 의미입니다. 따라서 거듭남이란 위로부터 다시 태어나는 것을 의미합니다. 곧 위로(하나님)으로부터 다시(새롭게) 태어나는 것을 의미합니다. 곧 사람은 태어날 때 육적인 몸을 입고 태어납니다.

그러나 천국에 가기 위해서는 영적으로 다시 태어나야 합니다. 이것이 거듭남입니다. 성경은 거듭나기 이전의 인간의 상태에 관해 죄와 허물로 죽은 상태라고 말씀합니다.(엡 2:1) 이 상태로는 하나님의 진노와 심판를 당할 뿐입니다. 따라서 우리가 구원받고 천국에 가기 위해서는 반드시 거듭나야 합니다.

그런데 니고데모는 영적으로 무지했던 우리들처럼 거듭나야 한다는 예수님의 말씀을 이해하지 못한 까닭에 예수님께 이렇게 다시 묻습니다. "사람이 늙으면 어떻게 날 수 있사옵나이까 두 번째 모태에 들어갔다가 날 수 있사옵나이까"(요 3:4)

3. 그렇다면 우리는 어떻게 거듭날 수 있을까요?

무지한 니고데모에게 주님은 중생의 방법에 관한 위대한 진리를 이렇게 계시하십니다.

> 예수께서 대답하시되 진실로 진실로 네게 이르노니 사람이 물과 성령으로 나지 아니하면 하나님의 나라에 들어갈 수 없느니라(요 3:5)

출생이란 본질적으로 우리 스스로 할 수 있는 일이 아닙니다. 스스로 잉태하거나 스스로 태어날 수 없듯, 다시 태어나는 것 역시 우리 힘으로 할 수 없습니다. 중생은 우리의 힘과 능력으로 할 수 있는 것이 아닙니다.

그렇다면 우리는 어떻게 거듭날 수 있습니까? 오직 '물과 성령'으로만 거듭날 수 있습니다. 그렇다면 '물과 성령'은 무엇을 의미할까요? 학자마다 다소간의 차이는 있지만 '물과 성령'이 에스겔 36:25~27을 배경으로 하는 데는 거의 일치합니다. 여기에서 물은 부정한 것으로 정결케 하시는, 곧 과거의 죄로부터 단절시키는 하나님의 활동을 상징하며, 영은 하나님을 전적으로 따르도록 하는 능력되신 성령을 의미합니다. 따라서 물과 성령이란 회개의 세례를 통한 죄 씻음과 그것을 가능케 하시는 성령 하나님을 의미합니다. 다시 말해 회개를 통해 죄씻음을 받고 성령으로 새롭게 변화될 때 하늘나라에 들어갈 수 있다는 것입니다. 이 진리를 디도서 3장 5절은 이렇게 말씀합니다. **"우리를 구원하시되... 중생의 씻음과 성령의 새롭게 하심으로 하셨나니"**(딛 3:5)

그런데 어떻게 이러한 역사가 가능합니까? 그것은 사람이 자신의 죄를 회개하고 예수 그리스도를 믿을 때 일어나는 것입니다. 이것이 중요합니다! 다시 영적으로 태어나시게 하는 것은 전적인 성령의 역사입니다. 그래서 우리 성결교단 신학은 중생을 "허물과 죄로 죽었던 영혼에게 성령에 의하여 생명이 주어지는 일"이라고 정의합니다. 그러나 이러한 생명의 역사는 우리 가운데 역사하시는 성령의 능력으로 우리가 회개하고 예수님을 마음에 영접할 때 임합니다. 그렇게 물과 성령으로 거듭난 사람, 새롭게 된 사람에 관하여 성경은 이렇게 말합니다.

"그런즉 누구든지 그리스도 안에 있으면 새로운 피조물이라 이전 것은 지나갔으니 보라 새 것이 되었도다"(고후 5:17)

그렇다면 새롭게 거듭난 사람의 축복은 무엇입니까? 그 사람에게는 새로 태어난 아이가 그러하듯, 영적인 새생명이 주어집니다. 하나님의 자녀가 되는 축복을 누립니다. 새 삶이 시작됩니다. 영원한 천국시민이 됩니다. 성령께서 내주하시는 하늘의 은혜가 임합니다. 그렇다면 중생한 하나님의 백성은 어떻게 살아야 합니까? 성경은 말씀합니다.

"너희는 이 세대를 본받지 말고 오직 마음을 새롭게 함으로 변화를 받아 하나님의 선하시고 기뻐하시고 온전하신 뜻이 무엇인지 분별하도록 하라"(롬 12:2)

물과 성령으로 거듭난 천국백성은 나의 뜻이 아니요, 하나님의 뜻을 생각합니다. 중생한 성도는 나의 영광이 아니라 하나님의 영광을 생각합니다. 하늘나라 시민은 육신의 정욕이 아니라 성령을 좇아 삽니다. 그런 까닭에 존 웨슬리 목사님은 중생의 역사를 이렇게 정의합니다. "중생은 하나님이 인간 심령 속에 일으키시는 큰 변화이다. 이것은 죄로 죽은 영혼이 그리스도 안에서 새로 지음을 받아 의와 참된 거룩함으로 하나님의 형상으로 새로 나는 것이다."

말씀을 맺겠습니다. 교회를 다닌다고 해서 자동으로 천국백성이 되는 것은 아닙니다. 성자 같은 삶을 산다고 해서 하나님 나라에 들어가는 것은 아닙니다. 오직 예수님을 자신의 주님으로, 주인으로 영접하고 물과 성령으로 거듭난 사람만이 하나님 나라의 백성이 됩니다. 모든 성도님들이 한사람도 빠짐없이 물과 성령으로 거듭나시기를 축복합니다! 새생명을 누리시길 축원합니다! 천국시민이 되시길 축원합니다! 하나님의 뜻을 좇아 사는 성령의 사람이 되시기를 축원합니다! 할렐루야!

3:1 그런데 바리새인 중에 니고데모라 하는 사람이 있으니 유대인의 지도자라
3:2 그가 밤에 예수께 와서 이르되 랍비여 우리가 당신은 하나님께로부터 오신 선생인 줄 아나이다 하나님이 함께 하시지 아니하시면 당신이 행하시는 이 표적을 아무도 할 수 없음이니이다
3:3 예수께서 대답하여 이르시되 진실로 진실로 네게 이르노니 사람이 거듭나지 아니하면 하나님의 나라를 볼 수 없느니라
3:4 니고데모가 이르되 사람이 늙으면 어떻게 날 수 있사옵나이까 두 번째 모태에 들어갔다가 날 수 있사옵나이까
3:5 예수께서 대답하시되 진실로 진실로 네게 이르노니 사람이 물과 성령으로 나지 아니하면 하나님의 나라에 들어갈 수 없느니라
3:6 육으로 난 것은 육이요 영으로 난 것은 영이니
3:7 내가 네게 거듭나야 하겠다 하는 말을 놀랍게 여기지 말라

3:1 Now there was a man of the Pharisees named Nicodemus, a member of the Jewish ruling council.

3:2 He came to Jesus at night and said, "Rabbi, we know you are a teacher who has come from God. For no one could perform the miraculous signs you are doing if God were not with him."

3:3 In reply Jesus declared, "I tell you the truth, no one can see the kingdom of God unless he is born again."

3:4 "How can a man be born when he is old?" Nicodemus asked. "Surely he cannot enter a second time into his mother's womb to be born!"

3:5 Jesus answered, "I tell you the truth, no one can enter the kingdom of God unless he is born of water and the Spirit.

3:6 Flesh gives birth to flesh, but the Spirit gives birth to spirit.

3:7 You should not be surprised at my saying, 'You must be born again.'

하늘의 패스워드 (Password)!

요한복음 3장 3~5절

부여중앙교회 신윤진 목사

서론

어느 초등학교 2학년생의 국어 시험문제입니다. 1.불행한 일이 거듭 겹친다는 뜻의 사자성어는? (설_ 가_) 아이가 쓴 답은 '설사가 또'. 2.화장실을 이용할 때 화장실 문을 열기 전에 해야 하는 것은 무엇인지 쓰시오– '자꾸를 내린다.' 아이의 입장과 눈높이에서는 그런 답을 쓸 수가 있겠지요. 그러나 그것은 선생님이 원하는 모범 답안은 아닙니다. 세상 수많은 문제에는 정답과 오답이 있습니다. 사회규범 속에서 서로의 약속으로 정해진 것이 정답입니다. 그러나 애들의 생각에 불행이 겹치는 것으로 '설사가 또'도 틀린 답은 아닐 것입니다. 자신이 그런 당혹스런 경험을 했는지도 모르는 일입니다. 난감했겠지요. 그리고 화장실 문을 열기 전 해야 하는 것은 노크 말고도 자꾸(지퍼)를 내리는 것 역시 중요합니다. 그러나 시험을 출제한 사람이 의도한 답과는 다르기 때문에 오답입니다. 인생에는 답을 필요로 하는 게 너무 많습니다.

세상은 암호의 세상이라 해도 과언이 아닙니다. 우리는 수많은 비밀 번호를 외우거나 나만 아는 비밀 장소에 적어놓고 다니기도 합니다. 현관문 비밀번호, 금고의 비밀번호, 통장의 비밀번호, 핸드폰을 열기위한 배경화면의 암호, 컴퓨터를 할 때 로그인에 필요한 암호등 어떤 관문을 통과하기 위한 허용절차가 패스워드입니다. 일부분만 틀려도 허가되지 않습니다. 나라와 나라를 나가고 들어갈 때 패스포트인 여권 검사역시 필수입니다. 검색대에서 여권 없이는 절대로 출입이 불가하지요. 인증을 위해 필요한 절차요 정당한 사용자라는 것을 식별해 주는 고유문자나 숫자. 이런 암호는 이 세상에서만 필요한 게 아닙니다.

본론

오늘 본문에서는 천국을 들어가는데도 암호가 통과 되어야 함을 보여쭙니다. 어느 날 밤 예수님을 찾아온 한 사람과의 상담 내용이 본문입니다. 1절에 내담자 소개를 하고 있습니다. 이름은 니고데모, 종교는 유대교를 믿는 당시 가장 존경을 받는 부유층인 바리새파 사람. 직업은 유대인의 최고 종교의결 기관인 산헤드린공회의 의원입니다.

10절에서 예수님의 말씀을 미루어 짐작할 때 니고데모는 유대인의 선생으로 많은 사람들을 상대로 설교도 하고 가르침도 주는 스승이었음을 알 수 있습니다. 성경의 지식이나 학식, 사회적 신분 등 어느 모로나 부족함이 없는 성공한 사람임에 틀림없습니다. 나이도 최소 70이상으로 봐야 옳을 것입니다. 다시 말해 니고데모라는 사람은 세상 살면서 갖춰야할 모든 것을 갖추고 연륜이 풍부한 성경박사요 전문가입니다.

그런데 2절에 보면 니고데모가 예수님을 찾아온 시점이 밤이라 했습니다. 왜 밤에 왔을까요? 자기신분을 감추기 위함이거나 남의 눈을 피하기 위해서가 아니었을까요? 이미 니고데모하면 당시사회에서는 너무 유명한 사람이요 최고의 엘리트인지라 사람들의 시선을 피하고 싶었던 것이지요. 니고데모는 겉보기에는 성공한 사회적 고위층이며 성경의 최고지식인이며 율법적으로도 완벽한 바리새인이라는 화려하고 환한 대낮같은 빛이 있지만 그의 속은 어두운 밤 같은 내면의 묵직한 어둠에 갇혀 산 인생임을 보여주는 것입니다. 오늘도 우리 주변에 보면 겉으로는 웃고 있지만 속으로는 울고 있고 누군가의 도움을 간절히 기다리는 이런 사람이 얼마나 많습니까.

니고데모는 이런 말로 예수님과의 대화를 시작합니다. '당신은 하나님께로서 오신 선생입니다. 당신의 행하시는 일을 보니 하나님이 함께하시지 않으면 이런 일을 행할 수 없습니다'(2절). 니고데모는 자신의 신분에 흠이 가지 않게 하려는 듯 품위 있고 아주 조심스럽게 예수님에게 예의를 갖춘 접근을 하고 있습니다. 그러나 겉도는 얘기로 시작한 니고데모에게 예수님은 단도직입적으로 **'거듭나지 않으면 하나님나라를 볼 수 없느니라'.**(3절) 벼락같은 말씀을 하십니다. 이 말에서 예수님은 니고데모에게 두 가지를 말씀 하신 것입니다. **거듭남과 하나님나라.**

'하나님 나라의 패스워드는 거듭남이다'라는 선언을 해 주신 것입니다. 또한 '너는 지금 거듭나지 않았다. 그래서 너는 하나님나라와 거리가 먼 사람이다. 너의 사회적 종교적 성공신화가 하늘나라에 전혀 도움이 안 된다.' 이런 의미를 함축하신 말씀입니다. 이 말은 니고데모에겐 너무나 충격적이면서 이해할 수 없는 말씀입니다. 니고데모는 당시 유대종교의 최고통치기구인 산헤드린공의회 의원이며 더군다나 율법으로는 전혀 흠이 없다는 바리새파 사람이고 아브라함의 자손으로 당연히 하나님나라의 백성임을 자신하고 있었습니다. 이런 사람을 향해 예수님의 말씀은 잔인하리만치 잔혹한 것이었고 견딜 수 없는 충격이요 모욕이 아닐 수 없습니다. 니고데모가 평생 쌓아올린 사회적, 종교적 자존심을 한순간에 묵살해 버린 것입니다.

여기서 우리는 오늘 말씀을 다시 요한복음 2장의 두 가지 사건이 하나를 지향하고 있음을 되새겨야 할 것입니다. 그 첫째는 물로 포도

주를 만드신 혼인잔치의 사건입니다. 혼인잔치에 필요한 것은 물이 아니라 포도주였고 포도주가 떨어졌을 때 주님은 항아리에 물을 부으라 하셨으며 그 물을 떠서 연회장에 갖다 주라고 하셨을 때 하인들은 순종했고 결과는 포도주가 되어 있었습니다. 포도주를 새로 사다 준 것이 아니라 물이 포도주로 변한 기적입니다. 즉 물 같은 인생이 예수 안에서 포도주 인생이 되어야하고 될 수 있음을 보여주신 것입니다. 물이 포도주 된 사건이 바로 거듭남입니다.

두 번째로 성전 청결의 사건입니다. 종교의식으로만 가득한 예루살렘 성전에 동물장사들과 동물들과 동물들의 오물과 환전상들로 붐비는 아수라장의 껍데기 종교를 부수시며 청소하신 예수님의 열정이 나타나 있습니다. 참 신앙은 껍질을 벗는 것입니다. 자신도 모르게 사회생활하고 교회생활하면서 이런저런 껍데기들로 한 겹 두 겹 덮이면서 이제는 그 껍질을 벗기기 어려울 정도의 갑옷 같은 종교생활에 익숙한 상태가 되어 버렸습니다. 영적 갈증도 목마름도 설레임도 흥분도 감동도 없는 현대판 바리새인으로 종교인으로 살고 있는 자신을 발견해야 합니다. 이 견고한 껍질이 벗겨지고 형식주의가 깨지고 하늘의 생명이 내 안에 들어오는 것이 거듭남입니다.

물이 포도주 된 사건, 성전 청결사건은 물 같은 인생이 포도주로 변해야 한다는 예시였습니다. 니고데모같은 자기공로 자기신념으로 가득 찬 신자들이 얼마나 많은가요? 이제 그 헛된 종교의 껍데기를 벗어버리고 참 신자가 되어야함을 일깨운 것입니다. 그 참 신자 되는 게 거듭남이요 천국의 패스워드입니다.

우리교회에서 지척에 있어 종종 오르내리며 지나던 길목에 신동엽

생가와 문학관이 있습니다. 그는 1960년대 불의와 부정 부패, 그리고 독재 체제라는 시대적 상황 앞에서 현실을 강하게 거부하고 있는 참여 시인이며 그의 시는 저항 시로 평가되고 있습니다. 그의 대표적인 시(詩)인 '껍데기는 가라'가 있습니다.

"사월(四月)도 알맹이만 남고 껍데기는 가라. 껍데기는 가라. 동학년(東學年) 곰나루의, 그 아우성만 살고 껍데기는 가라. 그리하여, 다시 껍데기는 가라. 이 곳에선, 두 가슴과 그 곳까지 내논 아사달 아사녀가 중립(中立)의 초례청 앞에 서서 부끄럼 빛내며 맞절할지니 껍데기는 가라. 한라에서 백두까지 향그러운 흙 가슴만 남고. 그, 모오든 쇠붙이는 가라."

오늘 우리의 예배와 성전은 어떻습니까? 생명력, 거룩, 뜨거움이 있습니까? 우리는 평생 예배를 드리며 평생 성전을 드나들면서 교회안팎을 맴돌며 살아갑니다. 그러나 중심 깊숙이 들어가기 보다 겉도는 종교인으로 머물고 있지는 않는지 되짚어봐야 할 것입니다.

나는 모태신앙인으로 나름 자부심을 갖고 신앙생활을 하며 신학을 공부했습니다. 교회생활에 어려서부터 열심이었고 맡겨진 주일학교 교사나 전도사로서의 사명도 남다른 성실함으로 섬겼습니다. 그러던 중 알 수 없는 고민이 시작된 건 신학 3학년 때. 죄로부터 자유롭냐는 생각과 함께 구원에 대한 질문이 뇌리를 떠나지 않았고 확신이 없었습니다. 나 자신이 하나님앞에서 충성스럽게 섬겼던 교회 생활이 나를 세워주는 버팀목이 되어주지 못했습니다. 겉으로는 아무렇지 않게 교회생활을 하고 학교생활을 하고 교회 가서는 아이들을 가르치는 전도사로 사역에는 차질 없는 생활을 했지만 내면으로는 수없는 풍랑앞에 놓인 배처럼 흔들렸고 오늘이라도 나의 생명이 끝난다면 어떻게 될지에 대한 답이 불명확했습니다. 학교 수업을 마치면 곧바로 대강당 위에 있던 기도 탑을 혼자 찾아 수많은 날들을 혼자 울면서 기도의 시간을 보냈습니다. 사역을 위한 기도도 아니며 진로를 위한 기도도 아니며 오로지 한 가지 나의 영혼의 안전을 위한 구원의 문제를 붙잡고 씨름하며 주님께 올리던 기도의 시간이었습니다. 정말 많은 날들을 영적인 고통 속에 빠져 주님앞에 올라가는 철계단 소리는 적막하디 못해 내 가슴속에 텅 빈 구원 없음을 소리치는 북소리와도 같았습니다.

그러던 어느날 작은 성경공부 모임에 참석한 나는 성막에 대한 공부를 마치고 통성기도를 하는 중 가슴으로부터 들려오는 주님의 음성을 들었습니다. "수고하고 무거운 짐 진 자야 내게 오라 내가 너를 쉬게 하리라"(마 11:28) 그동안 내가 알고 있던 이 말씀은 교회 밖에 있는 수많은 방황하며 타락한 사람들을 위한 주님의 초청장인줄 알았는데 교회 한 복판에서 가장 충성되고 성실하고 나름 모범적으로 신앙생활하는 나를 향한 주님의 초청장인 것을 처음으로 인식하던 밤이었습니다. 그날 밤 나는 주님께 다 떨어진 걸레 같은 나의 의(義)를 보았습니다. 그래도 이만하면 괜찮은 신앙인이라 자부했던 나의 진면목은 형편없이 무너져 내렸습니다. "무릇 우리는 다 부정한 자 같아서 우리의 의는 다 더러운 옷 같으며 우리는 다 잎사귀같이 시들므로 우리의 죄악이 바람같이 우리를 몰아가나이다"(사64:6) 이 말씀이 나를 두고 하신 말씀이었습니다. 당시 나는 영적으로 너무 힘들고 지쳐서 주님의 마11:28 말씀을 의지하고 '주님 쉬고 싶어요. 저를 받아주세요' 라며 아버지 품에 안긴 탕자처럼 주님의 품안에 와락 안겼으며 생전 처음 저는 그날 가장 평안한 영혼의 안식을 누린 밤을 경험했습니다. 그날 밤의 사건이 지금까지도 내 신앙과 사역의 마중물이 되어 달려올 수 있는 원동력이 되었고 오늘 밤 이 세상을 떠나도 주님 안에서 영원한 천국을 누릴 은혜가 넘치니 얼마나 감사한지 모르겠습니다. 그날이 나에게는 거듭남을 경험한 은혜의 날이었습니다.

오늘 하늘의 패스워드를 요구하시는 천국의 주인이신 예수님앞에 니고데모의 대답을 봅시다. 4절에서 "거듭난다는 말이 무엇입니까? 나같이 늙으면 어머니 뱃속에 다시 들어갔다가 나와야 한다는 말입니까?" 이 말의 의미는 니고데모의 진지하고 진실하고 간절한 갈망을 보여주는 어린아이 같은 질문입니다. 다시말해 할 수만 있다면 두 번째 어머니뱃속에 들어가서 다시 나오는 한이 있더라도 새로운 생명을 얻고 싶다는 니고데모의 갈망을 보여주는 것이며 연륜이나 신분이나 지식으로는 모든 스펙을 완벽하게 갖춘 그 였지만 한없이 어린 무지의 어린아이처럼 예수님앞에 솔직담백하게 묻고 있는 것입니다.

지금 예수님과 1:1로 마주하고 있는 이 캄캄한 밤 니고데모는 누구를 의식할 것도 피할 것도 없었고 오직 자신의 영혼의 주인이신 하나님앞에 가장 어린 천진난만한 아이의 모습으로 서 있는 것입니다. 정말 궁금했고 알고 싶었던 것입니다. 마치 수술대에서 자신의 몸을 올려놓고 처분만 바라는 환자처럼 말입니다. '다시 난다는 거듭남이 무엇입니까? 그렇게라도 해서 내 영혼의 갈급함과 내 의식으로 가득 덮인 껍데기를 벗을 수만 있다면 그리고 하늘의 패스워드를 얻을 수만 있다면 더 바랄 것이 없겠습니다.' 이 말입니다. 이런 간절함과 진실함이 당신에게 있길 축원합니다.

알고 보면 신앙의 가장 큰 적과 장애물은 환경도 상황도 주변 사람들도 아니라 당신 자신이 가장 큰 적이고 장애물인 것입니다. 니고데모는 그 화려하고 거추장스럽던 자기의 모든 무거운 이력들의 껍질을 벗은 채 솔직한 모습으로 예수님앞에 어린아이가 되었습니다.

주님은 이런 니고데모를 향해 계속 강력한 도전으로 몰아붙이고 계십니다. 5절에서 "물과 성령으로 나지 않으면 하나님나라에 들어갈 수 없다." 6절에서 "육으로 난 것과 영으로 난 것은 분명히 다르다." 이런 강력한 하늘의 초청과 도전을 받은 니고데모는 엄청난 고민에 빠졌을 것입니다. 그리고 그는 그날 밤 평생 잊을 수 없는 가장 황홀한 영혼의 쉼을 얻는 경험을 했을 것입니다. 그 뒤로 요한복음의 저자는 니고데모를 두 번 더 등장시킵니다. 7장 후반부와 19장 후반부입니다. 7장에서는 대제사장들과 바리새인들이 하속들을 시켜 예수님을 체포해 오라 했으나 잡아오지 않자 하속들은 이렇게 답변합니다. "그 사람이 말하는 것처럼 말한 사람은 이 때까지 없었나이다" 그러자 바리새인들은 이렇게 책망하지요 "너희도 미혹되었느냐?"(46, 47절) 그 뒤 50절에서 사도 요한은 갑자기 니고데모를 등장시키지요 "그 중의 한 사람 곧 전에 예수께 왔던 니고데모가 그들에게 말하되 우리 율법은 사람의 말을 듣고 그 행한 것을 알기 전에 심판하느냐?" 밤에 예수님을 찾아왔던 니고데모가 대낮에 바리새인과 대제사장 앞에서 예수님을 두둔하고 감싸는 발언을 서슴치 않는 것입니다. 그리고 19장 39, 40절 에서도 나옵니다. "일찍이 예수께 밤에 찾아왔던 니고데모도 몰약과 침향 섞은 것을 백 리트라쯤 가지고 온지라 이에 예수의 시체를 가져다가 유대인의 장례법대로 그 향품과 함께 세마포로 쌌더라" 3년 동안 예수님을 위해 목숨까지 담보하겠다고 큰 소리치던 제자들조차 떠난 마당에 팔 걷어 부치고 시신 수습과 장례를 치를 사람이라면 예사로 볼 수 없는 것입니다. 그 주인공이 바로 아리마대 요셉과 니고데모였습니다. 단순히 연민의 감정 갖고 할 수 있는 문제가 아닙니다. 사도 요한은 이것을 니고데모의 거듭남의 증거로 보여주고 있는 것입니다.

거듭남! 우리교단에서 가장 앞세우는 신자의 첫 번째 거룩한 영적 경험입니다. 이것은 하늘로 가는 패스워드며 첫 걸음입니다.

결론

어린이들의 세계명작 알리바바와 40인의 도둑이야기는 유명합니다. 가난한 나무꾼 알리바바는 어느날 나무를 하다가 우연히 도둑들의 말발굽소리에 놀라 나무위로 숨고 도둑들 40명이 큰 바위 앞에 서서 '열려라 참깨!' 라는 암호를 통해 바위 동굴로 들어가 훔쳐온 금은보화들을 숨기고 나오는 것을 봅니다. 알리바바는 도둑들이 간 뒤에 그 돌문 앞에 서서 똑같이 해 봅니다. '열려라 참깨!' 그때 거대한 돌문이 열리고 그 안에는 도둑들이 쌓아둔 금은보화들이 가득했습니다. 알리바바는 뜻하지 않은 횡재를 했고 그것을 가져다 부자가 되었습니다. 그러나 욕심 많은 형 카심은 동생을 흉내 내려고 동굴 앞에서 열려라 참깨를 하고 들어가 수많은 보물들을 훔쳐서 나와야 하는데 암호를 잊어버려 결국 도둑들에게 잡혀 죽게 되었다는 이야기입니다.

암호는 이렇게 중요한 유일한 인증번호입니다. 패스워드는 사느냐 죽느냐의 사활이 걸린 문제입니다. 예수를 믿는다는 것은 단순히 종교생활이거나 일시적이고 현세적인 문제를 위함도 아닙니다. 천국 암호를 소유하는 것입니다.

니고데모는 고령이며 그렇게 성경에 대해 박학(博學)했던 그가 생전 처음 들어본 하늘의 관문 거듭남. 그리고 자기 앞에 서 계신 분이 바로 하늘의 패스워드 예수그리스도십니다. 본문의 니고데모는 바로 오늘 예수님앞에 서 있는 당신입니다. 주님은 지체 없이 그 패스워드를 소유하라 말씀하십니다. "사람이 거듭나지 아니하면 천국에 들어갈 수 없느니라!"

오직 믿음으로

로마서 1장 16~17절

로고스교회 안성우 목사

들어가는 말

종교개혁 500주년입니다. 가톨릭의 전통, 의식, 성사 중심에서
오직 말씀, 오직 믿음, 오직 은혜로 개혁교회가 세워졌습니다. 개혁
교회를 세우려 했던 것이 아니라 성서가 성서되고 교회를 교회되게
하려 했던 것에서부터 출발합니다. 기실 500주년이 된 한국교회는
제 2의 개혁이 필요하다는 말이 나오고 있습니다. 무엇을 개혁해야

할까요. 지난 110여 년 동안 기독교는 신비주의와 손잡았습니다. 나름 전통이 생겼습니다. 긍정주의, 기복주의, 세속주의, 율법주의에 노출되었습니다. 영적인 리더들의 세습화, 사유화로 인해 세상을 변화시켜야할 교회가 천덕꾸러기가 됐습니다. 개인 신앙은 있지만 공동체성은 결여됐습니다. 교회가 교회 되려면 개혁정신을 기억하고 성서 속으로 들어가야 합니다. 종교 개혁자를 세운 것이 로마서입니다. 로마서에서는 복음의 세 자리를 보여줍니다. 첫째는 하나님이 지으신 피조물을 통해서입니다. 둘째는 율법입니다. 셋째는 예수 그리스도입니다. 이 세 자리 중에서 복음의 핵심은 예수 그리스도입니다.

"복음에는 하나님의 의가 나타나서 믿음으로 믿음에 이르게 하나니 기록 된 바 오직 의인은 믿음으로 말미암아 살리라 함과 같으니라."(롬1:17)

복음에 나타난 하나님의 의

'복음에는 하나님의 의'가 나타났다고 합니다. 복음을 이해하기 위해서는 '하나님의 의'를 이해해야 합니다. 세상은 '옳음'을 의라 합니다. 나름 정의를 주장하지만 그래봐야 최상의 자리가 공동체성입니다. 하나님의 의는 무엇입니까? 하나님의 의에 대한 생각을 여는 다음 질문에 답해 보십시오.

"아버지가 자식을 제물로 바치는 것은 죄인가 의인가?"

"며느리가 시아버지와 동침하는 것은 죄인가 의인가?"

초등학생이라도 죄라 할 텐데요. 성서는 이들을 죄인이라고 부르지 않습니다. 오히려, 의인이라고 부릅니다. 아브라함을 '믿음의 조상'이라고 부르고, 시아버지의 입을 빌어 다말을 "그는 나보다 옳도다."고 합니다. 성서는 이들을 의롭다합니다. 어떻게 이 사람들을 의인이라 할 수 있을까요. 죄와 의의 절대적인 판단 기준은 '하나님'입니다. 아들을 제물로 드리려 했던 아브라함과 시아버지와 동침한 다말을 죄인이라 하지 않는 이유는 하나님의 말씀과 제정하신 제도와 상관있기 때문입니다.

성서는 행동이 아닌 의도를 먼저 봅니다. 행동이 선해도 의도가 악하면 죄입니다. 아들 죽여 놓고 '하나님이 시킨 거야!', '하나님께 제물로 드린 거야!'라고 해서는 안 됩니다. 동일한 행동이지만 죄가 될 수도 의가 될 수도 있습니다. 죄와 의를 구별하기가 그래서 아슬아슬한 겁니다.

창세기 38장에서 유다의 장자 '엘'은 하나님의 눈에 악한 사람으로 드러나 죽임을 당합니다. 다말은 계대 결혼의 언약에 따라 유다의 둘째 아들인 '오난'과 동침합니다. 오난은 형수의 몸 밖에 사정(射精)하죠. 하나님은 오난의 이러한 행위를 악한 것으로 간주하고 그를 죽이십니다. 하나님의 관점에서 보면 오난은 하나님의 계시(말씀)인 계대결혼 제도에 불순종한 겁니다. 하여, 의무는 셋째 아들 '셀라'에게로 넘어가지만 유다는 셀라가 두 아들처럼 죽임을 당할까 두려워 다말을 친정으로 보냅니다. 셀라가 장성하면 부를 것이라 했지만 약속을 어깁니다. 처음부터 생각이 없었습니다. 칼빈은 유다가 아들들의 죽음을 깊이 생각하지 않고 며느리 다말에게 그 책임을 전가하는 부당한 학대를 저질렀다고 해석합니다. 유다가 다말에게 셀라와의 동침 기회를 주지 않은 것은 결과적으로 하나님이 제정하신 계대결혼의 의무를 불순종한 겁니다. 다말의 계대 결혼 권리 및 셀라의 계대 결혼 의무를 박탈한거죠.

다말은 시아버지의 눈을 속여 동침하고 아들을 낳습니다. 장자 엘의 아들에 이름을 올리고 유다 가문, 다윗의 혈통의 어머니로서 지위와 권리와 안정을 보장받습니다.

계대 결혼(Levirate Marriage)은 '후손을 보존하기 위한 목적'으로 선민 이스라엘 민족에게 계시된 하나님의 명령인데요. 자손 없는 형제와 친족들에게 후손을 이어주는 하나님의 언약입니다. 자손이 번성하도록 섭리하시는 하나님의 약속에 의한 정당한 규례입니다. 형이 세상을 떠날 때 동생들이 형수와 동침하는 세상 막장 드라마가 아닙니다. 장자 우선, 혈통 보존, 남편 잃은 약자인 여인을 보호하고 씨족의 권리와 안정된 삶의 보장을 위한 제도였습니다.

다말은 유다가 모든 약속 하나님의 계시로 만들어진 계대 결혼을 어길 때 억지로라도 그 제도에 순종함으로 하나님께 순종한 것입니다.

"유다가 그것들을 알아보고 이르되 그는 나보다 옳도다 내가 그를 내 아들 셀라에게 주지 아니하였음이로다 하고 다시는 그를 가까이 하지 아니하였더라."(창 38:26)

이것이 하나님의 의입니다. 하나님은 거룩한 행동도 죄로 보실 수 있고 더러운 행동도 의로 보실 수 있습니다. 판단 기준은 동기가 하나님의 말씀과 상관있어야 합니다.

믿음으로 믿음에

복음에는 하나님의 의가 나타났는데 "믿음으로 믿음에" 이른다고 했습니다. 첫 번째 믿음은 출처를 두 번째 믿음은 방향을 가리킵니다. '믿음으로부터 믿음으로 이르게 하나니' 바울 서신서에서 볼 수 있는 셈족어의 수사학적인 특징입니다.

"이 사람에게는 사망으로부터 사망에 이르는 냄새요 저 사람에게는 **생명으로부터 생명에** 이르는 냄새라 누가 이 일을 감당하리요."(고후 2:16)

"우리가 다 수건을 벗은 얼굴로 거울을 보는 것 같이 주의 영광을 보매 그와 같은 형상으로 변화하여 **영광에서 영광에** 이르니 곧 주의 영으로 말미암음이니라." (고후 3:18)

하나님의 의, 예수 그리스도에 관한 계시는 복음이기에 출처도 믿음이요 방향도 믿음입니다. 시작도 믿음이요 과정도 믿음이며 마지막도 믿음입니다. 그래서 보여주시면 믿는 다는 말은 문제가 좀 있습니다. 믿어야 보여주십니다. 믿음의 출처는 믿음입니다. 믿음은 하나님의 선물로 주시는 은사입니다. 그래서 우리는 믿음을 구해야 합니다. 복을 기대하는 믿음이 있고 은혜를 사모하는 믿음이 있습니다. 구원 얻는 믿음은 예수 그리스도를 창조자, 구원자로 믿습니다. 우리 죄를 담당하시고 십자가에 못 박혀 죽으신 후 사흘 만에 부활하심을 믿습니다. 이것이 좋은 소식, 복음입니다.

"의인은 오직 믿음으로 말미암아 살리라."했습니다. 돈이나 공로나 자격으로 얻는 것이 아닙니다. 오직 믿음입니다. 오직 믿음으로 구원을 받을 때 구원받은 자는 은혜에 빚진자가 됩니다. 사람의 선행으로 구원을 받을 수 없는 것은 선을 행한 사람은 구원의 출처가 사람이 됩니다. 선하지 않은 사람이 선을 행했다 해도 선이 아닙니다. 구원받기 위한 선입니다. 오직 믿음으로 의롭게 되면 그 사람에게는 선이 없습니다. 오직 예수 그리스도만이 선이시며 그 분이 믿음으로 구원을 주신다 약속하신 말씀을 믿는 것이 의입니다. 예수님은 믿을 때 계시하십니다. 인간의 의로운 기준으로 의로운 삶을 살아도 하나님과 상관없으면 죄입니다. 죄인이어도 하나님의 구원 방정식을 믿고 대속제물로 돌아가심을 믿으면 의인이 됩니다. 그 사랑에 감격해서 선한 것 하나 없는 인간이 그 사랑에 빚진자로 살아가는 것이 하나님의 지혜입니다. 그래도 보지 않고 어떻게 믿을 수 있냐고 질문할

분이 계실 겁니다.

〈해와 달이 된 오누이〉이라는 전래동화가 있는데요. 엄마가 시장에 떡 팔러 갑니다. 돌아오는 길입니다. 해가 졌어요. 호랑이가 나타나서 엄마를 유혹합니다. "떡 하나 주면 안 잡아먹지."

죄 가운데 있다는 것은 이런 것이에요. 거짓이 판을 칩니다. 생명의 위협을 느낍니다. 호랑이는 거짓을 진실로 꾸며 엄마에게 계속 떡을 요구합니다. "떡 하나 주면 안 잡아먹지" 엄마는 호랑이의 말을 믿을 수밖에 없었죠. 호랑이가 요구하는 대로 들어주면 생명을 부지할 수 있을 것이라 생각하고 떡을 줍니다.

사탄은 어두운 밤 우리에게 말합니다. "돈 많이 벌면 안 잡아먹지." "다른 사람 보다 높아지면 안 잡아먹지.", "나와 함께 불 밤을 보내면 즐겁지." 그 밤 두려움이 있지만 응하지 않을 수 없도록 집요하게 찾아옵니다. 그 길이 죽음의 길이란 걸 모르고 속아 넘어갑니다.

엄마는 호랑이에게 떡을 건네지만 잡혀 먹힙니다. 죄의 삯은 사망입니다. 호랑이의 위협은 계속됩니다. 엄마를 기다리는 어린 아이들을 찾아갑니다. 꼼짝 없이 죽을 위기였죠. 간절히 기도했습니다. 엄마는 기도하지 않았고 아이들은 기도했습니다. 기도밖에 할 게 없었습니다. "하나님, 동아줄을 내려주세요~' 하늘에서 동아줄이 내려왔습니다. 호랑이도 기도했어요. '하나님, 동아줄을 내려주세요." 하늘에서 동아줄이 내려왔습니다. 아이들에게 내려온 동아줄은 튼실한 동아줄이었어요. 호랑이에게 내린 줄은 썩은 동아줄이었답니다. 아이들은 튼실한 동아줄을 타고 하늘로 올라가 구원 받았어요. 호랑이는 썩은 동아줄을 타고 올라가지만 끊어집니다. 수수밭에 떨어져 죽었어요. 오빠는 달이 되고 누이는 해가 되고 엄마는 구름이 되었습니다.

아이들에게 동아줄은 구원이지만, 호랑이에게는 심판이었습니다. 아이들은 구원 받을 어떤 선행도 없습니다. 그들은 기도했습니다. 믿고 그 줄에 몸을 맡겼습니다. 의의 속성은 사랑입니다. 캄캄한 밤, 우리가 아직 죄인 되었을 때에 동아줄을 내려 주셔서 우리를 구원해 주심은 우리를 사랑하시기 때문입니다.

하나님의 사랑

믿음은 하나님의 사랑 없이 작동하지 않습니다. 믿음의 출처는 믿음입니다. '하나님이 세상을 이처럼 사랑하사' 복음의 기원은 하나님의 사랑입니다. 복음의 통로는 인간의 몸을 입고 이 땅에 오신 예수 그리스도입니다. '누구든지 저를 믿는 자마다' 구원의 조건은 믿음입니다. 구원의 열매는 영생입니다. 하나님의 사랑이 없다면 믿음을 가질 수 없습니다.

복음이란 하나님께서 우리를 '먼저' 사랑하셨다는 선포에서 출발합니다. 하나님이 우리를 먼저 사랑하셨다는 것을 예수 그리스도를 통해 증명하셨습니다. 예수 그리스도의 삶과 인격을 보면 하나님이 우리를 어떻게 사랑하시는지를 알 수 있습니다. 예수님은 하나님입니다. 예수님의 가르침이 아니라 삶이 교리였습니다. 정신과 교훈이 교리가 될 수 있지만 삶이 교리가 될 수 있는 분은 예수 그리스도 한 분뿐입니다. 삶이 교리가 될 수 있는 분은 하나님 한 분 뿐입니다. 어떤 현인도 삶이 교리가 될 수는 없습니다. 마하트마 간디 같은 현인도 마태복음 5장은 '사람이 할 수 있는 말이 아니다'고 했습니다.

나가는 말

몇 주 전, 인천 행복한북성교회 집회 인도하러 갔습니다. 주소를 보내 주셨지만 초행길이라 의심이 갑니다. 북성동에 다른 북성교회가 있는 것은 아닐까? 네비게이션은 다른 곳으로 안내하지 않겠지. 네비게이션 초기 버전 쓸 때 도착지점에서 좀 헤맨 적이 있었습니다. 출발할 땐 믿음을 가지고 출발합니다. 초행길이지만 믿고 갑니다. 헤매지 않고 잘 도착했습니다. 행복한북성교회를 알고 간 게 아닙니다. 믿음 먼저 체험 다음입니다. 믿음이 없이는 체험할 수 없습니다. 믿음 없이는 볼 수도 경험할 수도 없습니다.

인류 역사상 예수님을 믿고 인생의 길을 헤맨 사람은 없습니다. 그분이 길이요 진리요 생명이기 때문입니다. 믿음은 우리를 하나님의 나라로 안내합니다. 하나님은 믿는 자에게 계시하십니다. 구원은 믿는 자에게 주십니다. 오직 의인은 믿음으로 말미암아 삽니다. 예수 그리스도 그분 외에 구원에 이르는 다른 길은 없습니다.

　예수님을 잘 믿다가 죽었는데 하나님의 나라도 없고 그분이 하나님의 아들이 아니라 한다면 손해 볼 일 아닙니다. 인류 최고의 현인을 사랑하고 닮아가려 했던 삶의 여정 자체가 복입니다. 하지만 믿지 않았는데 그분이 하나님의 아들이면 돌이킬 수 없습니다. 죽고 싶어도 죽을 수 없는 고통입니다. 그분은 살아계신 하나님의 아들입니다. 그분이 하나님이 아니라면 목사, 장로, 전 세계에 흩어져 있는 모든 기독교인들은 정신병원에나 가야 할 겁니다. 대부분 순교한 예수님의 제자들의 죽음을 무엇으로 설명할 수 있을까요. 사도바울의 개종을 인류 역사상 가장 어려운 개종의 사례라고 말한 하버드대학 심리학 교수 하워드 가드너가 〈체인지 마인드〉에서 주장 한 것은 어떻게 설명하겠습니까?

　예수 그리스도를 믿습니다. 예수님은 하나님의 아들이고 하나님이십니다. 구원자십니다. 지금도 우리를 위해 기도하십니다. 지금 이 시간 이 순간에도 하나님이 자신을 계시하십니다.

거듭나야 합니다

요한복음 3장 1~13절

김해제일교회 **안용식 목사**

기독교는 "생명"의 종교입니다. 인격수양을 하거나, 득도하는 종교가 아닙니다. 새 생명을 얻는 종교입니다. 예수께서 말씀하십니다. "내가 온 것은 양으로 생명을 얻게 하고, 더 풍성히 얻게 하려는 것이라"(요10:10) 그 "생명"을 얻는 것이 거듭나는 것입니다. 그러므로, 거듭남의 진리는 그리스도인의 삶의 본질이요, 기본입니다. 여러분들은 거듭나셨는지요?

1. 거듭나지 아니하면...

  가. 하나님 나라에 들어갈 수 없습니다. 하나님 나라를 볼 수도 없습니다.

    ① "하나님 나라"가 무엇입니까?

    "나라"에는 3가지 요소가 필요합니다. 백성과 영토와 주권입니다.

    동양적 개념의 "나라"는 보통 "영토"로 이해합니다. 이는 공간적 개념으로, 땅을 강조하는 것입니다. 그런 의미에서 하나님 나라는 "새 하늘과 새 땅"입니다.

    성서적 개념의 "나라"는 "주권", "통치권"입니다. 일제 36년간의 식민지 통치기간을 우리는 "나라를 잃어 버렸다" 말합니다. 이는 "주권"을 빼앗겼다. "통치권"을 잃어 버렸다는 것입니다. 그런 의미에서 하나님 나라는 "하나님의 통치"입니다. 예수께서 귀신들린 사람에게서 귀신을 내어 쫓고 말씀하십니다. "하나님 나라가 네 안에 임하였느니라" 즉, 하나님의 다스림을 받는 곳, 그곳이 그 어디이든 하나님 나라입니다. 그러나 당시 이스라엘 사람들은 정치적 하나님 나라를 연상했습니다. 이스라엘이 곧 하나님 나라라는 생각인 것입니다.

    ② 하나님 나라를 "본다"

    "진실은 진실로 네게 이르노니, 사람이 거듭나지 아니하면, 하나님의 나라를 볼 수 없느니라(요 3:3)" 여기 "본다"는 단순히 어떤 물체나 형상을 바라본다는 것이 아닙니다. "경험한다"(experience), "참여한다"(participate), "인식한다"(perceive)는 의미입니다. 그러기에 "하나님의 나라를 본다"는 말은, "하나님과의 관계 속에 들어간다", "하나님의 역사를 인식한다", "하나님의 일을 분별한다"는 뜻입니다.

"육에 속한 사람은 하나님의 성령의 일들을 받지 아니하나니, 그것들이 그에게는 어리석게 보임이요, 또 그는 그것들을 알 수도 없나니, 그러한 일은 영적으로 분별되기 때문이라(고전 2:14)" 즉, 사람이 거듭나지 아니하면, 하나님 나라를 볼 수 없으며, 하나님의 역사를 분별할 수도 없습니다.

③ 하나님 나라에 "들어간다"

"진실로 진실로 네게 이르노니, 사람이 물과 성령으로 나지 아니하면 하나님 나라에 들어갈 수 없느니라(요 3:5)" 우리는 보통 "하나님 나라에 들어간다"고 하면 "죽어서 천국에 들어간다"는 것을 생각합니다. 그러나, 이는 먼저 "하나님의 다스림을 받는다"는 것입니다. 하나님과 우리의 관계가 왕(통치자)과 백성(다스림 받는 자)의 관계로 들어가는 것을 말합니다. 이 땅에 살면서 하나님의 다스림을 받는 이가 죽어서도 천국 즉, 새 하늘과 새 땅에 들어가는 것입니다. 그러나 사람이 물과 성령으로 나지 아니하면 하나님의 다스림을 받지 않습니다. 즉, 하나님 나라에 들어갈 수 없는 것입니다.

나. 거듭나지 아니하면, 니고데모와 같은 사람이라도 하나님 나라
   에 들어갈 수 없습니다.

   ① "백성의 정복자"란 뜻의 이름을 가진 니고데모는 바리새인
      입니다.

      바리새인은 "분리된 사람들"이란 뜻으로, 세속과 분리되어,
      하나님의 율법을 철저히 지키며 살아가는 종교인들이었습
      니다. 그들이 지켜야 하는 여러 규칙이 엄했기 때문에 아무
      나 될 수 없었습니다. 만약 바리새인이 되려면, 세 사람의
      추천을 받아 그들 앞에서 평생 율법의 모든 제목들을 준수
      하겠다는 서약을 해야 했습니다. 그리고 그것을 지키기 위
      해 자신의 온 생애를 바쳐야했습니다. 이렇게 볼 때, 바리
      새인들이 하나님께 가진 열심은 대단한 것입니다. 그러나,
      거듭나지 아니하면 이렇게 하나님께 대한 극심한 열심히 있
      는 바리새인이라 할지라도, 천국에 들어갈 수 없습니다.

   ② 그는 유대인의 관원입니다.

      다른 말로 하면, 산헤드린(sanhedrine)의 한 회원이었습
      니다. 산헤드린은 대제사장을 의장으로 71인으로 구성된
      유대인의 최고 법정입니다. 물론 그 당시 로마의 지배 아래
      서 그 권한은 한정되어 있었지만 그 영향력은 대단히 컸습
      니다. 특히, 산헤드린은 전세계에 있는 모든 유대인의 종교
      적 문제를 다스리는 종교적 사법권을 가지고 있었습니다.
      더구나, 거짓 선지자를 판가름하는 권한이 산헤드린에 있었
      습니다. 이렇게 높은 위치에 있는 사람(니고데모)일지라도,

거듭나지 아니하면, 천국에 들어갈 수 없습니다.

③ 그는 이스라엘의 선생이었습니다.

"예수께서 그에게 대답하여 이르시되, 너는 이스라엘의 선
생으로서 이러한 것들을 알지 못하느냐?(요3:10)" 니고데
모는 이스라엘에서 백성들에게 존경받는 유명한 선생이었
습니다. 그러나, 이런 선생이라 할지라도 거듭나지 아니하
면 천국에 들어 갈 수 없습니다.

④ 니고데모는 예수가 하나님께로부터 오신 선생인 줄 아는 이
였습니다.

"그가 밤에 예수께 와서 이르되, 랍비여 우리가 당신은 하
나님께로부터 오신 선생인 줄 아나이다. 하나님이 함께 하
시지 아니하시면, 당신이 행하시는 이 표적을 아무도 할 수
없음이니이다(요3:2)" 니고데모는 예수님과 만남을 다른
사람에게 방해받지 않기 위하여 밤에 찾아온 것 같습니다.
그는 밤의 어두움 속에서 빛을 찾기 위하여, 밤새도록 이야
기를 나누고자 예수님께 왔을 것입니다.

요한복음에 보면, 밤은 악과 거짓과 무지를 상징하고 있습
니다(11:10). 요한복음 13장 30절에서 유다는 "밤"에 예
수를 떠나 어두움으로 사라짐으로 빛으로부터 사단에게 함
몰되어 갔습니다. 그런 맥락에서 이해한다면, 니고데모는
어두움에서 빛 되신 예수님께로 나온 셈입니다. 니고데모는
예수님께로 와서, "랍비여, 우리가 당신은 하나님께로부터
오신 선생인 줄 아나이다"라고 하였습니다. 이 말은 니고데

모가 예수님을 구주로 믿은 것은 아닙니다. 이 말의 뜻은 구약의 참 선지자란 말과 비슷합니다. 즉, 예수를 일반적인 선생이 아닌, 하나님께서 보내신 모세, 엘리야, 세례요한 등과 같은 선지자 중의 하나로 이해하고 있음을 보여줍니다. 이렇게 말하게 된 것은 예수께서 행하신 표적을 보았기 때문입니다. 니고데모가 예수의 표적들을 통해 예수의 탁월하신 교훈능력을 인정하였던 것은 중요한 통찰이었습니다. 그러나, 이러한 통찰력을 가지고, 예수가 하나님께로부터 오신 선생인줄 알았다 하더라도, 거듭나지 아니하면 천국에 들어갈 수 없습니다. 하나님의 다스림을 받을 수 없습니다. 예수님께서 이런 니고데모에게 말씀하십니다.

"진실로 진실로 네게 이르노니, 사람이 거듭나지 아니하면 하나님의 나라를 볼 수 없느니라"

2. 거듭난다는 것은...

그러면, "거듭난다"는 것은 무엇입니까?

요즈음 사회적으로 자주 언급되는 단어 중의 하나가 "거듭난다"라는 말입니다. 정치가 혼란스럽고, 부패하면 정치가들이 거듭나야 한다고 말합니다. 교육계가 부패했다는 뉴스가 나오면 교육가들이 거듭나야 한다고 말합니다. 그래서 사람들은 주로 "새로워져야한다", "개혁되어야 한다" 혹은 "뜯어고쳐야 한다"는 뜻으로 이 말을 사용하고 있습니다. 그러나, "거듭난다"라는 말은 예수님께서 가장 먼저 사용하셨습니다. 예수님의 "거듭난다"는 "새로운 창조, 새로운 생명, 새로운 탄생"을 의미하고 있습니다. 그러므로 본문을 읽을 때, "거듭나야한다"는 말을 세상에서 통용되는 의미로 보지 않도록 주의해야 합니다. 그러면, 본문에서 말씀하는 "거듭난다"는 것은 무엇입니까?

가. 모태에 들어갔다가 두 번째 나는 것이 아닙니다.
　예수님께서 "사람이 거듭나지 아니하면 하나님의 나라를 볼 수 없느니라" 말하자, 니고데모가 묻습니다. "사람이 늙으면 어떻게 날 수 있사옵나이까? 두 번째 모태에 들어갔다가 날 수 있사옵나이까?(요3:4)" 이스라엘의 선생인 니고데모는 "거듭난다는 것"을 바로 알지 못했습니다. 사람이 어머니 태속에 다시 들어갔다 나오는 것으로 이해했습니다. 그런데 그것은 불가능하다는 것입니다. 니고데모는 "영적인 탄생"에 대해서 알지 못했습니다. 이에 예수님께서 말씀　해 주십니다. 거듭난다는 것은 "물과 성령으로 나는 것"입니다.
① "육으로 난 것은 육이요, 영으로 난 것은 영이니...(요3:6)" 예수님께서는 자연적 생명과 영적 생명을 구분하셨습니다. 우리는 다 어머니에게서 태어났습니다. 육으로 난 자연인입니다. 아담의 죄성을 타고난, 멸망할 사람입니다. 그러나 이제 성령으로 다시 태어납니다. 그것이 영적생명입니다. 중생한 사람입니다.
② "거듭난다"는 것은 물이 포도주로 변하는 것과 같은 변화를

말합니다.

"거듭난다"는 것은 너무나 근본적인 변화를 경험하는 것이기에 새롭게 태어나는 것입니다. "거듭난다"는 것은 내 안에 죽어있던 하나님의 형상이 다시 살아나는 것입니다. 우리 안에는 하나님의 형상이 있습니다. 즉, 하나님의 말씀을 듣고, 하나님과 교제할 만한 영적인 인격이 있습니다. 그런데, 그것이 다 잠들어 버리고, 부패해 버렸습니다. 그러기에 하나님 없이도 잘 살고 즐거워합니다. 그러나, 이제 성령의 역사로 하나님의 형상이 회복되어 다시 살아나는 것입니다. 그리하여 하나님의 음성을 들을 수 있고, 하나님의 나라를 볼 수 있게 되는 것입니다. 거듭나는 것은 사람의 뜻, 노력, 방법으로 되는 것이 아닙니다. 위로부터, 하나님으로부터 오는 것입니다.

나. 물과 성령으로 나는 것입니다.

"예수께서 대답하시되, 진실로 진실로 네게 이르노니, 사람이 물과 성령으로 나지 아니하면 하나님의 나라에 들어갈 수 없느니라(요3:5)" 그러면, "물과 성령으로 난다"는 것은 무엇입니까? 이는 "세례" 즉, 물세례와 성령세례입니다.

① 물(물세례)

우리가 "물세례"라고 할 때, 물로 세례만 받으면 거듭난 것이라는 말이 아닙니다. 물세례의 참된 의미는 "예수와 함께 죽고 예수와 함께 사는 것"입니다. 로마서 6장 3-4절에 보면 세례의 의미가 나옵니다. "무릇 그리스도 예수와 합하여 세례를 받은 우리는 그의 죽으심과 합하여 세례를 받은 줄을 알지 못하느냐. 그러므로, 우리가 그의 죽으심과 합하여 세례를 받음으로 그와 함께 장사되었나니, 이는 아버지의 영광으로 말미암아 그리스도를 죽은 자 가운데서 살리심과 같이 우리로 또한 새 생명 가운데서 행하게 하려 함이라"

② 성령(성령세례)

우리가 "예수와 함께 죽고, 예수와 함께 사는 연합을 이루는 일"은 성령께서 우리를 그리스도의 몸속에 넣어 주심으로 가능합니다. 그 사건을 성령세례라 부릅니다. "우리가 유대인이나 헬라인이나 종이나 자유인이나 다 한 성령으로 세례를 받아 한 몸이 되었고, 또 다 한 성령을 마시게 하셨느니라(고전12:13)"

또한 성령께서 우리로 하여금 "예수를 주"라고 고백할 수 있게 하십니다.

"...성령으로 아니하고는 누구든지 예수를 주시라 할 수 없느니라(고전12:3)"

성령세례는 그리스도 편에서 보면, 나를 그리스도의 몸속에 넣어 그리스도와 한 몸이 되게 하는 것입니다. 그러나, 성령세례는 내 편에서 보면 성령께서 내 안에 들어오셔서 죽은 하나님의 형상을 살리고, 내 안에 사시는 것입니다. 그러기에, "누구든지 그리스도의 영이 없으면 그리스도의 사람이 아닙"니다(롬8:9).

③ 그런데, 성령께서는 "말씀"으로 역사하십니다.

말씀을 통하여 거듭나게 하시고, 그리스도와 연합하게 하시는 것입니다.

"너희가 거듭난 것은 썩어질 씨로 된 것이 아니요, 썩지 아니할 씨로 된 것이니, 살아있고 항상 있는 하나님의 말씀으로 되었느니라(벧전1:23)", "이는 곧 물로 씻어 말씀으로 깨끗하게 하사 거룩하게 하시고, 자기 앞에 영광스러운 교회로 세우사..(엡5:26-27)", 그러므로 우리는 "물과 성령으로 난다"는 것은 다음과 같이 정리할 수 있습니다. 복음의 말씀 곧 예수 그리스도의 생애와 십자가의 죽음, 부활의 말씀으로 인하여, 회개하고, 성령의 감동으로 믿어 새로 나는 것입니다. 이것의 세례와의 관계는 어떠합니까?

거듭나는 것은 그리스도와의 연합 곧 성령세례를 통해 이루어지며, 물세례는 이 사실의 공적 선포이자, 상징적 의식인 것입니다.

다. 거듭난다는 것은 바람이 부는 것 같이 신비롭습니다.

① 재미있는 사실은 "바람"과 "성령"이 다 같은 단어라는 것입니다.

히브리어로 루아흐는 "바람"이며, 또한 "성령"입니다. 헬라어로 프뉴마도 "바람"이며, 또한 "성령"도 됩니다. 예수님께서는 "바람과 성령"이 같은 한 단어로 쓰임을 통하여 거듭남의 신비로움을 설명하고 계십니다.

② "바람이 임의로 불매, 네가 그 소리는 들어도 어디서 와서 어디로 가는지 알지 못하나니, 성령으로 난 사람도 다 그러하니라(요3:8)"

ㄱ) 바람은 우리 눈에 보이지 않습니다. 그러나, 소리를 통해 그리고 그 결과를 인하여 그 실재성(reality)을 보여줍니다. 이와 마찬가지로, 성령님의 존재 또한 성령으로 거듭난 사람의 구체적 행실에서 드러나는 여러 변화들을 통해 인식되어 질 수 있는 것입니다.

ㄴ) 이 말씀을 학술적인 용어로 설명하면, "의식 이전의 역사"라고 말할 수 있습니다.

즉, 거듭남의 역사가 의식보다 먼저 있다는 말입니다. 의식은 생명보다 훨씬 뒤입니다. 좋은 예로, 아무리 머리가 좋은 사람일지라도, 4살 이전의 일은 기억하지 못한다고 합니다. 어렸을 때, 젖을 먹었다고 하지만 4살 이전에 젖 먹은 기억은 나지 않는 것입니다. 이처럼 의식은 생명보다 훨씬 뒤에 있습니다. 예수 믿고 거듭나는 것도 이와 마찬가지입니다. 성경 말씀대로, "바람이 임의로 불매" 성령이 나에게 임의로 역사하셨으므로, 나는 언제 사로잡혔는지 모르게 사로잡혀 있단 말입니다. 언제부터인지 모르지만, 지금 내가 교회에 나가게끔 사로잡혀 있다는 것이 중요한 것입니다. 이것이 신비로운 것입니다. "바람이 임의로 불매" 신비롭게 성령이 나를 붙잡은 것이 거듭나는 역사입니다. 이것은 의식보다 훨씬 전에 일어나는 것입니다. 어렸을 때에 주일학교에서 들었던 말씀의 씨앗이 박혀서, 어느 순간에 예수 믿고 거듭나게 될 수도 있습니다. 그렇기 때문에 신비로운 것입니다.

ㄷ) "바람이 임의로 불매"라는 것은, 우리가 그리스도를 선택한 것이 아니라, 주님이 우리를 선택하시어 찾아온 것입니다. 즉, 내가 나로 하여금 예수를 믿게 한 것이 아니라, 성령께서 붙드시고, 역사하시고, 믿게 한 것입니다. 그러니까, 바람이 즉 성령이 "임의로" 내게 오셔서 사로잡았다고 신비롭게 역사하였다고 간증할 수 있는 것입니다.

이러한 주님의 설명에 니고데모의 반응은 어떠했습니까? "니고데모가 대답하여 이르되, 어찌 그러한 일이 있을 수 있나이까?(요3:9)" 니고데모와 같은 바리새인들은 하나의 고정관념에 사로잡혀 있었습니다. 즉, 그들은 혈통상 아브라함의 후손이며, 하나님의 언약을 따라(창17:1-8) 자연히 하나님의 자녀가 된다고 생각하였습니다. "거듭난다"는 교훈에 대해 생소했던 것입니다. 예수님은 이런 니고데모를 책망하십니다. "네가 이스라엘의 선생으로서 이러한 것들을 알지 못하느냐?(요3:10)"

라. 거듭나는 것은 하늘의 일입니다.

니고데모와 같은 이스라엘의 선생이 깨닫지 못한 것은 거듭나는 것이 "하늘의 일"이기 때문입니다. 우리는 우리가 아는 것을 말하고, 본 것을 증거 합니다.

① 예수님께서도 알고 본 것을 증거 하십니다.

그러나, 니고데모는 그 증거를 받지 아니합니다. 왜 그렇습니까?

"육에 속한 사람은 하나님의 성령의 일들을 받지 아니하나니, 이는 그것들이 그에게는 어리석게 보임이요, 또 그는 그것들을 알 수도 없나니, 그러한 일은 영적으로 분별되기 때문이라(고전 2:14)" 그러면 니고데모와 같은 이스라엘 선생도 깨닫지 못하는 것을 예수님께서는 어떻게 아시고, 증거 하시는 것입니까?

② 그것은 예수님께서는 하나님의 아들로서, 하늘에서 오셨기 때문입니다.

"하늘에서 내려온 자 곧 인자 외에는 하늘에 올라간 자가 없느니라(요3:13)"

하늘에서 내려온 인자 예수 그리스도 외에는, 그 누구도 하늘에 있는 자가 없기 때문에. 하늘 일을 말할 수 있는 분은 사람이 되신 하나님, 곧 인자 예수 그리스도 자신뿐이라고 하는 자가 증거입니다. 예수와 같이 말씀하신 이는 없습니다. 그러므로 우리는 예수를 단순히 훌륭한 성인 중 하나로 받아서는 안 됩니다. 예수님은 그의 말씀처럼, 유일하게 하늘에 올라간 자로서, 이 예수를 하나님의 아들로 믿고, 이 예수가 말씀하신 하늘의 일을 믿는 자는 "거듭나" 영생을 얻고, 하나님의 자녀가 되는 것입니다.

다른 나라에 가려면 visa가 필요합니다. 하나님 나라의 visa는 "거듭나는 것"(중생)입니다. 이미 거듭나신 분은 하나님께 감사하며, 더욱 깊은 은혜의 자리에 들어가 풍성한 생명을 누리시기 바랍니다. 그런데, 아직 거듭난 경험이 없으신 분은 오늘 이 시간에 우리 중에 운행하시는 성령님의 역사로 말미암아 꼭 거듭나는 역사, 새 생명으로 탄생하는 역사가 있으시길 축원합니다.

니고데모와 예수님의 만남

요한복음 3장 1~5절

서울중앙교회 한안섭 목사

　이 시간 **"니고데모와 예수님의 만남"**이란 제목으로 말씀드리며 은혜 받는 시간이 되시기를 바랍니다. 예수님은 요한복음 3장에서 밤중에 예수 그리스도를 찾아온 니고데모와 예수님 간의 대화 내용이 기록되어 있습니다. 예수님과 니고데모와의 대화 속에서 기독교의 중요한 본질 중 한 가지를 제시하고 있다는 점에서 본장은 특별한 의의를 지니고 있습니다. 3장에 나타난 기독교의 본질은 무엇일까요? 그것은 곧 하나님 나라와 거듭남 간의 상관관계입니다. 즉 누구든지 물과 성령으로 거듭나지 아니하면 하나님 나라를 볼 수 없고(3절) 하나님 나라에 들어갈 수도 없다는 것입니다..(5절) 그러면 사람이 어떻게 물과 성령으로 거듭날 수 있을까요? 그것은 '말씀이 육신이 되어 우리 가운데 거하신 예수 그리스도'(요 1:14)를 믿고 입으로 시인함으로써 가능케 됩니다.(롬 10:10) 이러한 기독교의 본질은 전적으로 하나님의 사랑에 근거하고 있습니다. 그러므로 사도 요한은 "하나님이 세상을 이처럼 사랑하사 독생자를 주셨으니 이는 저를 믿는 자마다 멸망치 않고 영생을 얻게 하려 하심이니라"(요 3:16)라고 증거하고 있는 것입니다. 이렇듯 하나님 나라와 거듭남이 서로 떼려야 뗄 수 없는 관계에 있음을 밝히고 있습니다. 즉 하나님께서 독생자를 희생 제물로 주시기까지 성도들을 사랑하시며 누구든지 그리스도의 구속 사실을 믿고 거듭나기만 하면 성도의 반열에 낄 수 있음이 선언되어 있습니다.

1. 니고데모가 주는 교훈

일반적으로 니고데모는 소극적인 사람으로 소개되고 있습니다. 그러나 그는 결코 소극적인 사람이 아닙니다. 오히려 적극적인 사람인 것을 발견할 수 있습니다.

첫째, 니고데모의 적극적인 신앙 태도입니다.

이러한 적극적인 태도는 니고데모와 예수님이 처해 있었던 상황을 분석해 보면 쉽게 이해할 수 있습니다. 종교적인 차원에서 볼 때, 니고데모는 그 시대 최고의 존경 받는 종교 지도자였던 반면 예수님은 오히려 그 시대의 종교계를 비판하는 위치에 있었습니다. 사회적인 차원에서 볼 때도, 니고데모는 유대의 이름 있는 도시 출신이었습니다. 그러나 예수님은 그 시대 사람들이 천시하는 나사렛 출신이었습니다. 그리고 정치적인 차원에서 볼 때, 니고데모는 국가 최고 기관인 공회의 의원이었지만, 예수님은 단지 시민의 한 사람에 불과했습니다. 이러한 사실로 미루어 볼 때 니고데모가 예수님을 찾아온 사실은 그의 적극적인 태도가 강하게 드러난다고 할 수 있습니다.

둘째, 진리에 대한 그의 정의감입니다.

요한복음 7:45-52을 보면 우리가 잘 알다시피 대제사장들과 바리새인들은 예수를 적으로 간주하고 하인들을 시켜 잡아오도록 하였습니다. 그러나 하속들은 잡아오지 못하였고 잡아올 수 없는 이유를 말했습니다.(요 7:46) 이 때에 바리새인들은 "너희들도 예수에게 미혹되었느냐, 당국자들이나 바리새인 중에 그를 믿는 자가 있느냐, 율법을 알지 못하는 이 무리는 저주를 받을 자로다"(요 7:47-49)하며 심각한 상황으로 이끌고 갔습니다. 이러한 상황에서 니고데모의 태도는 의미를 갖습니다. 니고데모는 바로 심각하고 격해 있는 동료 바리새인들에게 율법이 바로 사용되어야 함을 말하므로 그들의 그릇된 자세에 대응하였습니다. 이러한 사실은 니고데모가 단순한 형식적 종교 지도자였던 것이 아니라 하나님의 율법을 사랑하며 그 나라의 성취를 대망하고 있는 자임을 알 수 있게 하며, 더욱이 율법의 그릇된 사용에 대한 그의 태도는 그의 정의감의 표현이라 하겠습니다.

셋째, 니고데모의 탁월한 믿음입니다.

그는 비록 관원이고 바리새인이었으나 마치 다니엘과 같이 살아 계신 하나님을 충심으로 섬겨온 사람이라 할 수 있습니다. 무엇보다도 이는 예수 그리스도를 장례하는 현장에서 확인하게 됩니다. 어찌 바리새인이 예수의 제자들도 다 흩어진 마당에 열심을 다하여 몰약과 침향 섞은 것을 백 근이나 가져와 예수님을 장사할 수 있겠습니까? 그는 율법에 예언된 그리스도를 믿음으로 장사한 것입니다.

사랑하는 성도님들! 니고데모와 같은 적극적인 신앙과 정의감이 넘치는 신앙과 탁월한 믿음을 가지시기를 바랍니다.

2. 예수님의 대답

"예수께서 대답하여 가라사대 진실로 진실로 네게 이르노니 사람이 거듭나지 아니하면 하나님 나라를 볼 수 없느니라"(3절)

상류 계급의 고급 관리이며 인격적으로도 덕망 높은 지식인 니고데모가 어느 날 밤 찾아와 그와 마주앉은 자리에서 친히 하신 예수님의 말씀 그 첫 마디입니다. 이는 지성인을 상대로 하신 예수님의 단도직입적 구원론입니다.

1) 거듭남이란
① 새로 지어냄, 즉 재창조의 뜻이 있습니다.(엡 4:24 고후 5:17 갈 6:5)

행위가 바뀌어지는 것이 아닙니다. 생명이 바뀌어 지는 것입니다. 예수 믿고 생활이 조금 달라지고 좋아 졌다고 해서, 거듭난 것이 아닙니다. 거듭나지 않고도 달라질 수 있습니다. 생활이 문제가 아니고 생명이 있느냐가 문제입니다. 생명이 근본 문제이고, 생활은 그 결과로 오는 열매인 것입니다. 생명은 안 바뀌었는데, 생활을 바꾸려고 애쓰니까 힘들고 지치며, 교회 다니는 것이 짐스럽게 여겨지는 것입니다. 생명이 바꾸어지면 생활은 자연스럽게 바꾸어집니다. 죄와 허물로 죽었던 영혼(엡 2:1), 즉 하나님과 분리되었던 영혼이 성령으로 인하여 다시 살게 된 상태를 거듭남이라 부릅니다.

② 새로운 피조물이 되는 것입니다.

거듭남이란 그리스도 안에서의 새롭게 지음 받은 재창조를 의미하는 것입니다. 즉 그리스도 안에서 하나님과의 관계가 회복되고, 그렇게 됨으로써 인간 쇄신이 가능하게 된 상태를 말하는 것입니다. 새 피조물은 점점 좋아졌다는 것이 아닙니다. 육에서 영으로 전진해 가는 진화론적인 단계가 아니라 육적인 사람이 영적인 사람으로 점점 되어 가는 것이 아니고 완전히 새 사람이 되는 것입니다. 육의 사람은 선을 행할 수 없습니다. 사람 보기에 선을 행하는 일이 있을 수 있으나 하나님 앞에 선을 행할 수 없습니다. 하나님 없이 하는 일은 선이 아니라 악입니다. 새 사람은 영의 지시를 따라 살고 영으로 분별하기 때문에 악을 행할 수가 없습니다. 우리는 옛 사람을 죽여야 합니다. 내 힘으로 죽일 수 없습니다. 이 옛 사람의 권세는 예수님의 십자가 권세로 죽일 수 있습니다. 로마서 6:11절 말씀과 같이 자신을 죄에 대하여는 죽은 자요 그리스도 예수 안에서 하나님을 대하여는 산 자로 여겨야 합니다. 골로새서 3:5,6절에는 땅에 있는 지체를 죽이라고 했습니다. 옛 사람을 죽이고 새 사람을 키워야 합니다. 하나님의 말씀을 사모하고 먹어야 영양 공급을 받고 새 사람이 양육이 되는 것입니다.

③ 살린다는 뜻이 있습니다. (요 5:21 엡 2:5)

영적 부활을 말합니다. 신자와 불신자와 공통점은 모두 죄인이라는 점이며, 또한 언젠가는 모두 죽는다는 점입니다. 그러나 신자와 불신자간에는 커다란 차이가 있습니다.

첫째는 죄에 대한 태도가 다르다는 것입니다. 둘째로 생각이 다릅니다. 셋째로 실천력에 있어 다릅니다. 넷째로 소망이 다릅니다. 신자는 거듭남을 체험한 자들이고, 영적으로 부활한 자들입니다. 요한복음 5:25절에 "진실로진실로 너희에게 이르노니 죽은 자들이 하나님의 아들의 음성을 들을 때가 오나니 곧 이때라 듣는 자는 살아나리라"고 했는데, 이것은 영적으로 부활하게 된 상태를 의미합니다. 거듭남은 곧 영적 부활을 말하는 것입니다.

2) 거듭남의 본질

① 절대적인 거듭남은 전능하신 하나님에 의해 심령과 삶에서 역사 하시는 변화입니다.

거듭남은 위로부터 내려오는 변화입니다. 삶이 죄의 길을 걸어갈 때는 죽음과 지옥을 향해 가는 것입니다. 그러나 사람이 거듭날 때, 그리스도께서 들어오실 때, 그 사람은 방향을 바꾸어 생명과 천국을 향해 걷게 되는 것입니다. 거듭남은 성령을 통해서 역사 하시는 하나님의 일입니다. 여러분이 빛나는 태양을 멈추게 할 수 있습니까? 풍랑을 멈추게 할 수 있습니까? 여러분은 촛불을 가지고 강철을 녹일 수 있습니까? 여러분이 여러분 자신을 구원시키는 일보다 이런 일들이 더 쉬운 일입니다. 거듭남은 인간의 심령 속에서 일으키시는 주님의 역사입니다.

② 거듭남은 신비스러운 변화입니다.

우리는 하나님께 이 신비를 기꺼이 맡겨야 합니다. 어느 날 말씀을 듣다가 혹은 찬송을 부르다가 죄를 뉘우치고 뉘우친 죄 때문에 괴로워하고 그 죄 때문에 우리 주님이 십자가에 못 달려 돌아가심을 믿고 용서를 구하며 회개하고 죄 사함의 기쁨을 체험하고 무거운 짐을 내려놓고 마음에 가득한 찬송을 부르며 교회 문을 나섭니다. 여러분에게 무슨 변화가 생겼는지 잘 알 수 없어도 이미 성령님께서 여러분 심령에 생명을 심으신 것입니다. 이러한 신비스러운 변화가 곧 거듭남입니다.

③ 거듭남은 절대적인 변화입니다.

고린도후서 5:17에 "그런즉 누구든지 그리스도 안에 있으면 새로운 피조물이라 이전 것은 지나갔으니 보라 새것이 되었도다"라고 했습니다. 그리스도 안에 있으면 새로운 피조물이 된 것입니다.

3) 거듭남의 필요성

18세기 영국의 유명한 대 부흥사 요한 웨슬레는 그의 설교의 대부분이 거듭남에 관해서였답니다. 수행하던 제자가 그 설교를 너무 많이 들어 외울 정도였습니다. 짜증스럽도록 싫증도 났을 것입니다. 참다못해 그 제자가 한번은 좀 불만스럽게 물었답니다. 왜 자꾸 거듭남에 대한 설교만 하냐고, 그러나 태연스런 웨슬레의 짧은 답변은, "왜냐하면 자네도 거듭나야 되기 때문일세"라고 했습니다. 우리가 왜 거듭나야 하는가? 거듭남의 경험을 가지려면 거듭남의 필요성부터 알아야 할 것입니다.

① 예수님이 친히 말씀하셨기 때문에

거듭남의 도리는 어느 교단의 교리이기 전에, 어느 신학자의 신학이기 전에 예수님께서 친히 하신 말씀이기 때문입니다. 예수님께서는 니고데모에게 친히 진실로 진실로 사람이 거듭나야 된다고 하셨습니다. 예수님의 말씀에는 언제나 절대적 권위가 내포되어 있습니다. 예수님께서 사람이 거듭나야 된다는 말씀은 사람이 거듭나도 좋고 안 나도 좋은 상대적인 말씀이 아닙니다.

② 하나님 나라에 들어가기 위하여

예수님께서 니고데모에게 사람이 거듭나지 아니하면 하나님 나라를 볼 수도 없거니와 또한 하나님 나라에 들어갈 수도 없다고 하셨기 때문입니다. 하나님의 나라는 이미 말한 것과 같이 육의 세계가 아니고 영의 세계이니 만큼 그 곳에 들어가려는 자는 반드시 거듭나야만 합니다.

이스라엘 백성들이 애굽에서 나와서 가나안으로 들어가는 것은 우리 성도들이 이 세상에서 나와서 천국으로 들어가는 모형인데 이스라엘 백성들이 홍해를 건너고 요단강을 건너는 것은 우리 성도들이 물세례를 받고 요단강에서 성령세례로 인한 거룩한 체험이 있은 후 가나안 땅에 들어간 것입니다. 육으로 난 것은 육이요 성령으로 난 것은 영이기 때문에 하나님 나라에 들어가려면 반드시 거듭나야 하는 것입니다. 천국은 물과 성령으로 거듭난 자들만이 들어가는 곳이기 때문입니다. 그러므로 중생의 표는 천국으로 들어가는 입장권이라고 할 수 있습니다.

③ 영생을 얻기 위하여

예수님께서 니고데모에게 거듭남의 도리를 말씀하시다가 믿는 자에게 주시는 영생을 약속하셨습니다. 저를 믿는 자는 멸망치 않고 영생을 얻는다고 하시었습니다.(요 3:16) 육신의 생명은 모두 멸망 받을 수밖에 없는 죄 아래 죽은 생명입니다. 이 죽은 생명 속에 하나님의 영원한 씨(말씀) 곧 예수 그리스도의 영원한 생명과 접붙임을 받음으로 멸망에서 영생하게 되는 것입니다. 유한한 죽을 수밖에 없는 육의 생명 속에서 영원한 그리스도의 생명으로 영생하는 생명은 곧 물과 성령으로 거듭난 생명입니다.

4) 거듭남의 방법

① 물로 거듭납니다.

성경에서 물은 구원의 표로써 세례를 의미하기도 했으나(벧전 3:21) 여기에서는 하나님의 말씀을 상징한 것입니다. 사도 바울은 말하기를 "물로 씻어 말씀으로 깨끗하게 하사 거룩하게 하시고"(엡 5:26)라고 하였습니다. 베드로 사도는 "너희가 거듭난 것이 썩어질 씨로 된 것이 아니요 썩지 아니할 씨로 된 것이니 하나님의 살아 있고 항상 있는 말씀으로 되었느니라"(벧전 1:23)고 하였습니다. 물은 모든 생명의 근원이 됨과 같이 하나님의 말씀은 모든 생명의 근원입니다. 물은 모든 부정한 것을 정화하고 깨끗케 하는 것과 같이 하나님의 말씀은 우리의 모든 행실을 깨끗케 하십니다.(시 119:9) 참으로 돌같이 굳은 심령을 부드럽고 겸손하고 온유한 심령으로 변화시키는 능력은 하나님의 말씀밖에는 없습니다. 하나님의 말씀은 죽은 영을 다시 살립니다.(사 55:3) 능치 못함이 없습니다.(눅 1:37)

② 성령으로 거듭납니다.

거듭남은 성령이 마음속에 일으키는 초자연적인 역사의 결과입니다. 그래서 예수님께서는 살리는 것은 영이니 육은 무익하다고 말씀하신 것입니다.(요 6:63) 하나님은 우리를 그리스도 안에서 견고케 하시고, 우리에게 인치시고 보증으로 성령을 우리 마음에 주셨습니다. 그러므로 죄를 씻어 내는 물의 역사도 성령의 활동이며 우리 인간의 내적인 변화도 성령의 역사임을 깨닫고 언제나 '성령을 좇아 행하며'(갈 5:16) 성령을 충만히 받아야 합니다.(엡 5:18) 물과 성령으로 거듭나지 않고는 하나님 나라에 갈 수 없습니다.

③ 확신이 있어야 합니다.

거듭남에 대한 확신이 있어야 합니다. 마음으로 믿고, 입으로 시인하여 주님을 구주로 영접했다면, 구원의 확신이 있어야 합니다. 거듭남은 예수님을 영접했느냐에 달려있는 것입니다. 누가 "예수 믿고 거듭났습니까?"라고 물으면 "아멘" 하고 흔쾌히 대답할 수 있기를 바랍니다. 그런 거듭남의 확신이 있는 자는 변화가 나타나기 시작합니다. 말씀이 깨달아지고, 기도가 저절로 이어지고 얼굴이 만족스러운 표정으로 바뀌어지게 됩니다. 왜냐하면 그 안에 하나님의 생명이 살아서 역사하고 있기 때문입니다.

5) 거듭남의 결과

① 거듭남의 결과는 범죄 치 아니하는 것입니다.

하나님께서 처음 사람을 만드실 때 범죄의 가능성이 없는 하나님과 같이 완전한 사람으로 만들지는 아니했습니다. 아담과 하와가 뱀의 유혹을 받을 수 있는 범죄의 가능성을 소유한 사람으로 만드신 것입니다. 그러나 하나님 안에서는 범죄하지 않는 것입니다. 이와 같이 우리가 거듭났다고 해서 완전히 범죄의 가능성이 없는 하나님 같은 완전한 사람은 아닙니다. 그러나 범죄 치 아니하는 것은 하나님의 말씀의 씨가 그 속에 있으므로 죄를 짓지 못하게 방지하여 주시는 것입니다. 다시 말하면 사람은 그리스도 안에 있을 때만이 범죄 하지 않는 것입니다. 거듭난 사람은 범죄의 가능성은 있으되 하나님께서 지키시므로 범죄 하지 못하는 것입니다. 범죄 할 수 없는 성품(씨)이 그 속에 있기 때문입니다.(요일 5:18)

② 그리스도를 믿게 됩니다.

고린도전서 12:3절 말씀에는 "하나님의 영으로 말하는 자는 누구든지 예수를 저주할 자라 하지 않고 또 성령으로 아니하고는 누구든지 예수를 주시라 할 수 없느니라"고 하였습니다. 거듭나기 전에는 예수님을 나의 구주로, 메시야로, 하나님의 아들로 아무리 믿어보려고 애를 써도 아니 됩니다. 그것은 그의 속에 하나님의 영이 없기 때문입니다. 하지만 거듭난 사람은 하나님의 영이 그 속에 있기 때문에 성령은 진리의 영이니 성령을 통해서 우리를 믿음으로 인도하십니다. 여러분은 예수 그리스도가 여러분의 구주로 믿으시기 바랍니다. 예수님은 하나님의 아들로서 우리를 구원해 주시려고 십자가에 못 박혀 죽으심을 믿으시기 바랍니다. 예수님이 구주임을 믿는 분들은 거듭난 성도입니다.

③ 산 소망이 있습니다.

"예수 그리스도의 죽은 자 가운데서 부활하심으로 말미암아 우리를 거듭나게 하사 산 소망이 있게 하시며"(벧전 1:3) 여기 산 소망은 땅의 소망이 아니고 하늘의 소망을 말합니다. 땅의 소망은 있다가도 없어지는 물리적 소망이므로 산 소망이 못 됩니다. 하늘의 소망은 영원한 소망이니 우리에게 산 소망이 됩니다. 썩지 않고 더럽지 않고 쇠하지 아니하는 기업을 있게 하시는 것입니다. 그런데 이 산 소망은 그리스도께서 죽은 자 가운데서 부활하심으로 말미암아 우리를 거듭나게 하사 있게 한다고 하였습니다. 거듭나지 못한 자는 하늘에 올라갈 수 없으니 산 소망이 없는 것입니다.

④ 자녀의 권세가 있습니다.

"그 이름을 믿는 자들에게는 하나님의 자녀가 되는 권세를 주셨으니 이는 혈통으로나 육정으로나 사람의 뜻으로 나지 아니하고 오직 하나님께서 난 자들이니라"(요 1:12-13) 하나님께로서 나는 것은 사람의 혈통이나 육정이나 사람의 뜻으로 나는 것이 아니라 물과 성령으로 나는 것인데 예수님을 영접하고 예수님을 믿는 자에게 하나님의 자녀의 권세가 주어지는 것입니다. 하나님의 자녀가 되는 권세는 놀라운 축복이 아닐 수 없습니다.

사랑하는 성도 여러분! 여러분은 거듭난 성도로서 범죄 하지 아니하며, 그리스도를 믿으며, 산 소망을 가지고, 하나님의 자녀의 권세를 가지시기를 주님의 이름으로 축원합니다.

두 번째 설교

성결

Sanctification

성결설교1 Sanctification

거룩하게 하옵소서

요한복음 17장 15~19절

전주태평교회 김재곤 목사

우리의 신앙은 거룩하신 하나님과의 사귐인데, 그것은 어디까지나 아들 안에서만 가능한 것입니다. 만약 아들을 제외하고 하나님만 믿는다면, 그것은 저 멀리 계신 분이 내게만은 가까이 오기를 바라지 않는 두려운 마음뿐일 것입니다.

우리는 하나님의 아들 예수 그리스도의 피 공로로 하나님 아버지 집에 들어갈 수 있습니다. 그 아들 예수님은 하나님이 가장 사랑하시는 아들이기 때문에, 아들을 믿고 따르는 나는 하나님 아버지 집으로 들어 갈 수 있습니다. 나의 공로가 아니라 예수님의 공로입니다. 나의 의로움이 아니라 예수님의 의로움입니다. 나의 힘과 노력이 아니라 예수님의 피 권세입니다.

　우리가 어떻게 거룩하신 하나님을 만나고 사귈 수 있을까요? 어떻게 태양보다 더 밝은 빛을 볼 수 있겠습니까? 어떻게 태양보다 더 뜨거운 분께 다가갈 수 있을까요? 우리의 눈은 멀어버릴 것이고, 우리는 타버릴 것입니다. 그러나 아들 예수님이 있기 때문에 우리는 하나님께 나아갈 수 있습니다. 우리의 힘으로는 아버지 하나님께 직접 나아갈 수 없습니다. 오직 그 아들 예수 그리스도를 통해서만 나아갈 수 있습니다. 혹시 죄를 범했을지라도 우리는 용서받을 수 있습니다. 왜냐하면 아들이 계시기 때문입니다. 하나님의 아들이 다 내 죄를 갚아주셨기 때문입니다. 그 아들을 가까이 하는 것이 가장 복된 것입니다. 하나님의 모든 귀한 보물을 받는 비결은 아들을 무한히 가까이 하는 것입니다. 그 아들 예수님의 말씀 안에 모든 보물이 있습니다. 예수님의 말씀에 순종하고 따르며, 예수님과 사귀는 것이 우리의 일입니다. 예수님을 가까이하면 아버지 하나님을 알게 됩니다. 예수님께 진심으로 마음을 터놓으면 사랑을 얻게 됩니다. 예수님께 맡기면 쉼을 누립니다. 예수님을 따르면 고난 중에 기뻐하고, 환난 중에 즐거워하며, 마침내 그의 제자가 됩니다.

　또한 예수님을 가까이하면 할수록 우리는 예수님을 닮고 싶습니다. 이것은 자연스런 현상입니다. 거듭나 하나님의 자녀가 된 우리는 거룩하신 예수님을 바라보며, 예수님처럼 깨끗한 마음을 가지길

원하여 거룩한 삶을 추구합니다. 그러나 동시에 하나님의 뜻대로 살지 못하고 있는 자신의 모습을 발견하고 당황스러워 합니다. 하나님의 뜻대로 살겠다고 마음먹으면 하나님이 기뻐하시기에 그리 될 줄로 알았는데, 자신의 모습을 보니까 그렇지 못한 것입니다. 게으르고 악하여 오히려 하나님의 뜻을 거스르고 있는 자신의 실존을 직면하게 됩니다. 그때에 비로소 알게 됩니다. 자신의 마음이 심히 부패했으며, 뿌리 깊은 죄의 성품이 자신을 지배하고 있다는 사실을! 그로인해 우리는 하나님 앞에서 애통할 수밖에 없습니다. 이것은 오히려 진실한 믿음을 가진 성도에게 일어나는 자연스런 현상입니다. 그러나 그럼에도 불구하고 자신을 탓하고 정죄하기도 하는데, 성결한 삶을 살지 못하는 자신이 혐오스럽게 느껴지기 때문입니다. 죄와의 싸움에서 언제나 실패하는 나약한 모습 때문입니다. 더 나아가, 자신은 성결한 삶을 살아갈 수 없다고 포기하기도 합니다. 이처럼 우리는 죄와 싸우고 성결한 삶을 살아감에 대해 두려움과 오해를 동시에 가지고 있습니다.

이유가 있습니다. 첫 번째는 육체의 소욕이 있기 때문입니다. "육체의 소욕은 성령을 거스르고 성령은 육체를 거스르나니 이 둘이 서로 대적함으로 너희가 원하는 것을 하지 못하게 하려 함이니라.(갈 5:17)" 우리가 육체를 가지고 이 땅에서 살아가는 한 이 본성을 벗어날 수 없습니다. 자기중심적이고 이기적으로 자신의 유익을 추구하며 그동안 살아왔는데, 한꺼번에 이런 삶의 방식이 바뀌지는 않습니다. 그래서 성령의 지배에 노출되는 동안 우리는 육체의 소욕으로 인한 거부감을 의식적으로, 무의식적으로 느낍니다. 결국 자신을 이기지 못해서 여전히 실패하는 모습으로 하나님 앞에 드러나게 되니 부끄럽기만 합니다. 더 나아가 영적인 삶을 추구하는데 어려움을 겪고 있는 자신이 한심스럽기도 합니다.

두 번째는 사탄의 유혹과 시험입니다. 사탄은 베드로전서 말씀에 나와 있듯이, 우는 사자와 같이 삼킬 자를 두루 찾아다니며 믿는 자를 넘어뜨리려 갖은 유혹과 시험의 화살을 쏘아댑니다(벧전 5:8). 실제로 주님의 제자인 시몬 베드로는 이 일을 겪었습니다. 사탄의 시험에 넘어져 가장 사랑하는 예수님을 '나와 상관없다'며 '모른다'고 세 번이나 부인했습니다. 오늘 우리도 부지불식중에 예수님을 부인하라는 사탄의 유혹과 시험을 실시간으로 겪고 있습니다. 그러기에 유혹과 시험을 이겨내지 못한 자신의 모습을 나중에라도 깨닫는다면, 큰 후회를 하고 자책할 수밖에 없습니다.

세 번째는 거룩한 삶에 대한 무지입니다. 거룩하고 성결한 삶을 살아가면 죄를 짓지도 않고, 죄를 생각하지도 않으며, 천사처럼 온유하게 살아갈 것이라는 환상을 가집니다. 그런데 자신의 모습을 보니까 그렇지 못합니다. 물론 그런 자신의 모습을 깨닫는 것이 나쁜 것은 아닙니다. 자신의 모습을 돌아보며 반성하니까요. 그런데 문제는, 나는 안 될 것이라 예단하여 거룩한 삶에 대한 추구를 중단하는 것입니다. 자신의 악했던 과거의 삶을 떠올리며 부끄러워함을 지나쳐, 아예 자신은 거룩한 삶의 근처도 가지 못할 것이라고 여깁니다. 심지어는 예전의 습관을 답습하는 자신의 모습을 당연하게 여겨 스스로 위안을 삼기도 합니다.

그렇다면 과연 우리는 거룩한 삶에 이를 수 있을까요? 우리는 터무니없이 부족하기에, 성결하게 사는 것은 말도 안 되는 일인가요? 성결한 삶을 살아가기 위해서 우리가 할 수 있는 일은 무엇일까요?

요한복음 17장에는 예수님께서 십자가에 들려 올리시기 전에 제자들을 위해 하신 기도가 나와 있습니다. 예수님께서는 우리가 거룩하게 되기를 위해 기도하십니다. 이것은 우리 스스로의 힘으로 거룩함에 이르는 것이 아니라, 예수님께서 기도하신 내용, 즉 그 기도의 간구하신바 때문에 거룩하게 된다는 사실을 알게 됩니다. 예수님께서는 우리가 거룩하게 되는 것을 진심으로 원하십니다. 예수님께서 기도하신 내용을 통하여 어떻게 거룩하게 될 것인지를 깨닫고, 성결한 삶을 강력히 희망하시기를 바랍니다.

첫 번째로, 거룩을 이루기 위해서 구별된 삶을 살아야 합니다.
(16절)

세상에서 가장 특별한 일은 우리가 그리스도인이 된다는 것입니다. 우리는 하나님에 대해서, 죄에 대해서 무지하고, 인간의 일에 파묻혀 살고 있었습니다. 마치 눈사태의 조난을 당해 눈 속에 파묻혀서 도저히 혼자의 힘으로는 빠져나올 수 없는 사람과 같았습니다. 그런데 하나님은 구조대원 예수님을 보내주셔서 잃어버렸던 우리의 이름을 부르며 찾으셨습니다. 마침내 우리를 찾아서 죄 속에서 꺼내주셨습니다. 그리고 새로운 삶을 주시고 친밀한 관계를 허락하셨습니다. 인생의 목적을 주셨습니다. 우리는 그리스도의 사람으로 불리게 되었습니다.

하지만 오늘날 그리스도인이 특별하다고 생각하는 분이 많지는 않은 듯합니다. 너무나도 쉽게 그리스도인이기를 저버리는 사람이 많기 때문입니다. 그러나 그리스도인이 되는 것은 분명 놀라운 일입니다. 그리스도인이 된다는 것은 세상에서 유명한 사람이 되거나 성공한 사람이 됨을 의미하지 않습니다. 하나님께서 우리 그리스도인에게 원하시는 삶이 있다는 사실이 중요합니다. 우리가 모든 죄를 이기고 거룩한 삶을 살기를 하나님은 원하십니다.

한번 구조를 받은 사람은 눈 속으로 다시 들어갈 이유가 없습니다. 우리는 예수를 믿음으로 죄에 묶인 노예 신분에서 벗어나서 모든 의로운 일을 마음껏 할 수 있는 자유인, 하나님의 자녀입니다. 한걸음 더 나아가, 우리도 눈 속에 파묻힌 이웃들을 꺼내고 구조하는 대원으로 파송 받게 됩니다. 주님과 함께 더 멋진 일, 하나님 나라의 일을 하도록 우리에게 능력을 주십니다. 우리에게 새로운 신분이 주어지면 새로운 목적이 생기게 되고, 새로운 사람들과의 관계가 형성됩니다.

어떤 청년이 군인이 되었다면, 그에게는 가장 먼저 국가의 안전을 지켜내야 하는 임무를 받습니다. 유사시에는 총을 들고 싸울 수 있어야하기에 군인은 총을 곁에 두고, 언제든지 총을 사용할 수 있도록 기름칠을 잘 해둬야 할 책임이 있습니다. 그리고 내무반 동료들과 연대의식, 동료애를 가지고 어렵고 힘든 생활을 이겨나가야 합니다.

이처럼 우리가 진정한 그리스도인 되었을 때에는 새로운 임무와 책임 그리고 관계가 생깁니다. 이것은 하나님의 사랑으로부터 왔기 때문에 우리에게 무겁지 않을 뿐만 아니라, 사랑을 이루도록 나아가게 합니다. 우리는 이 땅에서 하나님 나라를 지키는 임무를 맡았습니다. 우리는 하나님의 사랑을 전파하여 현실 속에서 하나님 나라를 누리고 이루는 책임을 가지고 있습니다. 진짜 그리스도인은 하나님의 자녀 신분으로 그리스도인들과의 새로운 관계 안에서 사랑으로 살아갑니다.

이런 임무와 책임과 관계 안에서 하나님의 백성은 거룩한 삶을 살아가야 합니다. 세상과 구별된 삶을 살아가야 합니다. 하나님을 닮아 사랑하며 살아가야 합니다. 멋진 그리스도인으로, 죄를 이기고 세상을 이기고 하나님의 영광 가운데 사랑하며 살아가시길 바랍니다.

두 번째로, 거룩을 이루기 위해 우리는 하나님의 말씀을 마음에 채워야 합니다.(17절)

하나님은 사람의 직업이 무엇인지, 외모가 좋은지, 사회적인 위치가 어떠한지를 보지 않고, 그 사람 속에 무엇이 들어있는가를 보십니다. 사람의 마음은 잔과 같기 때문에 담기는 것에 따라서 가치가 달라집니다. 커피를 담으면 커피 잔입니다. 아무리 황금으로 만들었어도 커피를 담으면 커피 잔입니다. 우유 담으면 우유 잔입니다. 술을 담으면 술잔입니다.

우리 기독교의 경건은 거룩해지기 위해서 자기를 닦는 것이 아닙니다. 그릇을 씻고 또 씻고, 닦고 또 닦는 것처럼 자기를 절제하고 누르는 것이 아닙니다. 명상과 고행으로 자기를 비우는 것이 아닙니다.

자기 속에 하나님을 채워야 합니다. 하나님의 말씀을 채워야 합니다. 거룩한 말씀을 담아야 합니다. 자꾸 하나님의 말씀을 들으면 거룩해집니다. 하나님의 말씀을 담으면 존귀해집니다. 하나님의 말씀을 담으면 진리의 말, 축복의 말이 저절로 나오게 됩니다.

찬양은 축복입니다. 화가 난 상태에서는 찬양이 나오지 않습니다. 기쁘니까 찬양이 나오고, 감사하니까 찬양하게 됩니다. 찬양을 부르면 옆 사람에게 축복이 흘러갑니다. 그래서 옆에서 보는 사람도 은혜가 됩니다. '저 사람은 뭐가 그리 좋고 감사해서 눈물 흘리면서 찬양을 할까?' 믿지 않는 사람들은 신기하게 여깁니다. 찬양을 부르는 얼굴을 보면 천사와 같습니다.

이 세상에서 우리가 하나님의 말씀대로 살고, 멋진 믿음의 삶을 살 수 있을까요? 그렇게 할 수 있습니다. 그 방법은 내 속사람을 하나님의 말씀으로 채우는 것입니다. 그러면 내 속사람이 존귀해집니다. 내 속사람에 하나님의 말씀이 채워지면 하나님이 존귀한 삶을 허락하시고, 마음에 풍성함을 주십니다. 세상에서 위치를 주시고, 길이 열리도록 하십니다. 이에 더하여 하나님의 말씀을 채울수록 내 안에 있는 욕심과 허물이 빠져나갑니다. 하나님의 말씀을 채울수록 하나님의 영광에 가까이 다가가게 됩니다. 루터는 말했습니다. "나는 천국 가기위해서 예수 믿는 것이 아니고, 하나님께 영광 돌리기 위하여 예수를 믿는다." 내 속에 하나님의 말씀이 들어오고 하나님의 은혜가 들어오는 것이 최고의 기적입니다. 하나님의 말씀이 내 속에 가득 차면 자신감이 생기고 확신이 가득합니다. 당신의 속사람을 세상의 소리가 아닌, 하나님의 말씀으로 가득 채우시길 바랍니다.

세 번째로, 거룩을 이루기 위해서 우리는 믿음의 선한 싸움을 싸워야 합니다.(18절)

오늘날 많은 그리스도인들이 한국교회가 위축되고 있다고 걱정합니다. 두각을 나타내는 그리스도인들의 모습도 점점 줄어들고 있습니다. 실제로 대형교회의 비리가 언론에 자주 보도됩니다. 대형교회 목사들의 부끄러운 자화상이 드러나면, 마치 모든 한국교회 목회자가 잘못되었다고 타박하는 듯합니다. 덩달아 모든 그리스도인들도 위축되지요.

그리스도인들이 힘을 잃어버린 이유가 무엇일까요? 믿음의 선한 싸움을 싸우려는 의지가 꺾여버렸기 때문이 아닐까요? 우리는 넘어질까 늘 조심하고 경계해야 합니다. 왜냐하면 싸워야 할 대상이 아직 사라진 것이 아니기 때문입니다. 우리는 죄와 치열하게 부딪혀 싸워야 하고, 세상의 논리와 싸워야하며, 사탄의 유혹과 시험과 정면으로 대적해야 합니다. 세상 끝날까지 우리는 믿음의 선한 싸움을 싸워야 합니다.

예수님은 우리에게 자유를 주시려고 싸우셨습니다. 죄와 싸우고, 절망과 싸우고, 죽음과 싸우셨습니다. 십자가의 길은 수동적인 고난인 동시에, 우리에게 자유를 주시려고 하나님의 아들만이 하실 수 있는 싸움을 능동적으로 감당하신 것입니다. 그렇다면 그리스도인, 당신은 무엇을 위해 싸우고 있습니까? 당신만이 싸울 수 있는 거룩한 싸움이 당신의 삶에서 치열하게 나타나고 있습니까? 흐르는 강물에 몸을 맡기고 둥둥 떠내려가고 있지는 않으신지요? 우리는 복음으로 세상의 가치관과 대적하여 하나님의 말씀의 가치로 살아가는 사람입니다. 그리스도인은 강물에 떠내려가는 나무토막이 아니라, 강을 거슬러 올라가는 연어와 같습니다. 거룩한 싸움을 싸운 자에게 주어지는 것이 승리의 기쁨입니다. 구원의 감격입니다.

예수님께서는 십자가에서 피를 흘리시며 그 싸움을 싸우셨습니다. 예수님의 피는 존귀합니다. 모든 사람을 구원하시려 흘리신 피기 때문입니다. 이 부분에서 칼빈과 웨슬리의 예수님의 피에 대한 견해가 나뉩니다. 칼빈은 예수님의 피가 너무나도 존귀한 피기에 구원받은 사람들만을 위한다고 말하여, 구원받지 못한 자에게는 미치지 않는 제한적 은총으로 규정하였습니다. 그러나 웨슬리는 예수님의 피가 존귀하기에 우리를 구원하시는 능력이 있을 뿐만 아니라 우리를 거룩하게 하실 수 있다고 강조합니다. 그렇습니다. 우리가 거룩하게 되는 이유는 예수의 피 때문입니다.

또한 웨슬리는 거룩하고 성결한 삶을 "그리스도인의 완전"이라고 설명하였습니다. 이것은 모든 행실과 삶이 완벽하다는 것을 말하는 것이 아닙니다. 우리가 육체를 가지고 있는 한 그것이 완벽할 수는 없습니다. 그러나 적어도 웨슬리는 "의도의 순수성"에 있어서 완전할 수 있다고 말합니다. 하나님을 가까이 하려는 마음, 하나님이 기뻐하시는 뜻을 깨닫고 자기 스스로 말씀을 행하려는 시도, 적극적으로 하나님의 말씀을 실천하고 죄와 싸우려는 담대함이 바로 그 의미입니다. 웨슬리의 구원론은 죄의 문제에 대한 해결뿐만 아니라, 성결, 곧 "온전한 구원"을 추구하고 있습니다. 자신의 실존을 깨닫고,

하나님 앞에 뜨겁게 간구할 때, 성령께서 역사하셔서 거룩함에 이르게 된다고 웨슬리는 설명하고 있습니다. 그리고 웨슬리는 하나님을 닮아가는 것을 강조하였습니다. 거룩한 삶의 목표는 바로 하나님을 닮아가는 것입니다. 성결은 하나님을 닮아가는 길입니다.

우리는 성결을 사모해야 합니다. 성령의 은혜 속에서 우리는 성결을 경험할 수 있습니다. 예수님께서는 오늘도 우리를 위해 기도하고 계십니다. 거룩하고 성결한 삶을 살아가도록 지금도 보좌 우편에서 우리를 위해 중보하십니다. 성령님의 역사를 간절히 소망하며, 우리의 삶 속에서 거룩함을 경험하고 누리는 복된 성도들이 다 되시기를 바랍니다.

진리로 거룩하게 하옵소서

요한복음 17장 11~19절

서울신학대학교 총장 노세영 목사

몇 년 전의 일로 기억합니다만 어느 신학대학교의 총장으로 수고 하셨던 목사님이 서울신학대학원 예배에 설교를 하신 적이 있었습니다. 그 분의 설교 말씀을 다 정확하게 기억을 하지는 못합니다만, 그 날 목사님의 말씀의 핵심은 목사가 되기 위해 신학교에 와서 공부하고 있는 신학생들에게 예수님을 잘 믿으라는 것이었습니다. "신학생 여러분, 예수 잘 믿으세요"라는 말씀을 여러 차례 하셨습니다. 저는 그 말씀을 들으면서 왜 하필이면 신학생들에게 설교를 하면서 예수 잘 믿으라고 할까라는 생각을 깊이 하게 되었습니다. 신학생들이나 전도사, 목사들이 얼마나 예수를 잘 믿지 못한다고 생각하면 저 말씀을 하실까? 적어도 대부분의 사람들은 예수를 제일 잘 믿는 사람들은 목사들이거나 신학생들일 것이라고 생각할 것입니다. 참으로 역설적인 말씀이었지요.

저는 그 말씀을 들은 이후 스스로를 많이 돌아보는 시간을 갖고 있습니다. 나는 정말 예수님을 잘 믿고 있는 것일까? 정말 예수를 잘 믿는다는 것이 무엇일까? 어떻게 하면 예수를 잘 믿을 수 있을까? 저는 지금까지 제 스스로 예수를 잘 믿는다고 생각해 왔습니다. 저는 소위 모태신앙이라는 이름 하에 예수를 잘 믿는 줄 알고 살아온 적이 있었습니다. 목사의 가정에서 태어나 교회 안에서 생활하며 몸이 아프거나 혹은 정말로 특별한 경우를 제외하고는 예배를 빠져 본 적이 없었고 교회를 떠나 타락을 해 본 적도 없으며 교회 안에서 잘 성장하다가 신학교를 졸업하고 목사가 되었으며 지금은 목사를 양성하는 신학교에서 신학생들을 가르치고 있으니 어쩌면 전형적인 기독교인의 생활을 해 왔다고 평가할 수 있지요. 그런 저의 인생을 보면서 어떤 사람들은 저 목사는 예수를 잘 믿을 것이라고 생각할 수 있지만 과연 그것이 예수를 잘 믿는 것일까요?

오래 전에 제가 서울신학대학교의 대학원장으로 있을 때, 한 교회의 초청을 받아 설교를 한 적이 있었습니다. 그 때에 그 교회 장로님께서 성도들에게 저를 소개하게 되었습니다. 지금 목사님이 계시지 않지만 우리 교회는 복 받은 교회라고 소개하시면서 목사님이 계시지 않은 기간 동안 좋은 목사님들이 많이 지나가게 되었고 그 분들의 설교를 들을 수 있어서 좋았다고 하시더군요. 그러면서 하시는 말씀이 오늘은 우리 교단의 선지학교에서 가르치는 교수님 중에서도 훌륭하신 대학원장 목사님이 오셔서 우리에게 말씀을 주시게 되어 감사하다고 하시더군요. 그 순간 저는 하나님 앞에 고백하였습니다. 서울신학대학의 대학원장이기 때문에 훌륭하거나 하나님께서 기뻐하시는 것은 아닌데 하나님이 기뻐하시는 말씀을 전하게 하옵소서. 신학교의 대학원장이기 때문에 예수 잘 믿는 것은 아니지요.

저의 요즘 기도는 예수님을 잘 믿는 것에 대한 문제입니다. "예수님, 제가 정말로 주님을 잘 믿는 목사가 되게 하여 주옵소서. 제가 예수님을 잘 믿을 수 있는 길을 알려 주옵소서. 오직 저의 삶이 하나님의 영광을 나타내고 하나님의 뜻이 하늘에서 이루어진 것 같이 이 땅 위에도 일어날 수 있도록 그 역할을 잘 감당하는 목사가 되게 하여 주옵소서." 그렇게 기도해 오고 있습니다. 목사라는 직책이 예수를 잘 믿는 것이라면 저는 오늘 여러분들께 '목사가 되어야 영생을 얻을 수 있습니다'라고 설교를 해야 할 것입니다. 만약에 장로라는 직분이 예수 잘 믿는 것과 직결되어 있다면 여러분들은 장로가 되기 위해서 온갖 힘을 쏟아야 할 것이고 아마도 모든 교인들이 장로가 되는 법을 만들어야 할지도 모릅니다.

과연 예수를 잘 믿는다는 것은 어떤 것일까요? 물론 서로 다른 정의를 내릴 수도 있고 이런 것이 예수 잘 믿는 것이라고 다양하게 말할 수 있겠지만 저는 예수 잘 믿는 것과 관련하여 오늘 읽은 본문의 말씀을 생각해 보았습니다. 요한복음 15-17장은 예수님께서 돌아가시기 전날 밤 제자들에게 마지막으로 부탁을 하시며 이 제자들을 하나님께 부탁하신 기도입니다. 그러니까 이 세상을 떠나가시기 직전 제자들을 위한 유언의 말씀이라고 할 수 있습니다. 사실상 유언이란 사람이 이 세상에서 살다가 마지막으로 떠나면서 가족들에게 당부하는 말이기 때문에 자신의 생애 전체를 통해서 꼭 당부해야 할 말이며 반드시 기억해 두어야 하는 말씀을 하는 것이라고 할 수 있겠지요. 그런 점에서 본다면 예수님의 유언도 예외는 아닐 것입니다. 그 유언의 말씀 중에서도 오늘 읽은 요한복음 17:11-19절의 말씀은 그 핵심이라고 할 수 있습니다. 그 말씀 중에서도 또 요약하여 그 핵심적인 말씀을 다시 읽는다면 다음과 같이 읽을 수 있습니다.

"나는 세상에 더 있지 아니하오나 그들은 세상에 있사옵고 나는 아버지께로 가옵나니 거룩하신 아버지여 내게 주신 아버지의 이름으로 그들을 보전하사 우리와 같이 그들도 하나가 되게 하옵소서. … 내게 주신 아버지의 이름으로 그들을 보전하고 지키었나이다…. 내가 비옵는 것은 그들을 세상에서 데려가시기를 위함이 아니요 다만 악에 빠지지 않게 보전하시기를 위함이며 내 기쁨을 그들 안에 충만히 가지게 하려 함이니이다. … 그들을 진리로 거룩하게 하옵소서. 아버지의 말씀은 진리니이다. 아버지께서 나를 세상에 보내신 것 같이 나도 그들을 세상에 보내었나이다."

이 요약된 말씀을 다시 한 번 정리하면 이렇습니다. "하나님께서는 그 아들을 이 세상에 보내셨고 그 아들 예수님께서는 이제 이 세상에 하나님의 자녀들을 악에서 보전하사 세상으로부터 지켰습니다. 그런데 이제 하나님 아버지께로 갈 수밖에 없는데 이 악한 세상에 하나님의 자녀들을 남겨 둘 뿐만 아니라 이 세상에 보내야만 합니다. 더 이상 예수님 자신이 이 세상에 없더라도 아버지의 진리의 말씀으로 저희들을 거룩하게 하시며 하나가 되게 하사 이 세상의 악에서 지켜 주옵소서. 그것은 하나님의 백성들 안에 예수님께서 가지셨던 그 기쁨이 충만이 있게 하기 위함입니다."

이 말씀을 통해서 예수님의 유언의 말씀을 살펴보면 두 단계로 나눌 수가 있습니다. 첫 번째 단계는 예수님이 먼저 우리에게 모범을 보이시고 이 세상을 떠나 아버지께로 가셨다는 말씀입니다. 예수님께서는 이 세상에 속한 분이 아니셨지만 하늘의 높은 보좌를 버리시고 낮고 천한 이 땅에 오셔서 온갖 고난과 슬픔을 경험하셨을 뿐만 아니라 사단의 시험과 악의 도전을 받으시고 마침내는 자신의 온 몸을 십자가에 내 던지시며 악에서 승리하시며 하나님의 자녀들을 부르시고 지키셨습니다. 주님의 삶은 거룩한 삶이셨으며 용서와 사랑의 삶이셨으며 자신을 다 버리신 희생의 삶이셨습니다. 주님은 십자가에서 죽으시면서 까지 자신을 십자가에 못 박은 그 사람들을 향해서 기도하셨습니다. "아버지여 저들을 용서하여 주옵소서. 저들이 지금 무엇을 하고 있는지를 모르고 있을 뿐입니다."

주님은 우리 인생들의 고난이 무엇인지를 아셨습니다. 우리가 늘 안고 살아가는 문제가 무엇인지를 아셨고 슬픔이 어떤 것인지를 아셨습니다. 우리와 똑 같은 육체를 가지셨고 시험도 받으셨습니다. 죽음의 고통과 두려움이 무엇인지를 아셨기에 죽음의 잔을 가능하다면 자신에게서 옮겨달라고 까지 간구하셨습니다. 그런 우리 주님의 희생으로 우리는 이제 하나님의 자녀가 되는 특권을 가지게 되었습니다.

이제 우리 주님의 유언의 말씀의 두 번째 단계로 옮겨 갑니다. 주님은 하나님의 백성들, 곧 그의 제자들을 보면서 아마도 염려를 하셨던 것 같습니다. 지금까지는 자신이 직접 이 세상에 오셔서 그의 제자들을 악으로부터 지켜 주셨는데 이제 자신이 이 세상을 떠나 아버지께로 가면 이들을 누가 지켜 줄 수 있을까 하는 염려였습니다. 주님께서 이 세상에 보냄을 받을 것처럼 이제 주님의 제자들도 이 세상으로 보냄을 받아야 하는데 이 세상에서부터 오는 많은 시험과 악에서 저들이 어떻게 이길 수 있을까 하는 염려였습니다. 주님께서 이 세상에 오셔서 인생을 구원하고 하나님의 자녀들과 교회를 창조하신 것처럼 이 제자들도 그렇게 살아야 할 텐데 이 세상에서 살면서 겪어야 하는 고난과 고통을 그리고 시험과 악을 어떻게 이길 수 있을까 하는 염려였습니다.

우리 주님께서 가르치신 기도를 기억하시지요? "우리를 시험에 들게 하지 마옵시며 다만 악에서 구하옵소서." 주기도문에 나오는 이 구절은 바로 주님의 유언의 말씀과도 동일합니다. 이 말씀은 우리가 시험에 들어 악한 데에 빠지지 말아야 한다는 말씀입니다. 그러니까 시험에 드는 것과 악한 행동을 하는 것은 서로 깊은 관계에 있다고 할 수 있겠지요. 시험에 든다는 것은 참으로 우리에게는 위험한 일이라고 할 수 있을 것입니다.

그런데 이렇게 악에서부터 보호를 받고 악을 이길 수 있는 길을 우리 주님께서는 우리에게 알려 주고 있습니다. 그것은 바로 진리의 말씀으로 거룩하게 되는 것입니다. "저희를 진리로 거룩하게 하옵소서. 아버지의 말씀은 진리니이다"라고 말씀하고 있는 것입니다. 우리 많은 사람들은 거룩하게 살라고 하면 참으로 부담스러워 합니다. 어느 목사님이 그러시더군요. "우리가 성결교회라고 이름을 붙이니까 참으로 사람들이 부담스러워하고 교회를 오지 않으려고 합니다. 그래서 사람들이 장로교회를 찾아가고 감리교회를 찾아가는 것 같습니다." 정말로 그 목사님의 말씀대로 그럴까요? 최근에 교회에 대하여 사람들이 이런 저런 좋지 않은 말을 하거나 교회를 떠나가는 청년들이 많아지는 것이 교회가 거룩하게 살아야 한다고 가르치기 때문에 그렇다고 생각하십니까? 우리 주님의 말씀에 의하면 결코 그럴 수는 없습니다. 오히려 우리가 거룩한 삶을 이 세상 가운데서 살아가지 못하기 때문입니다. 세상 사람들이 교회가 거룩하지 못하고 이 세상과 닮아가고 있다고 비판하고 있음을 듣지 못하십니까?

또 어떤 신자들은 이렇게 말하더군요. "우리가 어떻게 이 세상에서 살면서 거룩하게 살기 위해서 모든 것을 포기하고 살 수 있습니까? 우리가 천국에 가면 거룩해질 것이니 그냥 하나님의 나라에 가기를 간구해야 하는 것이 더 낫겠습니다." 우리 주님의 말씀을 기억하십니까? "내가 비옵는 것은 저희를 세상에서 데려가시기를 위함이 아니요 오직 악에 빠지지 않게 보전하시기를 위함이니이다." 우리로 하여금 시험에 들지 않고 악에 빠지지 않기 위함이라는 말씀입니다. 우리는 세상에 보내어졌고 세상 안에서 살고 있지만 이 세상에 속해있지 않다고 말씀하시고 계십니다.

우리가 거룩하게 되어야 한다는 것에 참으로 부담스러워 하지만 하나님께서 우리로 하여금 지금 이 세상에서 하나님처럼 모든 면에서 동등한 거룩성을 가지라고 명령하시는 것은 결코 아닙니다. 그것은 이 세상에서 사는 동안에는 불가능한 것입니다. 다만 작은 일에서부터 이 세상에 속한 사람처럼 살지 않음으로 인해 거룩이 시작되고 그 일이 시작되도록 하나님은 우리를 시험에 들지 않고 악에 빠지지 않도록 지켜주실 것이며 승리할 수 있는 힘을 허락하여 주실 것입니다. 우리가 만약에 늘 분노와 미움에 사로잡혀 산다면 그것은 이 세상 사람이 하는 것입니다. 누구도 분노하고 화를 낼 수 있지만 해가 지도록 분을 품지 말라는 주님의 말씀을 기억하십니까? 우리가 분노와 미움의 시험에 들지 않기 위해 기도한다면 그것은 거룩한 삶의 시작이 될 것입니다. 우리 주님이 하신 것처럼 사랑과 희생으로 이웃을 향하여 살 수 있도록 기도하기 시작한다면 그것이 바로 거룩한 삶의 시작입니다. 영원하지 않은 세상의 것을 가지기 위해서 온갖 옳지 않은 방법을 동원하여 가지는 것을 포기하고 진리이신 하나님의 말씀을 사모하는 것에 더 많은 관심을 가진다면 그것도 거룩한 삶의 일부입니다.

주님 안에서 한 형제와 자매가 된 사랑하는 성도 여러분, 예수님을 생각하면 감사와 감격이 늘 넘치십니까? 그 분을 따르기 위해 늘 관심을 가지고 살아가고 있습니까? 그저 주일이 오면 교회에 가야 하는 것이 아니라 주님의 말씀을 듣는 것이 기다려지고 감격이요 성도들을 만나는 것이 기다려지면 감격에 넘치십니까? 기도를 통해 주님께서 자신을 위해서 돌아가심에 대한 감사의 눈물이 나오십니까? 그것도 곧 이 세상과 다른 거룩한 삶의 일부입니다.

그런데 우리 주님께서는 이렇게 거룩한 삶을 살아서 시험에 들지 않고 악에서 보전되어지는 것에 그치는 것이 아니라 더 나아가서는 예수님의 기쁨이 우리 가운데 충만하기 위함이라고 하고 있습니다. 우리가 예수님의 제자로서 예수님이 먼저 본을 보이신 것처럼 살아갈 때 이 세상에서 얻는 순간적이 기쁨이 아니라 예수님이 가지셨던 영원한 기쁨을 갖게 될 것이라는 것입니다. 이 세상에서 우리가 생각하는 기쁨과 즐거움이 무엇입니까? 우리가 돈이 많아 넉넉하게 사는 것이 기쁨입니까? 돈이 우리에게 필요하고 주님의 나라의 사역에 필요한 것이지만 돈이 기쁨의 기준이 된다면 그것으로 어느 한 순간의 기쁨을 가질 수 있을지 모르지만 어떤 때는 그 돈으로 인해 우리가 큰 고통과 슬픔을 안게 되기도 할 것입니다. 우리의 자녀가 잘되고 성공하기를 기대하고 우리가 정성을 들이지만 자녀의 성공이 우리에게 영원한 기쁨이 될 수가 없습니다. 물론 우리 자녀들이 이 세상에서 믿지 않는 사람들보다 더 성공하고 하나님의 영광을 들어내야 할 것입니다만 자녀의 성공을 삶의 목적으로 삶는다면 자녀로 인해 슬픔과 고통을 겪을 때가 있을 지도 모릅니다.

영원하신 예수님의 기쁨을 가지고 싶지 않으십니까? 영원하신 예수님의 기쁨을 이 세상에서 가지고 살아가고 싶지 않으십니까? 저와 여러분이 예수님의 제자로서 예수님의 발자취를 따라가며 우리 예수님을 잘 믿으십시다.

최근 우리 사회에서는 다른 이들의 희생은 요구하면서도 자신의 희생과 변화에는 매우 관대하게 생각합니다. 관행이라는 명목 하에 우리의 잘못에 대하여는 정당화하면서도 다른 이들의 조그만 잘못에는 용서할 줄 모르는 시대에 살아가고 있습니다. 행여 우리는 다른 이들이 우리의 편안함과 편리함 내지는 이익을 위하여 존재하고 있다고 생각하면서도 내가 하는 모든 행동이나 언어로 인하여 다른 이들이 어떤 상처를 받고 있으며 어떤 고통을 겪고 있는지를 생각하지 못하는 것은 아닙니까? 우리가 하나님의 정의로운 사회를 만들어야 한다고 외칠 때에도 우리로 인하여 오히려 다른 이들이 어려움을 당하고 있지는 않을까요? 우리가 스스로 의롭다고 말하면서 다른 이들을 정죄할 때에도 그런 정죄로 인하여 다른 이들은 더 깊은 마음의 상처를 입고 이웃에 대한 불신이 깊어가고 있지는 않을까요?

아직도 세상은 우리를 향하여 기대하고 있습니다. 어디에서도 깨끗함이나 거룩함을 찾아보기 힘들고 사랑과 희생을 찾아보기 힘든 세상에서 우리가 하나님의 진리로 거룩하게 되어 그들에게 삶의 소금과 빛이 되어주기를 기대하고 있습니다. 하나님은 우리가 이미 거룩하고 깨끗하기 때문에 우리를 이 곳으로 불러 주신 것이 아닙니다. 우리가 아직 죄인 되었을 때에 우리를 불러 주셨습니다. 우리가 완전하여 불러 주신 것이 아닙니다. 우리가 아직 부족하여 부정하였을 때에 우리를 불러 주셨습니다. 더 나아가 우리로 인하여 우리 교회와 사회와 국가와 세계가 거룩하게 되기를 원하고 있습니다. 주님께서 우리를 위하여 십자가에서 돌아가신 희생을 하셨듯이 주님께서는 우리가 우리의 교회와 사회와 국가를 위하여 해 주기를 지금도 바라고 계십니다. 그것이 우리 주님께서 마지막 십자가에서 돌아가시기 직전 우리에게 유언으로 남겨두신 명령입니다. 이것이야말로 우리가 예수를 잘 믿는 한 방법이 되지 않을까요? 어떤 학문적인 혹은 사회적인 이데올로기가 진리가 아닙니다. 오직 하나님의 말씀만이 진리요, 오직 예수 그리스도 만이 진리입니다. 그를 통해서만 우리는 거룩해질 수 있을 것입니다.

우리의 거룩한 삶을 통해 영원하신 예수님의 기쁨을 누리면서 이 세상에서 살다가 하나님이 통치하시는 고통과 슬픔이 없는 영원한 그 곳에 가야 하지 않을까요? 여기에서 지금 세상적인 고통을 경험하기도 하고 슬픔을 갖지만 우리의 마음은 예수님의 기쁨을 누리며 예수님을 잘 믿다가 하나님의 나라에 갈 때에 우리 주님이 우리에게 유언을 하신 것처럼 우리도 우리 자녀에게 유언을 하고 하나님이 통치하시는 나라에 갈 수 있게 되기를 소망합니다.

성결, 위로부터 난 지혜

야고보서 3장 13~18절

인천중앙교회 안덕수 목사

태평양을 항해하던 배가 난파되어 한 사람이 구사일생으로 살아남
게 되었습니다. 간신히 무인도에 도착하여 구조되길 기다렸지만 지
나가는 배도 없이 몇 년이 흐르게 되었습니다. 마침내 어느 날 까마
득한 곳에서 배 한 척이 지나가자 그는 죽을힘을 다해 소리를 지르고
연기를 피우며 구조를 요청하였습니다. 선장이 연기를 보고 무인도
에 구조하러 도착하여 살펴보니 사람은 한 사람 같은데 오두막이 세
채나 되었습니다. "몇 명이 여기에 계시죠?", "저 혼자인데요!", "예?

그러면 왜 집이 세 개죠?", "아, 예 저것은 집이고요, 저건 교회입니다", "아, 크리스천이군요? 그런데 나머지 세 번째 집은 뭐죠?", "아, 저 교회가 맘에 안 들어 이 교회로 옮겼거든요" 구조된 그 사람, 아마도 한국인이 아닐까 싶습니다. 이사를 제일 많이 다니는 나라, 교회도 자주 옮기고 맘 안 맞으면 순회하듯 예배드리러 이 교회, 저 교회 다니는 사람들도 많은 나라가 우리나라입니다.

매년 5월 마지막 주일은 성결교회주일입니다. 2016년 5월 24일부터 26일까지 2박 3일간 교단 총회가 서울신학대학에서 있었습니다. 110년차 교단 총회였으니 벌써 우리 교단의 역사가 110년이 된 것입니다. 1907년 5월 정빈, 김상준 두 분이 일본의 동경성서학원을 졸업하고 서울 종로 염곡이라는 곳에서 전도를 시작한 것이 우리 성결교단의 효시가 된 것입니다. 우리가 특별히 알아야 할 것은 무엇보다 성결교회는 자생적인 교단이라는 사실입니다. 우리나라의 천주교와 성결교단 역사의 공통된 특징은 복음이 선교사가 아닌 자국민에 의해 먼저 전파되었으며 자국민에 의해 교회가 세워졌다고 하는 사실입니다. 1784년 중국 북경에서 이승훈이라는 분이 중국 선교를 위해 활동하던 천주교 선교사에게 최초로 영세를 받고 조선에 들어와 친척인 이벽에게 다시 영세를 주고, 정약용과 그의 형제들을 전도하게 됩니다. 이렇게 하여 한국의 천주교회가 세워지게 되었습니다.

개신교 선교사로 1885년 4월 5일 부활절 아침에 인천 앞바다를 통하여, 장로교, 감리교 선교사들인 언더우드와 아펜젤러 부부가 들어오게 되는데 그 후 20년이 지난 1905년에 정빈, 김상준 두 분이 일본 동양선교회 성서학원에서 교육을 받게 되고 다시 한국으로 돌아와 전도하게 됨으로서 성결교회가 시작이 되었습니다. 이미 그 때는 장로교나 감리교 선교사가 들어와 전도하고 교단과 교회를 세워 나가던 때였습니다. 두 분의 전도자는 처음에는 길거리에서 북치고 전도하여 결신한 자들을 가까운 교회로 나가게 했습니다. 그러다가 전도되어 모인 자들이 함께 예배드리고 기도하면서 자연스럽게 교회를 형성하게 되었고 선교사나 교단의 지원 없이 교회가 세워지게 되었습니다. 그러므로 성결교단은 자국민에 의해 세워진 자생, 자립 교단이라고 하는 자부심을 갖게 된 것입니다. 무엇보다도 자랑스러운 것은 이렇게 열악한 조건 속에서도 부흥하여 한국의 3대 교단(장로교, 감리교, 성결교)으로 성장했다는 사실입니다. 이러한 성결교단의 역사를 말씀드리는 것은 성결교회 교인으로서 자신의 교단에 대한 정체성과 자부심을 갖도록 하기 위함입니다. 사실 우리가 국가나 가문, 혹은 소속된 공동체에 대한 정체성을 확인하는 것은 매우 중요합니다. 사람이 정체성이 흔들리면 자존감도, 자신감도 갖지 못하고 방황하게 됩니다. 한국의 많은 크리스천들이 이 교회 저 교회, 이 교단 저 교단을 배회하는 이유는 자신이 속한 교회와 교단에 대한 정체성의 부재에서 오는 것이라 할 수 있습니다. 정체성을 바로 갖게 되면 소속감도 생기고 책임감과 자부심도 자연스럽게 생기게 됩니다.

우리 성결교회가 강조하고 있는 기독교의 복음은 '사중복음'입니다. 교단 초기에 선조들이 서울 종로 염곡에서 북 치고 장구 치고 전도할 때의 전도 표제가 성경의 기독교 복음을 요약한 사중복음이었습니다. 즉 사람이 누구든지 자신의 죄를 회개하고 십자가에 달려 속죄의 피를 흘리신 예수 그리스도를 믿을 때 성령의 역사로 새 생명을 얻어 심령과 인격 전체의 근본적인 변화를 경험하게 되는 중생, 또한 중생을 얻은 자가 성령의 세례를 받아 늘 말씀과 기도로 거룩하여지고 성결한 삶을 살게 되는 성결, 육체가 병들었을 때에 기도함으로 성령의 권능으로 치료받음을 믿는 신유, 그리고 세상 끝 날에 믿는 자를 구원하시고 세상을 심판하러 주님이 다시 오신다는 진리의 재림입니다.

지난 110년차 교단 총회에 여의도순복음교회의 이영훈 목사가 축사를 하러 와서 하는 말이 "순복음교회는 성결교회의 형제 교단입니다. 신학 노선이나 뜨거운 열정에 있어서도 그렇고, 순복음교단이 강조하고 있는 오중복음('성령충만' 추가)은 사실 성결교단의 사중복음을 차용해 온 것입니다. 성결교단은 결국 순복음교단의 형님 교단입니다"라고 해서 대의원들이 크게 웃으며 박수를 치고 환영한 일이 있습니다.

본문 야고보서는 예수님의 육신의 형제요 기독교 초대 감독이었던 야고보에 의해 AD 46-49년 사이에 로마제국 각지에 흩어져 살고 있는 유대인 출신 성도들에게 보낸 편지입니다. 야고보서는 신약성경 27권 중 제일 먼저 기록된 것으로 신앙의 실천적인 면을 강조하고 있어 일명 '신약의 잠언'이라 불리고 있습니다. 1-2장에서는 행함이 없는 믿음은 죽은 믿음임을 강조하고 있고 3장 전반부는 혀(말)를 조심할 것을 강조하고 있습니다. 그리고 후반부인 본문에서는 위로부터 난 참 지혜와 땅으로부터 난 거짓 지혜를 대조하고 있는데, 시기와 분열과 다툼은 거짓 지혜의 결과임을 밝힘으로써 스스로 지혜롭고 총명하다는 자들의 무지와 죄악을 지적하고, 또한 참 지혜 있는 자들은 반드시 선한 열매를 맺게 된다고 밝히고 있습니다.

무엇보다도 거짓 지혜의 특징은 독한 시기와 다툼과 거짓말입니다. "그러나 너희 마음속에 독한 시기와 다툼이 있으면 자랑하지 말라. 진리를 거슬러 거짓말하지 말라"고 14절에서 말씀하고 있습니다. 여러분, 혹시 한국에서 가장 똑똑한 자들이 모인 곳이 어디인 줄 아십니까? 바로 국회입니다. 최고의 학벌을 가진 사람들, 말 잘 하고, 법 잘 알고, 인기 있고, 국민들의 지지를 받는 자들이 모인 곳이 국회입니다. 그러나 실상 그 곳에는 파벌, 싸움, 거짓, 권모술수와 온갖 죄악과 불의가 가득합니다. 왜 그럴까요? 그들이 갖고 있는 지혜가 거짓 지혜이기 때문입니다. 이웃을 생각하지 않고 오직 나만을 위한 이기적인 지혜이기 때문에 그런 것입니다. 15절 말씀에서 이런 거짓 지혜는 위로부터 내려온 것이 아니요, 땅에서 난 지혜요, 정욕적이요 귀신의 것이라고 단언하고 있습니다. 땅에서 난 지혜라 함은 하나님의 영광보다는 인간 자신들의 목적을 달성하려는 수단에 불과한 지혜이기 때문이요, 정욕적이라 함은 동물이 본능에 이끌리어 살듯이 오직 육적인 안락과 쾌락을 추구하는 인간의 죄 된 본성에서 나온 거짓 지혜이기 때문이요, 귀신의 것이라 함은 귀신의 행동과 다를 바 없다는 의미로서 귀신이 충동질해서 일어난 행동이며 하나님을 대적하는 행동이기 때문에 그렇게 표현한 것입니다. 결국 이러한 세상의 거짓 지혜는 온갖 혼란과 죄악들을 만들어 내게 되는 것입니다 (16절).

반면 참 지혜의 특징은 첫째가 성결입니다. 성결을 뜻하는 헬라어 '하그노테스'는 도덕적으로나 영적으로 흠이 없는 상태를 의미합니다. 죄의 본성을 갖고 있는 우리 성도들은 예수 그리스도 안에서 믿음으로 구원 받았을지라도 날마다 말씀과 기도로 죄악의 습성과 오염을 씻어내야 합니다. 하나님의 말씀은 순결하고 거룩하여 우리를 성결하게 만들기 때문에 날마다 말씀을 묵상하고 영의 양식으로 삼아야 하는 것입니다. 시편 12장 6절 "여호와의 말씀은 순결함이여 흙 도가니에 일곱 번 단련한 은 같도다", 디모데전서 4장 5절 "하나님의 말씀과 기도로 거룩하여짐이라", 시편 119편 11절 "내가 주께 범죄하지 아니하려 하여 주의 말씀을 내 마음에 두었나이다" 참 지혜의 두 번째 특징은 화평(에이레네)인데 참된 지혜는 온유하고 타인을 존중하는 속성이 있기 때문에 타인을 존중하는 화평을 동반하는 것입니다. 마태복음 5장 9절 "화평하게 하는 자는 복이 있나니 그들이 하나님의 아들이라 일컬음을 받을 것임이요" 셋째는 관용(에피에이케이아)으로서 자신을 자극시키는 상대방의 논리나 도전에 대해 논쟁으로 맞대응하지 않고 화내지 않는 너그러운 성품을 말합니다. 빌립보서 4장 5절 "너희 관용을 모든 사람에게 알게 하라 주께서 가까우시니라" 넷째는 양순(유페이데스)인데 이것은 하나님의 진실한 말씀에 대해서 순수하게 받아들이고 순종하는 것을 의미하며, 그 다음의 참 지혜의 특징인 긍휼(엘레오스)은 시기와 반대 개념으로서 남의 비참한 형편에 대한 동정과 실제적인 도움을 베푸는 것을 의미하며, 그 다음의 선한 열매는 긍휼의 결과를 말하는 것입니다. 마지막으로 참된 지혜는 편견과 거짓이 없는 삶을 살게 하는 특징이 있는데 편견(아디아크리토스)이란 교회 안에서 사람을 외모를 보고 차별하는 것을 의미하는 것으로서 당시 유대인과 이방인, 부자와 가난한 자 그리고 남자와 여자의 모든 차별을 내포하고 있습니다.

　여기서 우리가 특별히 주목해야 할 것이 두 가지가 있는데, 하나는 참 지혜의 특징이 갈라디아서 5장 22-23절에서 바울이 언급한 성령의 열매와 거의 동일하다는 점입니다. 따라서 참 지혜는 하늘로서 난 것이요 또한 성령으로부터 온 것임을 알 수 있습니다. 다른 하나는 성결이 하늘로부터 난 지혜의 첫 번째 특징이라는 사실입니다. 그러므로 성결은 하나님의 영광을 드러내고 우리 모든 성도를 거룩하게 하며 흠과 티가 없게 하는 위로부터 난 지혜임을 알 수 있습니다. 그러므로 성결의 영을 강조하고 있는 야고보는 "하나님을 가까이하라 그리하면 너희를 가까이하시리라 죄인들아 손을 깨끗이 하라 두 마음을 품은 자들아 마음을 성결하게 하라(약 4:8)"고 말씀하고 있습니다. 아울러서 이 성결은 실생활 속에서 열매로 나타나야함을 분명히 하고 있습니다. 야고보서 2장 26절 "영혼 없는 몸이 죽은 것 같이 행함이 없는 믿음은 죽은 것이니라" 야고보서 1장 27절 "하나님 앞에서 정결하고 더러움이 없는 경건은 곧 고아와 과부를 그 환난 중에 돌보고 또 자기를 지켜 세속에 물들지 아니하는 그것이니라" 참 믿음은 행함이 따라야 하고, 참 성결(정결하고 더러움이 없는 경건) 역시 사랑의 열매가 맺어져야 하는 것입니다.

　성결의 복음을 교단 초기부터 강조해온 우리 성결교회의 모든 성도들은 자신이 먼저 삶의 현장에서 거룩한 삶으로 모범보이고 그 성결의 복음을 모든 족속, 열방에 주님 다시 오실 때까지 전해야 하겠습니다. "백년을 이어온 성결의 복음, 천년을 이어갈 성결의 복음!"

거룩한 손을 들어 기도하라

디모데전서 2장 8절

안동교회 이규철 목사

요즘 사람들이 기도를 잘 하지 않으니까 '개'들이 나서서 기도한다고 한다. 개들이 얼마나 기도를 많이 하는지 '베스 N 헤리스'라는 분이 "개의 기도"라는 시도 지었다.

"이 세상 그 어느 것도 저보다 더 당신의 친절에 감사하지는 못할 겁니다.

당신의 손을 핥는다고 회초리를 들지 말아 주세요.

인내와 이해심으로 절 가르치신다면

저는 더욱 빨리 당신의 뜻을 헤아릴 수 있을 겁니다…

비록 당신이 변변한 집한 채 갖고 있지 못해도,

저는 얼음과 눈을 뚫고서라도 당신을 따르겠어요.

당신만이 저의 신이고, 전 당신의 열렬한 숭배자이기 때문이죠…

끝으로, 저는 제 마지막 호흡까지도 느끼면서 당신 곁을 떠날 겁니다.

제 운명은 당신의 두 팔 속에서 가장 안전했다는 기억과 함께…
안녕."

그저 웃어넘기기에는 개의 기도가 너무나 진지하다.

성경은 "쉬지 말고 기도하라"(Pray continually / 살전 5:17)고
했지만 우리들의 기도는 먹고 살기 바빠 너무나 자주 중단되고 기도
없이 살아갈 때가 많다. "예루살렘의 딸들아 나를 위해 울지 말고 너
희와 너희 자손을 위하여 울라"(눅 23:28)고 예수님께서 당부를 하
였지만, 이 땅의 부모들은 자녀들의 학습에는 열을 올림에 비해 기도
의 눈물은 점점 메말라 가고 있다. "그러므로 각처에서 남자들이 분
노와 다툼이 없이 거룩한 손을 들어 기도하기를 원하노라"(딤전 2:8)
고 성경은 명령하시지만, 이 땅의 남자들은 거리에서 이런저런 소리
들로 아우성이다.

'히에로니무스 프랑켄 2세'(Hieronymus francken, 1578-1623)가 마태복음 25장 1-13절을 배경으로 삼아 그린 '열 처녀 이야기'가 있다. 그림에는 결혼식을 위해 차려입은 처녀들이 다섯씩 나뉘어 오른쪽과 왼쪽에 배치되어 있다. 건물 밖으로는 신랑이 신부를 맞으러 올 숲길이 배경으로 펼쳐져 있다.

화가는 왼쪽 다섯 명의 '어리석은 처녀'를 잘 차려입은 경박하고 허영기 많은 유복한 젊은 여자들로 묘사한다. 이들은 신랑을 맞이할 준비도 않고 시간을 보내고 있다. 악기를 연주하는 여자, 와인을 마시는 여자, 잠들어 있는 여자 등 모두 즐거움을 만끽하고 있는 모습이다. 바닥에는 술병, 가면, 카드, 주사위, 깨진 유리조각 등이 흩어져 있어 그들의 마음가짐을 시각적으로 보여준다.

오른쪽 다섯 명의 '슬기로운 처녀'는 깨끗하게 차려입고, 단정하고, 절제 있는 소박한 젊은 여자들로 묘사되어 있다. 이들은 신랑을 맞이할 준비로 시간을 보내고 있다. 십자가가 놓인 탁자 앞에 앉아 성경을 읽으며 기도하는 여자, 조심스럽게 등잔에 기름을 채우는 여자, 예수님의 수난 사진 앞에서 무릎을 꿇고 기도하는 여자 등 모두 신부가 갖추어야 할 덕목의 모습이다. 이들의 주변 바닥에는 정갈한 여자의 마음을 나타내듯이 각자가 준비한 등잔들만 가지런히 놓여 있다.

그림 위쪽 중앙, 구름 위에는 황금빛으로 찬란한 하나님 나라가 보인다. 왼쪽 다섯은 문을 열어달라고 청하고 있고, 오른쪽 다섯은 양팔을 하늘로 올린 채 환희를 맛보고 있다. 신랑이 늦게 올 것을 예상하여 준비를 철저히 했던 슬기로운 다섯 처녀는 혼인 예식에 들어갈 수 있었지만, 기름을 미리 준비하지 않고 방심했던 어리석은 다섯 처녀는 신랑을 맞이할 수도 없었을 뿐 아니라 혼인잔치에도 들어가지 못하고 버림을 받은 것이다.

열 처녀가 기다리던 신랑은 다시 오실 재림의 주 '예수 그리스도'를 말하며, 혼인 잔치는 하나님의 다스림을 나타낸다. 따라서 열 명의 처녀들은 그리스도의 재림을 기다리는 그리스도인이다. 슬기로운 처녀들이 정결한 모습으로 하나님을 맞이하는 깨어있는 사람들이다. 반면 어리석은 처녀들은 이미 닫힌 문을 두드리는, 하나님을 맞을 준비를 미루고 아직 준비하지 않은 사람들을 대변한다. 화가는 슬기로움과 어리석음이 학력이나 지력이 아니라 준비에 있음을 웅변한다. "깨어있어라. 너희가 그날과 그 시간을 모르기 때문이다"(마 25:13). 우리가 다시 오실 주님을 앙망하며 영적으로 경건하게 정비되어 기도해야 할 이유이다.

성경은 기도를 하려는 성도들에게 분노에 떨지 말 것을 당부한다. 왜냐하면 분노의 얼굴은 주님의 평화와 은혜아래 있는 성도의 얼굴과 모습이 아니기 때문이다. 공기를 연구하는 학자들에 따르면, 우리가 숨을 쉴 때 나오는 공기에도 색깔이 있다. 공기를 영하 220도로 냉각하면 액화공기가 되고, 사람이 화를 낼 때의 액화공기에는 쥐가 죽는다. 우리의 감정 상태에 따라 내쉬는 공기를 액화해서 보면 각각 다른 색깔이 나타난다. 참 별난 연구도 다 있구나 생각되지만, 감정이 불안하면 신체적인 부조화가 나타날뿐더러 맥박이나 호흡수가 달라진다는 것은 누구나 다 아는 사실이다. 그 만큼 분노는 우리네 인생살이에 고통의 그림자를 드리우는 적색분자이다.

분노가 무엇인가? 육체적 질병처럼, 분노는 '우리를 무능하게 만드는 정신적 오류가 드리워진 격한 감정'이다. 이 분노는 선택일 뿐 아니라 습관이다. 분노는 좌절감에 대한 학습된 반응이고 저와 여러분들이 하기 싫은 방식으로 행동하도록 한다. 실제로 극한 분노는 정신병의 형태를 가진다. 실제, 어떤 부부는 부부 싸움을 할 때 '히스테리칼'(hysterical)해질 뿐 아니라 '히스토리칼'(historical: 과거의 일을 시간 별로 일일이 열거한다는 의미)해진다.

화(火)는 인간에게 대단히 심각한 위험인자이다. 영어의 '화'(Anger)는 '위험'(Danger)에서 앞의 한 글자를 뺀 것에 불과하다. 사람이 화에 사로잡힐 때, 그의 육체와 정신은 약화되고 판단은 흐려진다. 결국 화는 파괴를 가져온다.

요 몇 년 우리 한국의 정서는 잔뜩 화가 나 있는 상태이다. 마치 모두가 우는 사자처럼 삼킬 자를 찾고 있다. 정치, 경제, 신문과 방송 모든 영역에 분기가 탱천하다. 노인은 노인대로, 젊은이는 젊은이대로 마음이 편치 않다. 서울 사람은 서울 사람대로, 충청도 사람은 충청도 사람대로 평안이 없다. 때문에 목소리 큰 사람이 승리하는 야만적 생존법칙이 곳곳에서 드러난다. 남의 허물은 통렬하게 정죄하면서도 정작 자신에게는 관대한 이상한 눈을 가진 사람이 도처에 널려있다.

사회학자들은 우리 사회의 큰 문제가 모든 것을 이분법적 시각으로 판단하려는 잔혹한 선긋기 게임에 있다고 지적한다. "내가 이겼고, 너는 졌다"며 항복을 받아내야만 직성이 풀리는 잔혹함이 사회의 전반적 기류이다. 이러한 여파로 최근 우리 한국 사람들에게 고혈압이 급증하고 있다고 한다. 사회의 정서 무드와 무관하지 않다.

하지만 이런 화가 난 상태에서는 절대로 올바른 판단을 할 수가 없다. 그러기에 '간디'는 성난 군중을 향해 "화가 난 당신은 결코 옳은 편에 서 있지 않다"고 충고했다. 지금 우리나라는 활화산처럼 모든 영역이 들끓어 오르며 피를 토하는 웅변으로 화를 표출하기 보다는 냉철하게 스스로를 반성하고 하나님 앞에서 자신을 성찰하는 회개가 필요하다.

이러한 삶의 정황에 처한 우리들의 모습은 처량하다. 그러기에 우리에게는 치유와 화해가 필요하다. 가슴 속 답답함과 울분을 풀어줄 복음의 메시지와 선한 사마리아인이 필요하다. "내가 죄인입니다"라는 회개가 필요하다. cbs가 캠페인을 펼치는 '나부터…'의 자각과 실천이 필요하다. 한 마리 잃어버린 양을 찾는 목자의 마음이 필요하다. 왜냐하면 화(禍)를 내는 것은 하나님의 뜻이 아니고 위험한 것이기 때문이다. 화가 잔뜩 나있는 사회의 미래는 암담할 뿐이다. 왜냐하면 이 분노의 종착역은 항상 파멸이기 때문이다. 그렇지만 모두가 죄인 된 심정으로 겸손하게 주님 앞에 나아가면 사회의 화병은 시나브로 치유될 것이다. 지금은 정말 치유와 화해의 리더십이 필요하다.

다음으로 성경은 기도하려는 성도들에게 '다툼을 일삼아서는 안 된다'고 당부한다. '다툼'(dispute)은 남을 비판하는 데서 일어나는 의심과 과격한 논쟁(언쟁)을 가리킨다. 우리는 이 다툼의 무의미성을 한 우화를 통해 접할 수 있다. 아주 오랜 옛날, 하나님께서 세상 만물들에게 땅 위를 자유롭게 걸어 다닐 수 있는 능력을 부여해 주었다. 사슴, 곰, 여우 그리고 인간들이 이리저리 마음대로 옮겨 다닐 수 있었던 것처럼 나무들 역시 자유롭게 움직일 수 있었다. 그러던 어느 날 숲 속의 나무들 사이에서 싸움이 일어났다. 서로 상대방을 시샘했던 것이다. 느릅나무는 산기슭을 차지하려고 하였고 포플러는 참나무가 차지하고 있던 골짜기를 탐냈다. 히코리 나무는 너도밤나무가 자리한 개울가를 원했다. 오직 소나무와 전나무만이 그 싸움에 말려들지 않았는데 그들은 자기들이 처한 현실을 만족스럽게 여겼기 때문이다. 그런데 나무들이 싸우는 것을 보고 화가 난 하나님께서 커다란 천둥을 내리쳐서 당장 싸움을 멈추라고 하셨다. 하나님께서는 다시 한 번 천둥을 치면서 말씀하셨다. "오늘부터 너희들은 땅속에 뿌리를 박고 살아야 하며 다시는 자유롭게 걸어 다닐 수 없다. 단지 너희들의 씨만이 다른 곳으로 이동할 수 있을 것이다. 눈이 내리고 얼음이 어는 추운 겨울이 오면 푸른 잎을 모두 잃게 될 것이고 또 추위에 떨게 될 것이다. 이 모든 것은 다 너희들이 내게서 받은 것을 만족스럽게 여기지 않았기 때문이다. 단지 마음이 착한 소나무와 삼나무, 가문비나무, 전나무에게만 1년 내내 작고 푸른 잎을 가질 수 있도록 허락한다. 이후 너희들은 '상록수'라고 불릴 것이다." 이 일이 있는 후로 오랜 세월이 흘러갔다. 오늘날에도 겨울 숲을 걷고 있노라면 잎을 잃어버린 나무들이 추위에 떨면서 내는 신음소리를 들을 수 있다.

중국 격언에 "앵무새는 말을 잘해도 나는 새를 면치 못 한다"는 말이 있다. 이 말은 인간이 아무리 능숙하게 말을 할 수 있어도 예의에 어긋난 행동을 하게 되면 새나 짐승과 다르지 않다는 것을 빗댄 것이다. 작금의 세상은 남이 한 말을 앵무새처럼 흉내 내어 마치 자기의 견식에 의한 것같이 가장하는 사람들이 많다. 이런 기풍이 사회적 주류를 이루니 깊이도 없고 넓이도 빈약한 삼류 인생이 판을 치게된다.

여기 문제가 되는 분노와 다툼은 사사로운 개인 생활에서뿐만 아니라 신앙생활 속에서도 유발 될 수 있는 문제이다. 늘 분노와 다툼에 젖어 있는 사람들을 통해서는 하나님의 일이 원만히 진척 될 수 없다. 더욱이 교회를 사랑하며 믿음으로 살고자 하는 주의 성도된 자의 기본 성품이 분노와 다툼으로 충혈 된 눈빛이라면 이는 곤란하다.

성경은 교회의 남성들이 분노와 다툼 대신 '거룩한 손을 들어 기도'할 것을 당부한다. 이는 안팎으로 다져진 단정함과 믿음의 비밀을 가진 성도로서의 기본자세를 당부하는 말이다. 손을 들고 기도하는 것은 유대인들의 전통적인 기도 관습이었다. 유대인들은 전통적으로 기도 할 때 서서 손을 들고 손바닥을 위로 향하여 편 채 기도하거나

(눅 18:11), 무릎을 꿇고 엎드리어 기도드리거나, 땅 위에 완전히 엎드린 채 기도를 드린다. 초대 교회의 교인들도 이와 같은 태도를 따랐다.

하나님과 동행한 믿음의 사람들은 한 결 같이 강건한 손을 지녔다. 그들의 손이 강한 것은 그들의 육체가 강철이기에 강한 것이 아니었다. 그들은 구원에 능하신 하나님의 손을 붙잡고 기도하는 이들이었기 때문이다. 이 기도하는 손은 나이를 초월했고, 삶의 모든 정황을 초월했다.

보시라. 이스라엘이 아말렉과 전투할 때, 모세가 두 손을 높이 들고 기도함으로 승리할 수 있었다(출 17:11-13). 예수님께서 물고기 두 마리와 보리떡 다섯 개 위에 손을 얹고 기도하실 때 오 천명이 먹고도 남는 놀라운 기적이 일어났다(마 14:19, 20). 주의 제자들이 손을 얹고 믿음의 기도를 드릴 때 병이 낫는 신유의 역사가 일어났다(약 5:14-16). 이처럼 기도하는 손은 사탄의 시험으로부터 성도들을 이기게 하고 하나님으로 풍성한 은혜를 받아 영혼을 살찌게 하며, 영육간의 모든 질병을 치료한다.

그렇다면 저와 여러분의 손은 어떠한가? 혹 영적 안일함에 빠져 기도하기를 멈추고 있지 않은가? 세상의 이 일 저 일로 바빠 기도하는 시간조차 내지 못하고 있지 않은가? 그렇다면 우리의 손이 거듭나야 할 것이다. 하나님께 기도드리는 거룩한 손을 회복해야 할 것이다. "하나님께서 거룩하신 것처럼 너희도 거룩하라"(벧전 1:16)고 하신 말씀처럼 성도의 손은 하나님의 쓰시기에 합당한 거룩한 손이 되어야 한다.

성경은 주를 믿는 성도들이 손을 들고 기도할 때 하나님께서 역사하신다고 약속한다. 하나님은 예레미야를 통해 말씀하셨다. "일을 행하는 여호와, 그것을 지어 성취하는 여호와, 그 이름을 여호와라 하는 자가 이같이 이르노라. 너는 내게 부르짖으라. 내가 네게 응답하겠고 네가 알지 못하는 크고 비밀한 일을 네게 보이리라"(렘 33:2-3).

여기 예레미야 선지자의 외침처럼, 우리가 기도할 때 하나님은 응답하신다. 다른 무엇으로는 하나님의 힘을 당겨 쓸 수 없지만, 우리는 기도함으로써 하나님의 힘을 당겨쓸 수 있다. 하나님이 응답할 수밖에 없는 기도는 사람이 쓸 수 있는 가장 강력한 힘, 전지전능하신 이도 양보하는 힘이다. 기도는 견줄 바 없는 특권이다. 여호와의 창고는 기도로 열리며, 믿음은 그 열쇠를 돌린다.

* 말씀의 도전
"그러므로 각 처에서 남자들이 분노와 다툼이 없이 거룩한 손을 들어 기도하기를 원하노라"(딤전2:8)

여러분의 손은 어떤 손인가? 하나님은 저와 여러분의 손이 기도하는 손, 복된 손이 되기를 원하신다. 내 마음에서 나를 파멸시키고자 도사리고 있는 분노와 다툼의 여우를 몰아내라. 대신 매순간 날마다 숨 쉬는 순간마다 주님을 향한 기도의 손을 들어 올리자. 이는 거룩한 일이다. 이는 성결한 그리스도인이 감당해야 할 거룩한 사명이다. 쉬지 말고 거룩한 손을 들어 기도하자(살전 5:17). 이것은 그리스도 예수 안에서 우리를 향하신 하나님의 뜻이다. 아멘.

애굽의 수치를 벗고

여호수아 5장 9~12절

여주교회 이성관 목사

너희는 세상의 "빛과 소금이다"라는 말씀을 먼저 생각해봅시다. 이 말씀은 오늘 이 세상을 살고 있는 내가 누구이며 어떤 존재인가를 가르쳐 주고 있습니다. '빛과 소금이 되어라'가 아니라 '빛과 소금이라'고 하신 말씀을 주목하시기 바랍니다. 우리 존재 자체가 이미 그렇게 되어져서 세상으로 파송 된다는 것입니다. 세상에 나가 살면서 '빛과 소금이 되어야지'라고 노력하고 애쓰는 것은 이미 늦은 것이요, 그래서는 안 된다는 것을 의미하고 있습니다.

세상에서 빛이라는 것은 어두움이 내게 오지 못한다는 것뿐만 아니라, 내가 세상의 어두운 곳을 찾아가 밝은 빛을 내며 살아야 한다는 말씀입니다. 어둡게 살고, 어둡게 만들고, 어두움을 주는 사람은 예수님의 사람이 아닌 것입니다.

세상에서 소금이라는 말씀은 먼저 내가 영적으로 건강하고 마음이 긍정적이며, 내 하는 말들이 빛의 언어라는 뜻입니다. 즉 빛과 소금은 연결되어 있습니다. 빛이 소금이고, 소금이 빛인 것입니다. 내가 부패되거나 썩어있지 않습니다. 세상에서 썩은 일을 하지 않고, 부패 된 일을 하지 않습니다. 그래서 어둡지 않고, 밝습니다. 나의 소금 역할을 통해 어두운 일들이 물러가고 없어질 것입니다.

그런데 여기서 우리가 조심해야 할 것이 있습니다. 빛과 소금으로 살라고 하는 말씀은 다른 사람의 어두움과 부패와 썩음을 지적하고 드러내고 비방하는 역할을 하라는 얘기가 아닙니다. 스타가 되어 반짝 반짝 빛나는 명예의 삶, 박수와 칭찬의 삶을 살라는 것이 아닙니다. 또 세상의 어둠을 우리가 의도적으로 노력해서 몰아내려고 애쓰고 수고하는 것이 빛의 사명이 아니고, 세상의 썩고 부패된 곳을 찾아서 소금을 뿌리라는 말씀이 아닌 것입니다.

내가 빛이고 소금이라면, 내가 그냥 살고 있는 그 자체가 빛의 역할이 되고 소금의 본분을 하는 일이 될 것입니다.

더 나아가 빛과 소금으로 살아가는 것은 결코 편하지 않습니다. 나의 희생과 눈물이 필요합니다. 세상은 어둠을 더 좋아할 수 있습니다. 거짓과 음모와 배신과 폭력이 지배하는 세상에서 밝게 살고, 올바르게 산다는 것이 쉽지 않습니다. 오히려 바보라고 손가락질하고 도움이 안 되는 사람이라고 배척할 것입니다. 이것을 알고 빛과 소금의 삶을 살아야 할 것입니다.

오늘 말씀 9절을 다같이 읽읍시다.

"여호와께서 여호수아에게 이르시되 내가 오늘 애굽의 수치를 너희에게서 떠나가게 하였다 하셨으므로 그 곳 이름을 오늘까지 길갈이라 하느니라."

애굽의 수치라는 말에 주목하십시오.

이스라엘 백성들이 애굽에서 사는 동안 애굽 사람들의 습성과 생활방식이 그대로 몸에 배었습니다. 하나님은 이것이 수치스런 일이라고 말씀하고 있습니다.

그런데 놀라운 사실은 수치가 떠나갔다는 것이 이스라엘 백성들이 대오각성, 영적 대 각성을 해서 애굽에서 살던 습성을 버려서가 아니었습니다. 그들이 죽었기 때문에 그렇게 되었습니다. 애굽에서 나온 사람들은 광야에서 40년을 떠돌다 죽었습니다. 그들이 죽어서야 하나님께서 수치스럽게 생각하시는 것들이 해결 되었습니다.

이스라엘 백성들은 평생을 애굽에서 살던 습성과 마음을 고치지 못했습니다. 그런 자세와 태도로 살았고, 하나님을 대하였고, 신앙생활 하였습니다. 하나님께서 수치스럽게 생각하는 사고방식과 생활의 모습과 습관들을 벗지 못했습니다. 그래서 가나안 땅에 들어가려던 계획은 취소되었고 광야에서 40년을 방황하며 살다가 죽었습니다. 그제야 비로소 애굽의 수치가 이스라엘에게서 없어진 것입니다.

광야에서 출생한 그의 자손들이 가나안 땅에 들어갔습니다. 그들은 애굽의 습성, 생활방식을 모르는 새로운 세대입니다. 하나님이 원하시는 삶의 자세와 태도를 배우고, 마음과 생각으로 준비된 사람들입니다. 그래서 약속의 땅인 가나안에 들어갈 수 있었습니다.

성도 여러분, 하나님께서 오늘 나에게서, 또 우리들에게서 수치스럽게 생각하시는 것이 혹시 없습니까? 우리 몸과 마음에 배어 있어서 아직도 버리지 못한 세상적인 삶의 방식과 습성은 없느냐 하는 것입니다.

여기에서 우리는 '성결'을 생각하게 됩니다. 예수님을 만나 중생한 사람이 살아가는 삶의 자세와 태도와 내용이 바로 성결이며 빛과 소금의 삶이기 때문입니다. 애굽은 세상을 상징하고, 가나안 땅은 하나님 나라를 의미하는데, 어두움과 부패가 가득한 애굽에서 빠져나와 밝고 아름다운 가나안이라는 소망의 땅에서 사는 것을 성결의 삶이라고 할 수 있는 것입니다.

그러면 이제 성결을 더 깊이 생각해 봅시다. "오직 위로부터 난 지혜는 첫째 성결하고…"라는 야고보서 3장 17절 말씀이 있습니다. 하나님 나라의 사람, 예수님의 사람은 첫째 성결한 사람이라는 것입니다. 마음의 성결, 생각과 의도의 성결, 살아가는 방식과 내용의 성결입니다. 말하고 행동하는 것, 밥 먹고 돈 쓰고, 직장의 업무를 행할 때도 성결하게 합니다. 놀러가고 운동과 여가 활동 할 때에도 성결합니다. "내가 거룩하니 너희도 거룩할지어다"라고 하신 베드로전서 1장 16절의 말씀도 성결을 명령하신 말씀입니다.

그러므로 애굽의 방식과 습성을 버리도록 해야 합니다. 그런데 이일은 내 수고와 노력으로는 안 됩니다. 주님이 고쳐 주셔야 합니다. 성령께서 내 안에 계시며 나를 바꿔 주셔야 합니다. 그러기 위해서 끊임없이 기도하며 말씀 묵상을 통해 훈계와 책망을 받고, 양심의 찔림을 받으며 예수님의 십자가 보혈 앞에 나아가는 갈급한 마음과 간절함이 있어야 합니다. 날마다 고쳐지고, 매일 다듬어지면서 차츰 차츰 성결을 향하여 나아가게 되고, 성장해야 하는 것입니다. 어느 누구도 단번에 완벽한 성결의 사람이 될 수 없습니다. 수 없는 실수와 실패를 반복하면서, 그러나 애굽의 수치를 벗어야 하겠다는 간절함과 열심만 버리지 않고 있다면 주님은 우리를 만지셔서 변화시켜 주시고, 성숙한 신앙인으로 만들어 주실 것입니다.

'신앙생활 잘 해봐야지…'라고 하지만 세상의 방식과 습성이 몸과 마음에 배어 있는 한 될 수가 없습니다. 그리고 더 중요한 사실은, 그런 방식과 습성을 가진 사람이 어느 날 아주 대단한 신앙적 행동을 했다 해서 하나님께서 자랑스럽게 여기시고 영광스럽게 생각하지 않으실 것입니다. 수치스럽게 생각하실 것입니다. 수치스러운 애굽과 비교되는 것이 가나안 땅입니다. 그 땅에서 사는 방식과 자세와 태도가 하나님께 영광이고 기뻐하시는 일일 것입니다.

이제 애굽과 가나안은 무엇이 어떻게 다른지 생각해 정리해 보겠습니다.

먼저, 이스라엘 백성은 애굽에서 바로 왕의 노예였습니다. 시키는 대로 하며 살아가는데, 이스라엘 백성들에게는 그 일의 결과로 인한 기쁨과 즐거움이 하나도 없었습니다. 먹고 사는 일에 매여 사는 노예였습니다. 마지못해 사는 인생이었습니다.

그런데 가나안에서는 하나님의 종입니다. 하늘나라의 종입니다. 살아가고 일하는 그 자체가 하나님의 일이고, 하나님의 영광이 되는 삶이었습니다. 순종하여 일하는 결과가 하나님께도 올라가고 이스라엘 백성들에게도 주어졌습니다. 신이 나서 즐겁게 일하는 종의 삶이었습니다.

또한 애굽에서는 뼈 빠지게 일하고 그 대가로 먹을 것을 얻었습니다. 그런데 늘 부족했고, 늘 굶주렸습니다.

그러나 가나안에서는 하나님의 말씀에 순종하는 대로 땅이 젖과 꿀을 내어 주므로 그것을 마음껏 먹고 살아갑니다.

애굽에서는 억지로 순종했습니다. 채찍이 날라 오고, 구타를 당하며 두려움 가운데 복종하며 살았습니다. 자기 원하는 것을 자기가 구할 수 없는 노예 신분이니 가족들 먹여 살리기 위해 죽을 둥 살 둥 시키는 대로 해야 했습니다.

그러나 가나안에서는 즐겁게 일하고 순종합니다. 자발적으로 일합니다. 사랑하는 하나님 아버지의 도우심과 보살핌 안에서 행복하게 일합니다. 잘못하고 실수하는 일이 있어도 감싸주시고, 기다려 주시고, 잘하도록 격려하고 붙들어 주는 사랑이 있습니다.

이전 애굽에서는 시키는 대로 했습니다. 창조적인 생각, 날마다 새로운 생각, 미래를 꿈꾸는 일은 전혀 없었습니다. 그냥 하루하루 일만 하며 그냥 살 뿐이었습니다.

그러나 가나안에서는 무궁무진한 창조적인 생각들이 끝없이 솟아나는 삶입니다. 하나님의 약속 안에서 미래를 꿈꾸고 소망하고, 설계하는 삶입니다. 어떻게 하면 주인이신 하나님을 종으로서 더 기쁘게 해드릴까, 더 순종하고 감사하며 살까, 생각하며 살게 됩니다. 왜냐하면 그렇게 살면 만사가 형통이고 평탄이고, 잘 된다는 것을 경험적으로 알고 있기 때문이었습니다.

본문 12절을 다같이 읽읍시다.

"또 그 땅의 소산물을 먹은 다음 날에 만나가 그쳤으니 이스라엘 사람들이 다시는 만나를 얻지 못하였고 그 해에 가나안 땅의 소출을 먹었더라"

이스라엘 백성들이 애굽을 나온 이후로 광야 생활을 하면서 하나님이 새벽마다 내려 주시는 만나라는 것을 먹고 살았습니다. 그런데 요단강을 건넌 그 다음 날부터 이 만나가 중지 되었습니다. 가나안 땅에서 재배되는 곡식을 먹고 살게 된 것입니다.

이것 또한 애굽과 가나안의 차이입니다. 애굽의 삶은 주는 대로 하루하루 먹고 사는 삶입니다. 부족했고, 내가 원하는 것을 먹을 수 없었습니다. 그러나 가나안의 삶은 내 땅에서 씨를 뿌려 거두어 창고에 넣고 먹고 사는 삶입니다. 땅에 씨를 뿌리면 거두는 곳이 가나안 땅입니다. 하나님 말씀하신대로 살기만 하면, 땅이 속이지 않고 젖과 꿀을 반드시 내는 곳이 가나안입니다. 그래서 하나님나라의 삶의 방식과 습성이 몸과 마음에 배어 살게 되는 곳입니다.

이스라엘 백성들이 지금 있는 곳이 길갈이란 곳입니다.

요단강을 건너 최초로 밟은 가나안 땅이 길갈입니다. 10절에 보면 이스라엘 백성들이 유월절을 지켜 예배를 드렸다고 했습니다. 하나님이 지키도록 명령한 예배를 정확히 드렸다는 것인데, 예배가 몸과 마음에 배어 있는 삶이 바로 성결의 삶이고, 그곳이 젖과 꿀이 흐르는 가나안 땅입니다.

성도 여러분, 우리가 세상적인 습성과 삶의 방식을 버리면 내가 사는 곳이 광야가 아니라 약속의 땅인 가나안이 될 것입니다. 성결의 삶을 살아가는 현장이 될 수 있는 것입니다. 하루하루 만나를 주워 먹고 사는 메마른 광야의 삶이 아니라 젖과 꿀이 흐르는 땅에서 정착하고 안식하는 삶이 될 것입니다.

세상의 습성과 마음을 버리면 가나안 땅이지만 버리지 않으면 광야입니다. 버리면 하나님의 영광이지만 버리지 않으면 하나님의 수치를 가지고 사는 인생이 될 것입니다.

어떻게 사시겠습니까? 선택은 각자 우리에게 달려 있습니다. 부디 우리 모두가 내 자신을 감찰하시고 꿰뚫어 보시는 진리의 성령님께서 내게 말씀하시는 것들을 정직하게 기도로 내놓기를 바랍니다. 그리고 하나님께서 고쳐 주시기를 바라는 신앙생활하기를 바랍니다. 그래서 우리가 성결한 만큼 세상에서 더 밝아진 빛으로, 더 짠 소금 맛을 가진 성도의 삶이 있기를 바랍니다.

나그네여, 거룩하라!

베드로전서 1장 13~17절

창원제일교회 최준연 목사

베드로전서는 '흩어진 나그네' 들을 위한 베드로 사도의 편지입니다. 이 편지를 받는 그들은 왜 흩어져야만 했습니까? 하나님께서는 하나님의 사람들을 통해 온 세상에 복음의 씨앗이 퍼트려지기를 원하셨습니다. 하나님은 그들이 자연스럽게 흩어지기를 기대하셨지만 그들은 하나님의 기대처럼 움직여 주지 않았습니다. 그래서 하나님은 예루살렘에만 머물러 있던 하나님의 사람들을 로마의 핍박이라는 수단을 통해 뿔뿔이 흩으셨습니다. 하나님의 사람들은 복음의 전파를 위해 '흩어지는 수고'를 감당해야 했고, '나그네'라는 정체성을 가지고 살게 되었습니다.

마치, 출애굽한 이스라엘 백성들이 어느 한 곳에 정착하지 못하고 광야에서 오랜 시간 방황한 것처럼 말입니다. 왜 하나님은 이스라엘 백성을 40년이나 광야에서 방황하도록 하셨을까요? 그것은 그들이 광야에서만이 아니라 가나안 땅에 들어가서도 하나님의 말씀에 순종해야 함을 가르쳐 주시기 위함이었습니다. 또 한 가지 분명한 이유가 있습니다. 그들이 나그네임을 알게 하기 위해서였습니다. 나그네는 돌아갈 본향이 있는 사람입니다. 가나안에 정착하더라도 그들이 영원한 하나님 나라를 잊지 않고 이 땅에서 나그네로 살아가는 것이 하나님의 뜻이었습니다.

나그네. 참, 낭만적인 단어 같지만 현실은 고달픕니다. 나그네, 이방인, 외국인, 손님으로 살면 먹고 싶은 것, 먹고 싶을 때 못 먹습니다. 더 머물고 싶을 때 마음대로 머물 수도 없습니다. 정처 없는 삶은 험난하기만 합니다. '흩어진 나그네'는 베드로의 편지를 받았던 그들만의 정체성이 아닙니다. 예수 십자가 복음을 믿는 그리스도인 모두의 정체성입니다. 하지만, 이 땅에서 나그네로 사는 삶은 영원한 본향인 하나님의 나라를 소망하면서 살아가는, 그 무엇보다 가치 있는 삶입니다. 하나님께서는 우리들을 나그네로 살도록 부르셨습니다.

그리스도인을 '성도'라고 부릅니다. '성도'는 '거룩하게 구별된 무리', 즉, 하나님의 '거룩한 백성'이라는 뜻입니다. 성도가 거룩해야하는 이유는 정체성으로부터 찾을 수 있습니다. 그것은 우리가 믿는 하나님이 거룩하시기 때문입니다. 성도는 거룩하신 아버지를 닮아가는, 하나님의 사람들입니다. 생김새가 보통 사람들과 달라서 구별된 것이 아닙니다. 죄를 범하지 않고 선한 일을 해서 거룩하다는 것도 아닙니다. 성도는 하나님의 거룩한 부르심을 입은 자입니다.

그리스도인들은 하나님의 거룩하심을 따라 살도록 부름 받았습니다. 우리의 몸은 하나님이 계시는 성전입니다. 우리의 내면이 하나님이 계실만한 곳이 되기 위해서 거룩한 삶, 곧 성결한 삶을 살아야 합니다. 하나님께서 당신의 자녀인 성도들에게 말씀하십니다.

"내가 거룩하니 너희도 거룩할지어다"(16절)
그러면 나그네 된 우리가 어떻게 거룩하고 성결하게 하나님의 뜻을 따라 살 수 있겠습니까?

첫 번째, 마음의 허리를 동이고 근신해야 한다고 말씀하십니다.
"너희 마음의 허리를 동이고 근신하여"(13절)

이스라엘 백성들이 출애굽 할 때, 첫 유월절에 허리를 동이고 있었습니다. 언제든지 떠날 수 있도록 준비한 것이죠. 떠나라는 명령이 들려올 때 곧바로 떠날 수 있는 준비를 하고 있었습니다. 아브라함은 고향과 친척, 아버지의 집을 떠나라는 하나님의 말씀을 듣고, 갈 곳이 정해지지 않은 채 말씀에 순종하여 움직였습니다. 여러분은 하나님의 말씀에 언제든지 순종으로 반응할 준비를 하며 살고 있습니까? 어떻게 우리는 말씀을 듣고 따르는 삶을 살 수 있을까요?

삶의 방식은 우선순위에 달려있습니다. 같은 시간과 조건이 있을 때, 어떤 것을 먼저 고려하고, 어떤 것에 관심과 열정을 먼저 쏟는지에 따라 삶의 방식이 달라집니다. 우선순위는 가치관에 따라 달라집니다. 무엇을 가치 있게 생각하는지에 따라 우선순위가 달라지는 것입니다. 주님을 영접하기 전에 가치 있게 생각하던 것들, 목숨처럼 여겨졌던 것들을 주님을 만난 후에는 배설물처럼 여기게 되었다는 바울의 고백을 통해 알 수 있습니다.

"그러나 무엇이든지 내게 유익하던 것을 내가 그리스도를 위하여 다 해로 여길뿐더러 또한 모든 것을 해로 여김은 내 주 그리스도 예수를 아는 지식이 가장 고상하기 때문이라 내가 그를 위하여 모든 것을 잃어버리고 배설물로 여김은 그리스도를 얻고 그 안에서 발견되려 함이니 내가 가진 의는 율법에서 난 것이 아니요 오직 그리스도를 믿음으로 말미암은 것이니 곧 믿음으로 하나님께로부터 난 의라"(빌 3:7~9)

바울은 그리스도 예수를 아는 지식이 가장 고상하다는 것을 어떻게 알게 되었을까요? 물론 하나님께서 은혜를 주셨지만, 정신을 바짝 차리고 있었을 때, 깨달음을 얻게 된 것입니다. 근신해야 합니다. 깨어 있어야 합니다. 그래야 보는 눈이 생깁니다. 깨닫게 됩니다. 깨달을 때, '관'(觀)이 달라집니다. 가치관, 인생관, 세계관이 달라져야 합니다. 관계가 달라지면 가치관은 달라집니다. 삶의 주인이 내가 아니라 예수 그리스도이신 것을 중심으로 고백하는 순간, 내가 보는 모든 것이 달라집니다. 그것이 곧 성결입니다. 구별됨이 곧 성결입니다. 구별됨에서부터 거룩한 삶은 시작됩니다. 말씀에 순종할 준비를 하면서 살아야 합니다. 마음의 허리를 동이고 깨어있어야 합니다. 그것으로부터 성결한 삶은 시작됩니다.

두 번째, 사사로운 욕심을 따르지 말아야 합니다.
"전에 (예수를) 알지 못할 때에 따르던 너희 사욕을 본받지 말고"(14절)

회개는 하나님을 알지 못하고 예수님을 믿기 '전에' 내가 인생의 주인이 되어 사사로운 욕심을 따라, 내 맘대로 살던 것으로부터 '이제' 내 인생의 주인이 내가 아니라 하나님이신 것을 인정하고, 하나님께로 돌이키는 것입니다. 나아가 신앙의 성숙은 하나님께 나의 요구를 들어달라고 하던 것에서 나에게 말씀하시는 하나님의 요구에 집중하는 것으로 옮겨지는 것을 말합니다. 회개와 신앙의 성숙은 우리가 성도로서 걷게 되는 과정입니다. 이 과정에 거룩하게 되는 것, 그것이 바로 성결입니다.

우리의 옛 성품과 우리의 옛 사람의 모습을 가지고는 거룩해질 수 없습니다. 그래서 회개하고 돌이키는 것입니다. 욕심을 버려야 합니다. 정욕을 끊어야 합니다. 불의를 좋아하던 습관에서 벗어나야 합니다. 구습을 좇는 옛사람을 벗어버려야 합니다.(엡 4:22) 그래야 거룩하고 성결한 자로 살아갈 수 있습니다.

이스라엘이 애굽에서 하나님의 나라를 건설하고 하나님을 섬기는 제단을 세울 수는 없습니다. 하나님의 백성은 애굽에서 나와야 합니다. 그들이 범하는 죄악에서 스스로를 구별해야 합니다. 구별이란 떠나는 것이고, 버리는 것이고, 새로운 것을 취하는 것입니다. 하나님은 이스라엘을 출애굽 시켜서 광야에 이르게 하셨고 하나님의 백성에게 거룩하게 구별되는 교육을 시키셨습니다. 남자 아이가 태어나면 팔일 만에 할례를 받게 하셨습니다. 이스라엘 사람들은 그들의 몸에 구별된 표식을 지니고 살아야 했습니다. 음식도 가려 먹도록 했고, 안식일을 지켜서 모든 날들이 하나님이 주신 날임을 알게 하셨습니다. 소득의 십분의 일과 수확의 첫 열매를 구별하여 드림으로, 거두게 하시는 이가 하나님이심을 알게 하셨습니다. 성막을 이스라엘 진의 한 가운데에 세워서 하나님의 임재를 염두에 두도록 했고, 구름 기둥과 불기둥을 보여 주심으로 하나님이 그들의 인도자이신 것을 보고 믿게 하셨습니다. 그럼에도 불구하고 이스라엘 백성들은 틈만 나면 불평하고 원망하며 살았습니다. 눈에 보이는 현실적인 문제가 그들의 욕심을 부추겼고, 그들은 욕심에 굴복하면서 거룩하지 못한 삶을 반복하며 살았습니다.

예수 그리스도의 구원 역사는 우리가 이스라엘의 잘못을 반복하지 않을 수 있게 길을 열어주셨습니다. 영적인 이스라엘인 우리는 사사로운 욕심에 휘둘리지 않기 위해서 극기를 선택할 필요가 없게 되었습니다. 스스로를 연단하고 절제를 고도로 훈련한다고 해서 옛사람을 벗어버릴 수 있는 것이 아닙니다. 이를 악물고 신앙생활 하는 것이 해결의 답이 아닙니다. 그렇다면, 욕심을 제어하고 거룩하지 못한 습관으로부터 벗어나기 위해서, 거룩한 삶을 살기 위해서 우리가 할 수 있는 것은 무엇일까요? 그것은 성령을 따르는 것입니다!

"율법이 육신으로 말미암아 연약하여 할 수 없는 그것을 하나님은 하시나니 곧 죄로 말미암아 자기 아들을 죄 있는 육신의 모양으로 보내어 육신에 죄를 정하사 육신을 따르지 않고 그 영을 따라 행하는 우리에게 율법의 요구가 이루어지게 하려 하심이니라"(롬8:3~4)

성령의 인도하심을 따라 살면, 거룩한 백성답게 의로워야 한다는 율법의 모든 요구가 우리 안에서 이루어진다는 말씀입니다. 열쇠는 여기에 있습니다. 우리 신앙생활의 목표는 거룩하지 못한 습관을 제어하는 것이 아닙니다. 거룩한 습관을 적극적으로 갖는 것입니다. 욕심을 이겨보려고 자학하거나 없애려고 극기하는 방식이 아닙니다. 성령의 뜻을 따라 사는 것입니다. "내가 이르노니 너희는 성령을 따라 행하라 그리하면 육체의 욕심을 이루지 아니하리라'(갈5:16) 우리가 성령의 인도하시는 바가 되면 율법 아래에 있지 않게 됩니다. 자연스럽게 거룩한 영, 성령의 열매를 맺게 됩니다. 성령을 따라 하나님께서 원하시는 성결한 삶을 사는 것입니다.

세 번째, 하나님을 경외하는 것입니다.
"너희가 나그네로 있을 때를 두려움으로 지내라"(17절)

나그네는 외국인으로 사는 것과 같습니다. 때맞춰 비자를 취득하지 못하거나, 영주권을 얻지 못하면 더 있고 싶어도 더 이상 머물 수 없는 사람이 외국인입니다. 나그네라는 정체성은 긴장과 불편함의 연속입니다. 지속적인 안정감을 갖고 살 수 없습니다. 정착할 수 없는 곳에서 정착을 꿈꾼다면 나그네는 그 존재 자체가 두려움입니다.

하지만, 나그네는 오히려 그래서 자유롭습니다. 이곳에서의 정착이 삶의 목적이 아니라면 이곳저곳으로 자유롭게 나아갈 수 있습니다. 한 곳에 매이지 않기 때문에 새로운 곳을 향해서 자유롭게 움직일 수 있습니다. 목적한 곳을 향하여 두려움 없이 갈 길을 갈 수 있습니다.

왜 하나님의 말씀은 그리스도인의 정체성을 '나그네'라고 했을까요? 우리는 세상에 정착할 존재가 아니라는 말씀입니다. 그래서 세상을 두려워할 이유가 없다는 뜻입니다. 우리는 하나님 나라의 백성입니다. 오직 하나님만을 경외하도록 지음 받은 하나님의 거룩한 사람들입니다.

나그네가 취해야 할 두려움은 오직 하나님 한분만을 향한 것입니다. 하나님을 경외하는 마음입니다. '경외'란 공포심이 아닌 존경하는 마음에서 갖는 두려움을 말합니다. 하나님을 경외한다는 것은 삶의 모든 영역에서 하나님의 절대주권을 인정하는 것을 말합니다. 하나님을 전적으로 믿고 의지하며 순종하는 삶의 자세를 말합니다.

하나님을 경외하면, 하나님과 같이 우리도 죄를 미워하게 됩니다. 죄를 미워하시는 하나님의 성품을 함께 갖게 되는 것입니다. 하나님을 경외하면, 하나님을 경험하게 됩니다. 하나님의 인도하심, 하나님의 전능하심, 하나님의 충만하심을 경험하면서 믿음은 더욱 깊어지게 됩니다. 하나님을 경외하는 것은 지식과 지혜의 근본입니다.(시 111:10, 잠 1:7, 잠 15:33) 결국, 모든 것은 하나님을 경외하는 마음에서부터 시작되는 것입니다.

하나님을 경외하는 마음이 깊어지면 우리는 죄에 대하여 새로운 태도를 취하게 됩니다. 죄가 역겨워집니다. 죄를 생각하고 죄를 도모하고 죄를 짓는 모든 형태를 경멸하고 자연히 멀어지게 됩니다. 거룩하신 하나님의 그 성품들이 우리를 통해서 하나하나 드러나기 시작합니다. 우리는 하나님을 경외하는 삶의 태도를 통해서 하나님의 성품들을 경험하게 됩니다.

우리가 예수님처럼 거룩한 나그네, 흩어진 생명의 씨앗으로서 역할을 다 하면 할수록, 이 세상은 우리를 가만 두지 않을 것입니다. 우리가 말씀에 순종할 준비를 하고 깨어있으면, 세상의 가치관은 계속해서 우리를 공격해 올 것입니다. 우리의 욕심이 아닌 성령의 뜻을 따라 살면, 세상은 우리를 벼랑으로 내몰 것입니다. 우리가 세상을 두려워하지 않고 하나님을 경외하는 삶을 살면, 세상은 더 두렵게 우리를 겁박할 겁니다.

그리스도인은 하나님 나라의 백성인 동시에 이 땅의 박해와 어려움을 감당해야 하는 나그네 된 사람들입니다. 하늘 보좌를 버리시고 이 땅에 내려오신 예수님이 바로 거룩한 나그네의 원형이십니다. 우리가 주님을 따라간다는 것은 말뿐인 고백이 아닌, 내 몫의 십자가를 지고 좁은 문을 통과하는 것입니다. 좁은 길을 함께 걷겠다는 결단을 실천에 옮기는 제자로서의 삶입니다. 우리가 부정직한 풍조 가운데 정직함을 고수하고, 모든 일에 정성을 다해 주님을 섬기듯 최선을 다하며, 원통하고 안타까운 일 가운데에서도 주님께 염려를 맡기고 기도한다면 곧 거룩한 나그네로서 사는 것입니다.

나그네는 거룩해야 합니다! 세상과 구별됨이 없으면 나그네가 아닙니다. 우리는 하나님 나라에 속한 하나님의 백성답게 하나님의 말씀을 따라 살면서, 이 땅에서 하나님의 나라 확장을 위한 사명자들입니다. 우리는 이 땅에 발을 딛고 살지만 하늘에 속한 자입니다. 이 정체성은 우리가 거룩한 나그네로 계속해서 살아갈 수 있는 샘의 근원이 됩니다.

나그네여 거룩하라! 성결한 백성이여 하나님의 거룩함을 삶으로 드러내라!

오직 너희를 부르신 거룩한 이처럼 너희도 모든 행실에 거룩한 자가 되라!

하나님의 거룩한 부르심에 아멘으로 대답하며,

성결한 삶을 용기 있게 선택하는 여러분이 되길 주님의 이름으로 축원합니다.

세 번째 설교

신유

Divine Healing

치료하는 광선

말라기 4장 2절

속초교회 권영기 목사

말라기 선지자는 지금으로부터 약 2,500년전 말라기서를 기록했습니다. 그런데 그때 '치료하는 광선'이라는 표현을 썼다는 것 자체가 놀랍고 신비합니다. 광선을 치료에 사용한 것은 19세기 말부터이니 말입니다. 말라기서의 '치료하는 광선'은 태양에서 나오는 빛을 말씀하는 것입니다. "내 이름을 경외하는 너희에게는 공의로운 해가 떠올라서 치료하는 광선을 비추리니"라고 말씀하시기 때문입니다.

지금 우리는 태양의 광선이 크게 세 종류로 나누어진다는 사실을 잘 알고 있습니다. 가시광선, 적외선, 자외선입니다. 첫째는 가시광선(可視光線)입니다. 가시광선이란 눈에 보이는 광선(빛, 파장)이라는 뜻입니다. 태양의 광선이 하나의 빛이 아니라 여러 색깔의 빛으로 나누어진다는 사실은 독일의 물리학자 프라운 호퍼(J. von Fraunhofer ; 1787~1826)가 유리의 굴절율을 측정하던 중 빛이 분리되는 현상을 보고 발견했습니다. 그렇게 분리된 색깔이 우리가 무지개색이라고 부르는 빨주노초파남보의 색입니다.

둘째는 적외선(赤外線)입니다. 프리즘을 통해 빛이 나눠진 스펙트럼으로 많은 연구가 이루어지게 되었습니다. 그러던 중 허셸(F. W. Herschel, 1738-1822)이라는 과학자가 1800년에 빛의 스펙트럼에서 빨간빛 밖에 둔 온도계의 눈금이 올라가는 것에서 눈에는 보이지 않지만 가시광선 밖에도 광선이 있다는 사실을 발견하게 되었습니다. 그렇게 하여 적색 밖의 광선이라고 하여 적외선(赤外線)이라고 이름하게 된 것입니다.

셋째는 자외선(紫外線)입니다. 1년 후인 1801년 독일의 전기 화학자인 요한 리터가 허셸의 적외선 발견하였다는 소식을 듣고는 그렇다면 반대편인 보라(자)색 밖에도 광선이 있지 않을까 연구했습니다. 그는 전기 화학자로서 염화은을 분리하는 실험을 하고 있었는데, 염화은에 빛을 쪼이면 염소와 은으로 분리가 되었습니다. 그것을 더욱 구체화시켜 적외선쪽과 자외선쪽으로 나누어 실험한 결과 자외선쪽에서 분리가 더 잘된다는 사실을 발견하게 됩니다. 그렇게 하여 자외선도 발견하게 되었습니다. 그 후 계속된 연구를 통하여 현대에 이르러서는 가시광선, 적외선, 자외선의 빛과 파장을 이용한 많은 연구 결과와 쓰임새를 발견하게 되었습니다.

가시광선은 사람의 시신경을 통해서 감지할 수 있는 범위 안에 있는 빛입니다. 이 가시광선의 빛을 통하여 우리는 모든 활동을 하게 됩니다. 그리고 가시광선은 식물의 광합성을 돕는 역할을 합니다. 결국 사람의 에너지원인 식물을 성장시키고 생산하는 빛이 가시광선입니다. 적외선은 빛에서 가장 높은 열을 가지고 있습니다. 그 열을 통하여 혈관을 확장시키고 혈액순환을 촉진하여 세포에 산소공급량을 높여줍니다. 그러므로 통증이 완화되고, 치료가 촉진됩니다. 자외선은 우리 몸에 비타민D를 생성하여, 병균을 이기는 면역성을 높여줍니다. 또한 살균작용을 하여 병균을 죽입니다. 결국 태양의 광선은 우리의 몸에 에너지를 공급하고, 세포를 활성화시키고, 나쁜 균을 없애는 역할을 하는 것입니다.

이렇듯 태양은 치료하는 광선입니다. 그리고 그것은 말라기 4장 2절의 말씀과 일치합니다. 빛은 하나님께서 천지창조 첫째 날에 창조하셨습니다.

"하나님이 이르시되 빛이 있으라 하시니 빛이 있었고 빛이 하나님이 보시기에 좋았더라 하나님이 빛과 어둠을 나누사 하나님이 빛을 낮이라 부르시고 어둠을 밤이라 부르시니라 저녁이 되고 아침이 되니 이는 첫째 날이니라(창 1:3~5)"

그리고 빛을 담아 보내는 태양은 넷째 날에 창조하셨습니다. "하나님이 이르시되 하늘의 궁창에 광명체들이 있어 낮과 밤을 나뉘게 하고 그것들로 징조와 계절과 날과 해를 이루게 하라 또 광명체들이 하늘의 궁창에 있어 땅을 비추라 하시니 그대로 되니라 하나님이 두 큰 광명체를 만드사 큰 광명체로 낮을 주관하게 하시고 작은 광명체로 밤을 주관하게 하시며 또 별들을 만드시고 하나님이 그것들을 하늘의 궁창에 두어 땅을 비추게 하시며 낮과 밤을 주관하게 하시고 빛과 어둠을 나뉘게 하시니 하나님이 보시기에 좋았더라 저녁이 되고 아침이 되니 이는 넷째 날이니라(창 1:14~19)"

그러므로 빛과 태양을 창조하신 창조주 하나님께서는 동시에 치료의 하나님이십니다. "이르시되 너희가 너희 하나님 나 여호와의 말을 들어 순종하고 내가 보기에 의를 행하며 내 계명에 귀를 기울이며 내 모든 규례를 지키면 내가 애굽 사람에게 내린 모든 질병 중 하나도 너희에게 내리지 아니하리니 나는 너희를 치료하는 여호와임이라(출 15:26)"

그런데 말라기 4장 2절의 말씀에는 우리가 주목해야 할 내용이 있습니다. 이 태양은 '공의로운 태양'이라고 말씀하고 있다는 사실입니다. 그리고 그 '공의로운 태양'은 '내 이름을 경외하는 너희에게 비추는 태양'이라고 말씀하고 있습니다. 일반적으로 태양빛은 이 땅의 모든 사람에게 공평하게 빛을 비추어줍니다. "이같이 한즉 하늘에 계신 너희 아버지의 아들이 되리니 이는 하나님이 그 해를 악인과 선인에게 비추시며 비를 의로운 자와 불의한 자에게 내려주심이라(마 5:45)" 그러나 '공의로운 태양'은 '내(여호와) 이름을 경외하는 너희에게' 비추신다고 말씀합니다. 여호와를 경외하는 이에게 비추시는 공의로운 태양은 누구를 말씀하시는 것일까요? 바로 예수 그리스도이십니다. 사도요한은 요한복음 1장에서 빛이 예수님이심을 분명히 말씀하였습니다. "그 안에 생명이 있었으니 이 생명은 사람들의 빛이라 빛이 어둠에 비치되 어둠이 깨닫지 못하더라(요 1:4-5)", "참 빛 곧 세상에 와서 각 사람에게 비추는 빛이 있었나니 그가 세상에 계셨으며 세상은 그로 말미암아 지은 바 되었으되 세상이 그를 알지 못하였고 자기 땅에 오매 자기 백성이 영접하지 아니하였으나 영접하는 자 곧 그 이름을 믿는 자들에게는 하나님의 자녀가 되는 권세를 주셨으니 이는 혈통으로나 육정으로나 사람의 뜻으로 나지 아니하고 오직 하나님께로부터 난 자들이니라(요 1:9-13)"

예수 그리스도는 하나님을 경외하는 자에게 공의로운 태양이십니다. 그 태양이신 예수 그리스도는 치료하는 광선을 비추십니다. 그리고 그 광선으로 치유된 사람은 외양간에서 나온 송아지 같이 뜁니다. 송아지는 외양간이 답답합니다. 외양간 안에서는 자유롭지 못합니다. 그러나 외양간을 뛰쳐나오면 자유롭게 뜁니다. 예수님께서 주시는 치료는 '자유'의 치료입니다. 예수님께서는 진리이십니다. "예수께서 이르시되 내가 곧 길이요 진리요 생명이니 나로 말미암지 않고는 아버지께로 올 자가 없느니라(요 14:6)" 진리이신 예수님께서 참 자유를 주십니다. "진리를 알지니 진리가 너희를 자유롭게 하리라(요 8:32)"

질병은 묶이는 것입니다. 질병에 걸리면 자유하지 못합니다. 혈루증을 앓았던 여인은 12년 동안 혈루증이라는 질병에 묶여 있었습니다. 베데스다 연못가에서 일어서지 못하던 사람은 38년 동안 질병에 묶여 있었습니다. 성전 미문에서 구걸하던 사람은 나면서 못 걷게 된 사람입니다. 그의 나이가 사십여 세가 되었다고 했으니 그는 사십여 년 동안 질병에 묶여있었던 것입니다.

그런데 예수 그리스도께서는 자유케 하시는 분이십니다. "주 여호와의 영이 내게 내리셨으니 이는 여호와께서 내게 기름을 부으사 가난한 자에게 아름다운 소식을 전하게 하려 하심이라 나를 보내사 마음이 상한 자를 고치며 포로된 자에게 자유를, 갇힌 자에게 놓임을 선포하며 여호와의 은혜의 해와 우리 하나님의 보복의 날을 선포하여 모든 슬픈 자를 위로하되 무릇 시온에서 슬퍼하는 자에게 화관을 주어 그 재를 대신하며 기쁨의 기름으로 그 슬픔을 대신하며 찬송의 옷으로 그 근심을 대신하시고 그들이 의의 나무 곧 여호와께서 심으신 그 영광을 나타낼 자라 일컬음을 받게 하려 하심이라(사 61:1-3)"

우리의 질병은 단순히 육체의 질병 뿐 만이 아닙니다. 마음의 상함도 있습니다. 중독의 포로도 있습니다. 장애의 갇힘도 있습니다. 예수 그리스도께서는 그 모든 질병에서 자유케 하십니다. 외양간에서 나온 송아지는 치료받은 모습을 비유합니다. 송아지가 그 외양간에서 나오면 기뻐뛰는 것처럼, 질병에서 자유케 되면 기뻐 뛰게 됩니다. 성전 미문에서 구걸하던 못 걷던 사람은 예수 그리스도의 이름으로 치유를 받았습니다. 그러자 뛰며 기뻐하고 찬양했습니다. "베드로가 이르되 은과 금은 내게 없거니와 내게 있는 이것을 네게 주노니 나사렛 예수 그리스도의 이름으로 일어나 걸으라 하고 오른손을 잡아 일으키니 발과 발목이 곧 힘을 얻고 뛰어 서서 걸으며 그들과 함께 성전으로 들어가면서 걷기도 하고 뛰기도 하며 하나님을 찬송하니(행 3:6-8)"

저는 29살이던 1999년 12월 21일에 강원도 동해시에 위치한 동신교회에 전도사로서 첫 담임목회를 시작했습니다. 개척된 지 4년

된 교회로 20명 채 모이지 않는 교회였습니다. 아무리 전도를 해도 "산의 아들이래요"라고 하면서 자기는 산을 섬긴다고 하면서 복음을 거절하였습니다. 예수님께서도 가난하고 소외된 사람들을 찾아가셨으니, 우리 교회도 그런 분들을 섬기며 전도하자고 마음을 바꾸었습니다. 교회의 몇 명 안 되는 여성도들을 모아서 '선한 사마리아인 선교회'라는 이름으로 전도팀을 조직했습니다. 그리고 지역의 가난하고 병든 이들을 찾아 섬기기로 하였습니다. 교회 길 건너편에 김진선 할아버지, 백만례 할머니 부부께서 살고 계셨습니다. 백만례 할머니께서는 7년 전 중풍이 들어 일어나지도 못하셨고, 오른 팔이 말라 붙으셨고, 말도 하지 못하셨습니다. 처음 그 가정에 방문했을 때, 텔레비전 위에 불상이 하나 올려있었습니다. 우리는 교회에서 왔다고 인사를 드리고 그 가정을 섬겼습니다. 청소와 설거지, 반찬과 할머니의 욕창을 연고를 발라드렸습니다. 그렇게 석 달 정도 섬겼고, 그 사이에 저는 목사 안수를 받게 되었습니다. 하루는 그 가정에 방문하였는데 텔레비전 위에 불상이 슬그머니 치워져 있는 것이었습니다. 저는 그 순간 오늘이 전도할 날이 아닐까 생각이 들었습니다. 그래서 김진선 할아버지께 전도하였습니다. "할아버지 이제 예수님 믿으세요. 이 땅에서도 이렇게 고통 받으며 어렵게 사셨는데, 죽어서도 지옥가시면 얼마나 억울하세요. 그러니 예수님을 믿고 천국 가셔야 합니다." 그런데 그날따라 낮술을 드신 할아버지는 흔쾌히 "그래? 알았어. 예수 믿을게" 그러시는 겁니다. 저는 술기운에 하시는 말씀이라서 의심스러웠지만, 그래도 예수 믿겠다고 하시니 기뻤습니다. 그런데 이 할아버지께서 이런 말씀을 하시는 겁니다. "그런데 말이야? 예수 믿으면 예수가 병도 고쳐주시나?" 그러는 겁니다. 저는 "예. 물론이죠. 예수님께서는 수많은 병자를 고쳐주셨습니다."라고 당당히 대답했습니다. 그랬더니 "그럼 말이야. 지금 당장 우리 할멈 고쳐내봐. 그러면 예수 믿을게" 그러시는 겁니다. 그 순간 저는 앞이 캄캄해졌습니다. "7년 동안 중풍으로 누워계신 할머니를 지금 당장 어떻게 고친담." 제가 주눅이 든 모습을 본 할아버지는 삿대질을 하며 할머니를 고쳐보라고 하셨습니다. 둘러앉은 성도님들은 제가 어떻게 할지를 지켜보고만 있었습니다. 저는 너무나 당황스러워서 하나님께 기도했습니다. 어떻게 피할 길을 내 달라고 기도했습니다. 그런데 그때 제 가슴에서부터 뜨거움을 느끼기 시작했습니다. 그리고 그 뜨거움은 제 온 몸을 뜨겁게 했습니다. 성령의 불을 받은 것입니다. 그 순간 제 마음 안에서 믿음과 용기가 생기기 시작했습니다. 그래서 할머니에게 안수를 하고 기도를 했습니다. 사도행전 4장 29~30절 말씀을 의지하여 기도하였습니다. "주여 이제도 그들의 위협함을 굽어 보시옵고 또 종들로 하여금 담대히 하나님의 말씀을 전하게 하여 주시오며 손을 내밀어 병을 낫게 하시옵고 표적과 기사가 거룩한 종 예수의 이름으로 이루어지게 하옵소서 하더라(행 4:29~30)"

그리고 할머니 손을 잡고 예수 그리스도의 이름으로 마른 손이 펴질 것을 선포했습니다. 그러자 7년 동안 말라 오그라든 팔이 펴지기 시작했습니다. 그렇게 몇 번을 더 기도하고 선포하자 할머니의 손에서 땀이 나며 혈색이 돌기 시작했습니다. 할머니의 손이 완전히 펴진 것입니다. 저는 그 순간 할아버지를 바라보고 "보세요. 이제 예수 믿을 겁니까?"라고 외쳤습니다. 할아버지는 그 자리에서 예수님을 믿기로 결심했습니다. 할머니도 언어가 치유되지는 않았지만 그 자리에서 예수님을 믿겠다고 표시하셨습니다.

그 할머니는 그 다음 주일에 제 목사 안수 후 첫 세례자가 되셨습니다. 김진선 할아버지와 백만례 할머니께서는 제가 그 교회를 이임하던 4년 후까지 건강하게 살아계셨습니다. 물론 지금은 세월이 흘러 두 분 모두 세상을 떠나셨습니다.

저는 지금도 그 순간을 잊지 못합니다. 그리고 그 치유의 경험은 그 이후에도 수많은 질병의 치유를 경험하는 믿음의 원동력이 되었습니다. 지금도 살아 역사하시는 치료하시는 하나님을 찬양합니다. 할렐루야 아멘.

깨끗하게 되었더라

열왕기하 5장 1~19절

전주태평교회 김재곤 목사

　보통 한 사람에 대해서 평가를 할 때 많은 이력과 경력들이 따라 붙습니다. 본문에 소개되고 있는 이 나아만이라는 사람에게도 다양한 수식어들이 나열되고 있습니다. 이 사람은 어떤 사람인가요? 1절 말씀에서 이렇게 소개하고 있습니다. "아람 왕의 군대 장관 나아만은 그의 주인 앞에서 크고 존귀한 자니 이는 여호와께서 전에 그에게 아람을 구원하게 하셨음이라 그는 큰 용사이나 나병환자더라(1절)"

　나아만은 아람 나라의 군대 장관이었습니다. 아람 나라는 당시 요단강 북부에서부터 티그리스와 유프라테스 강까지 이르는 비교적 넓은 지역의 나라였고, 이 나라의 언어 아람어는 고대 근동 지역의 공용어로 사용되었습니다. 나아만은 이런 나라의 국방과 안보를 책임 맡은 중요한 인물이었습니다. 또한 그는 "주인 앞에서 크고 존귀한 자"였습니다. 여기 "주인"이라는 말은 아람 나라의 왕을 말합니다. 그러니까 나아만은 한 나라의 최고 통수권자인 왕의 신임과 총애를 한 몸에 받아 권력의 중심에 있던 인물이었습니다. 뿐만 아니라 나아만은 지난날 아람 나라의 국운이 위태로웠을 때 목숨을 걸고 나라를 위기에서 구하였던 구국 공신이기도 합니다. 그래서 사람들은 나아만을 "큰 용사"라고 불렀습니다. 그러나 1절에서 소개하는 나아만의 신상명세서는 그의 화려한 이력으로만 끝나지 않습니다. 지금까지 소개한 나아만의 화려한 인생의 이력을 한 순간에 뒤엎는 충격적인 한 가지의 사실을 밝히고 있습니다. "그는 큰 용사이나 나병환자더라 (1절 후반절)"

"나병환자더라" 바로 여기에 나아만의 인생이 얼마나 고통스러울지 엿볼 수 있습니다. 그의 인생의 좌절과 절망의 아픔을 겪어야 하는 비극이 있습니다. 지금까지의 나아만은 성공한 인생이었습니다. 부와 명예와 권력을 한꺼번에 소유한 성공의 표상이었습니다. 그러나 그의 인생에 찾아온 나병이라는 이 엄청난 장애로 인해 지금 그의 전 존재가 무너지게 되었습니다. 나아만에게는 만나고 싶지 않은 문제였고, 피하고 싶은 상황이었지만 그것은 분명 그가 직면한 인생의 현실이었습니다.

나아만의 표면적인 삶은 충분히 행복해 보이는 삶이었습니다. 그러나 그의 내면적 삶은 살이 썩어 들어가는 나병으로 괴로웠습니다. 고독한 삶이었고 회한의 삶이었습니다. 실로 불쌍하며 불행한 인생이 아닐 수 없습니다. 그러나 어찌 이 안타까움과 비극이 나아만의 인생뿐이겠습니까?

오늘날 이 시대를 살고 있는 현대인의 모습은 또 하나의 나아만일 수 있습니다. 다른 사람이 볼 때는 분명 행복할 것 같은 인생인데 그 내면에는 누구에게도 말할 수 없는 아픔과 숨겨진 인생의 문제로 인해 괴로워하며 고통 받는 현대인들의 모습은 그 시대 나아만의 형편과 너무도 닮은 듯합니다. 혹시 이 나아만의 모습이 우리의 모습은 아닐까요?

성도님들의 가정을 심방하다보면 겉보기에는 문제도 부족함도 없어 보이고 행복해 보이지만 실상남에게 말 못할 고민과 고통에 힘겨워하며 살고 있는 것을 보게 됩니다. 그래서 우리는 불완전한 자요, 우리는 여전히 하나님의 은혜가 절대적으로 필요한 자들이라는 것을 다시 한 번 깨닫게 됩니다. 그런데 어느 날 나아만은 자신의 인생의 문제를 완전히 해결할 수 있는, 이 나병을 고침 받을 수 있다는 희망적인 소리를 듣게 됩니다. "전에 아람 사람이 떼를 지어 나가서 이스라엘 땅에서 어린 소녀 하나를 사로잡으매 그가 나아만의 아내에게 수종들더니 그의 여주인에게 이르되 우리 주인이 사마리아에 계신 선지자 앞에 계셨으면 좋겠나이다 그가 그 나병을 고치리이다 하는지라(2,3절)"

이 소식은 나아만에게 복음이었습니다. 자신의 문제를 해결함 받을 수 있는 기쁨의 소식이었습니다. 이것은 분명 나아만의 인생에 찾아온 기회였습니다. 자신의 인생을 새롭게 할 수 있는 절호의 찬스이며, 인생의 전환점이 될 수 있는 기회였습니다. 그래서 나아만은 머뭇거리지 않았습니다. 곧 왕에게 보고를 드리고 허락을 받아 사마리아에 있는 하나님의 사람 선지자 엘리사를 찾아갑니다.

그러나 사마리아의 선지자를 찾아간다는 것이 말처럼 쉽지는 않았습니다. 자존심 때문이었습니다. 한 번 생각해 보십시오. 지금 나아만에게 이 소식을 전해준 사람의 신분이 무엇입니까? 자신의 집에서 수종을 들던 하찮은 어린 소녀입니다. 그것도 사마리아에서 잡아온 계집종이었습니다. 한 나라의 군대장관이 어린여자아이의 말을 듣는다는 것이 말처럼 쉽지는 않습니다. 또한 사마리아는 자신의 나라 아람나라에 비해 턱없이 약한 나라였습니다. 그리고 자신은 지금 아람나라의 최고의 실세 군대 장관 신분이었습니다. 그리고 자신이 나병환자라는 사실이 자칫 이 일로 인해 모든 사람들에게 소문이 날 수도 있고, 다른 나라에까지 알려져 오히려 국가적인 수치가 될 수도 있는 상황이었습니다. 자존심이 무너지는 일이었습니다. 그러나 나아만은 사마리아로 갔습니다.

우리는 여기서 자신의 문제를 해결하고 싶은 나아만의 열망과 사모하는 마음을 볼 수 있습니다. 그는 하찮은 어린 소녀의 말이었지만 그 말을 듣고 왕에게 고하였습니다. 그리고 왕의 문서를 얻어 가슴에 품고 치료의 값을 지불하기 위해 금과 은을 가지고 말과 병거를 대동하여 머나먼 길을 떠났습니다.

사랑하는 여러분, 하나님의 은혜는 사모함에 있습니다. 하나님의 은혜를 경험하는 것에는 자신의 체면도, 자존심도 문제가 되지 않습니다. 남들의 이목이 중요한 것이 아닙니다. 오직 하나님의 은혜에 대한 간절한 사모함이 절대적으로 필요합니다. 저는 하나님의 은혜를 사모함이 여러분과 가정에 있기를 소원합니다. 여러분 자신의 인생의 문제를 해결함 받으려고 하는 사모함이 있기를 원합니다. 마음속에 숨겨 두지만 말고 하나님 앞에 겸손히 내려놓고 해결 받기를 원합니다.

결국, 나아만의 결과가 어떻게 되었습니까? "나아만이 이에 내려가서 하나님의 사람의 말대로 요단강에 일곱 번 몸을 잠그니 그의 살이 어린 아이의 살 같이 회복되어 깨끗하게 되었더라(14절)" 나아만의 나병이 깨끗이 치료함을 받았습니다. 신유(神癒)의 은혜를 체험하게 되었습니다. 그렇다면 구체적으로 나아만이 하나님을 만남으로 어떤 신유(神癒)의 은혜를 체험하게 되었습니까?

첫째, 신유(神癒)를 통해 병든 육신에서 바른 육신으로 회복되었습니다.

나아만의 나병은 완전히 치료되었습니다. 병들었던 육신이 고침 받았습니다. 어린아이의 살 같이 깨끗하게 되었습니다. 비정상적이던 인생의 문제가 정상으로 돌아오게 된 것입니다. 나아만의 인생을 고통 가운데 빠뜨렸던 인생의 먹구름이 완전히 해결이 된 것입니다. 그의 인생의 절망과 좌절의 먹구름이 이제 말끔히 걷어지게 되었습니다.

둘째, 신유(神癒)를 통해 병든 영성에서 바른 영성으로 회복되었

습니다.

"나아만이 모든 군대와 함께 하나님의 사람에게로 도로 와서 그의 앞에 서서 이르되 내가 이제 이스라엘 외에는 온 천하에 신이 없는 줄을 아나이다 청컨대 당신의 종에게서 예물을 받으소서 하니(15절)" "내가 이제 이스라엘 외에는 온 천하에 신이 없는 줄 아나이다." 이 얼마나 놀라운 신앙고백입니까? 나아만은 육신의 문제만 해결함을 얻은 것이 아니라 그의 영적인 문제까지 해결함을 얻게 되었습니다. 비록 나아만이 육신의 문제로 접근을 했지만 육신의 문제 해결과 함께 그보다 더욱 중요한 전능하신 하나님을 깨닫게 된 것입니다.

셋째, 신유(神癒)를 통해 병든 헌신에서 바른 헌신으로 회복되었습니다.

"나아만이 이르되 그러면 청하건대 노새 두 마리에 실을 흙을 당신의 종에게 주소서 이제부터는 종이 번제물과 다른 희생제사를 여호와 외 다른 신에게는 드리지 아니하고 다만 여호와께 드리겠나이다(17절)" "여호와께 드리겠나이다" 다른 신에게는 드리지 않겠다는 결단입니다. 이것이 헌신입니다. 오직 하나님께만 드리는 것, 이것이 바로 우리가 고백하고 회복되어야 할 아름다운 헌신입니다. 우리는 너무도 많은 것들을 하나님이 아닌 다른 신들에게 빼앗기고 있습니다. 우리의 육신이라는 신, 권력이라는 신, 명예라는 신, 사치와 향락이라는 신, 수없이 많은 세상의 신들에게 빼앗기고 있습니다. 하나님을 향한 아름다운 헌신이 새롭게 회복되시기를 바랍니다.

넷째, 신유(神癒)를 통해 병든 신앙에서 바른 신앙으로 회복되었습니다.

"오직 한 가지 일이 있사오니 여호와께서 당신의 종을 용서하시기를 원하나이다 곧 내 주인께서 림몬의 신당에 들어가 거기서 경배하며 그가 내 손을 의지하시매 내가 림몬의 신당에서 몸을 굽힐 때에 여호와께서 이 일에 대하여 당신의 종을 용서하시기를 원하나이다 하니(18절)"

여기 림몬은 아람의 국가 신으로서 폭풍과 전쟁의 신입니다. 나아만은 지난날 자신이 이방신을 숭배한 잘못에 대해서 진심으로 회개하고 있습니다. 잘못을 범하면서도 잘못인 줄 알지 못했는데 이제는 그것을 깨달은 것입니다. 하나님께 용서하심의 은총을 구하고 있는 것입니다. 이것은 실로 놀라운 신유(神癒)의 은혜가 아닐 수 없습니다.

결국 하나님을 만남으로 나아만은 이런 신유(神癒)의 은혜를 체험하게 되었습니다. 병들었던 육신뿐만 아니라 전인적(全人的)인 신유(神癒)를 경험하게 되었습니다. 그런데 우리가 오늘 본문 말씀을 통해서 간과하지 말아야 할, 반드시 기억해야 할 메시지가 한 가지 있습니다. 그것은 어떻게 나아만이 자신의 질병인 나병에서 고침을 받고, 그를 무겁게 누르던 인생의 장애를 넘어서는 신유(神癒)의 은혜를 어떻게 경험했느냐 하는 것입니다. 우리는 그 실마리를 나아만의 중요한 한 가지의 실수에서 찾아볼 수 있습니다. 나아만이 사마리아의 선지자를 찾았습니다. 그때 선지자는 얼굴도 내밀지 않고 종을 통하여 요단강에 일곱 번 목욕을 하라고 합니다. 그것도 멀리 아람 나라에서, 보통 사람도 아닌 군대 장관이 왔는데 이렇게 대할 수가 있습니까? 그래서 나아만이 분을 토합니다. 11절을 보십시오.

"나아만이 노하여 물러가며 이르되 내 생각에는 그가 내게로 나아서서 그의 하나님 여호와의 이름을 부르고 그의 손을 그 부위 위에 흔들어 나병을 고칠까 하였도다(11절)" 이것이 나아만의 실수입니다. 왜 나아만이 분을 내고 있습니까? 나아만이 병을 고치러 올 때 자기의 생각과 선지자의 처방이 너무도 달랐기 때문입니다. 그럼 나아만의 생각은 어떤 생각이었나요? 사람에 대한 기대였습니다. 자신의 병은 선지자의 어떤 치료 행위를 통해 가능할 것으로 믿고 있었습니다. 그래서 나아만은 자신의 생각과 같지 않다는 것 때문에 분을 내어 돌아가려고 했습니다. 그러나 만일 나아만이 그 자리에서 분을 내어 돌아갔더라면 그의 인생의 문제는 해결 받지 못했을 것입니다.

여러분! 신유(神癒)는 사람의 능력에 의해서 능력이 나타나는 것이 아닙니다. 사람의 능력이 아니라 하나님의 뜻과 은혜로 고침 받는 것입니다. 나아만이 엘리사에게 나아갈 때, 엘리사는 만나 주지도 않고 다만 요단강으로 가서 일곱 번 몸을 담그라고만 하였습니다. 또 나아만의 나병을 고치는데 엘리사는 아무것도 바르지 않고 환부에 손을 얹고 기도해 주지도 않았습니다. 그리고 나병을 고침 받은 후 나아만이 고백한 내용은 자신의 병을 고쳐주신 분은 이스라엘의 하나님이라는 점을 분명히 밝히고 있습니다(15절). 이를 통해 나아만 장군의 신유(神癒) 사건이 보여주는 중요한 메시지는 병 고침이 전적인 하나님의 역사이며 하나님의 은혜로 일어나는 것이라는 겁니다. 그리고 우리가 할 일은 그저 하나님께서 고쳐 주실 것을 믿고 말씀에 순종하며 나아가는 것뿐입니다. 우리가 아무리 굳게 믿고 나아가도 하나님이 고치시지 않으면 고침 받을 수 없습니다. 그러기에 우리는 항상 하나님의 은총을 구하며 나아가야 합니다. 하나님께서 치료해 주실 것을 기대하며 기도해야 합니다.

신유(神癒)는 신유(信癒)도 치유(治癒)도 아닙니다. 오늘 성경에서 치유사건은 치유 사역을 행하는 엘리사의 능력이 아닙니다. 그의 치유 사역은 하나님이 필요한 때에 그를 통하여 일하신 것뿐입니다. 능력이 자신의 것이 아니기 때문에 고칠 수도 있고 고치지 못할 수도 있습니다. 이는 신유(神癒)가 인간의 능력이 아니라 하나님의 은혜로 주어지는 것임을 의미합니다. 엘리사나 나아만의 신앙이 신유(神癒)의 사건을 일으키는 직접적인 원인이 될 수 없습니다. 이런 것들은 신유(神癒)의 은혜를 얻는데 간접적 혹은 이차적 원인은 될 수 있으나 직접적 혹은 일차적 원인은 언제나 하나님의 뜻과 은혜입니다. 그러므로 기독교에서 신유(神癒)는 필요한 때에 하나님이 사람을 통하여 일하시는 사건이지 결코 인간 자신의 능력이 아닙니다. 그래서 우리 성결교회에서는 하나님께서 고쳐주신다는 뜻에서 信癒가 아닌 神癒로 쓰고 있습니다. 영어로도 Faith healing이 아니라 divine healing으로 쓰고 있습니다. 그러므로 우리는 언제나 하나님의 강권적인 신유(神癒)의 은혜를 소망해야 합니다.

성결교회 헌법에 신유(神癒)는 "신자가 하나님의 보호로 항상 건강 중에 지내는 것과 또는 병들 때에 하나님께 기도함으로 나음을 얻는 것을 가리킴이니 이 은사는 우리 육신을 완전케 하는 복음이다."라고 정의하고 있습니다. 지금 건강하십니까? 그것도 신유의 은혜임을 알아 감사하시기 바랍니다. 또한 나아만의 모습, 곧 우리의 모습입니

다. 하나님의 은혜가 필요한 사람, 육신의 질병뿐 아니라 하나님의
전인적(全人的)인 신유(神癒)의 은혜가 필요한 사람! 바로 우리들입
니다. 나아만과 같이 하나님의 신유(神癒)의 은혜를 체험하는 복된
성도님들 되시기 바랍니다.

치유하시는 하나님

마가복음 16장 17~20절

서산교회 김형배 목사

예수님이 이 땅에 계실 때 세 가지 사역을 하셨습니다. 흔히들 삼중 사역(가르치고, 전파하고, 고치시는)이라고 합니다. 오늘 예수님을 따르는 우리들이 예수님의 사역을 본받는 것은 너무나 당연한 일입니다. 예수님께서 이 땅에 계시면서 삼중 사역의 본을 친히 보이셨고(마 9:35) 제자들을 부르시고 귀신을 쫓아내고 병든 자를 치료하는 권능을 주시면서(마 10:1) 거져 받았으니 거저 주라고 그 능력의 은혜를 위임하셨습니다(마 10:8). 그러므로 우리가 하나님의 말씀에 순종하여 병든 자를 고치고 약한 자들을 회복시키는 사역을 하는 것이야말로 성도의 바른 삶이라고 할 것입니다. 한국교회를 보면 가르치고 전파하는 사역은 어느 정도 이루어지고 있는데 특별히 부족한 사역이 바로 신유사역입니다.

교회에서 이 신유사역을 회복하는 것은 예수님의 삼중 사역을 온전히 회복하는 중요한 일이고 성결교회의 신유의 교리를 완성하는 중요한 계기가 될 것입니다. 신유의 사역을 회복하기 위해서는 먼저 치유하시는 하나님에 대한 믿음이 있어야합니다.

하나님은 치유의 하나님이십니다. 구약 성경에서는 이렇게 말씀하십니다. "이르시되 너희가 너희 하나님 나 여호와의 말을 들어 순종하고 내가 보기에 의를 행하며 내 계명에 귀를 기울이며 내 모든 규례를 지키면 내가 애굽 사람에게 내린 모든 질병 중 하나도 너희에게 내리지 아니하리니 나는 너희를 치료하는 여호와임이라(출 15:26)", "네 하나님 여호와를 섬기라 그리하면 여호와가 너희의 양식과 물에 복을 내리고 너희 중에서 병을 제하리니 26 네 나라에 낙태하는 자가 없고 임신하지 못하는 자가 없을 것이라 내가 너의 날 수를 채우리라(출 23:25)", "네가 복을 받음이 만민보다 훨씬 더하여 너희 중의 남녀와 너희의 짐승의 암수에 생육하지 못함이 없을 것이며 15여호와께서 또 모든 질병을 네게서 멀리 하사 너희가 아는 애굽의 악질에 걸리지 않게 하시고 너를 미워하는 모든 자에게 걸리게 하실 것이라(신 7:14)" 라고 말씀하십니다.

하나님은 치유를 주시지만(욥 1:10) 마귀는 질병과 고난과 환난을 줍니다. "그의 아내가 그에게 이르되 당신이 그래도 자기의 온전함을 굳게 지키느냐 하나님을 욕하고 죽으라. 그가 이르되 그대의 말이 한 어리석은 여자의 말 같도다. 우리가 하나님께 복을 받았은즉 화도 받지 아니하겠느냐 하고 이 모든 일에 욥이 입술로 범죄 하지 아니하니라(욥 2:9~10)" 욥은 알지 못했지만 하나님은 복을 주시지만 사단은 질병과 고난을 주는 것을 성경을 통하여 분명히 알 수 있습니다.

하나님께서는 왜 치유하시기를 원 하시고 어떻게 치료 하실까요? 블롬버그(C. L. Blomberg)는 예수님의 치유에 대하여 공관복음과 관련해서 다섯 가지를 의미를 이렇게 말씀합니다. 첫째, 예수님이 치유를 행하신 것은 믿음을 가르치시기 위해서다 즉 예수님은 어떤 사람이 믿음을 보이면 그를 치유해 주셨고(마 5:34,36) 믿음이 없으면 치유해 주지 않았습니다(마 13:38). 이것은 어떤 사람이 믿음이 있으면 치료해 주고 믿음이 없으면 치료해 주지 않았다는 것은 아닙니다. 어떤 때는 믿음을 불러일으키기 위하여 먼저 치료의 기적을 보이시기도 하셨습니다. 둘째, 예수님의 치유는 사람들을 불쌍히 여기심에서 발원한 것입니다(마 14:14, 20:34). 셋째, 예수님의 치유는 사회적 장벽을 무너뜨리는 것이었다. 예수님은 문둥병자를 만짐으로 치유하셨는데 그것은 유대인의 터부를 건드리는 것이었습니다(막 1:41). 또 예수님의 치유에는 인종이나 성별과 국적에 대한 차별을 보이지 않으셨습니다.

넷째, 예수님께서는 안식일에 치유의 기적을 행하심으로 이스라엘 백성들에게 율법의 근본 정신이 무엇인지를 깨닫게 하시기를 원하셨습니다. 다섯째, 예수님의 치유는 하나님 나라의 도래와 메시야의 징표로서 하나님나라의 도래의 징표였다고 말씀합니다. 우리도 치유사역을 통하여 믿음을 가르치고 사회적 장벽을 무너뜨리고 하나님나라가 지금 우리 가운데 임하시고 계심을 보여주어야 합니다. 그리고 잭 디어 박사는 "놀라운 성령의 능력"이라는 책에 '하나님께서는 왜 치유하는가에 대하여 이렇게 설명하고 있습니다. 하나님께서는 긍휼히 여기심과 자비로써 치유하십니다(마 14:13~14). 하나님께서는 자신과 그의 아들을 영화롭게 하시기 위해 치유하십니다(요 11:4, 40). 하나님께서는 믿음에 따라 치유하십니다(행14:8~10). 하나님은 그분 자신의 약속에 따라 치유하십니다(약5:14~16). 그러나 무엇보다 하나님 자신이 치유자이시기 때문에 우리를 치유하십니다. "나는 너희를 치료하는 여호와임이니라(출 15:26), 네 모든 병을 고치시며(시 103:3) 너희 중에 병을 제하리니.(출 23:25)"라고 말씀하십니다.

그리고 예수님의 지상사역 중 90%를 병든 자들을 치료하는 데 보내셨습니다. 그리고 우리에게도 이 치유할 수 있는 은사를 주시기를 원하십니다. 그래서 제자들에게 준 첫 번째 명령 또한 그들에게 권능을 주시며 병든 자를 고치며 죽은 자를 살리라는 것입니다(마 10:8). 또한 그것은 거저 받았으니 거저 주라(마 10:8)고 하셨습니다. 치료는 성경에서 강조하시는 하나님의 사역이셨고 예수님의 사역이셨고 우리들이 해야 할 사역입니다. 성경에 나타난 여러 가지 치유의 방법을 살펴보기를 원합니다.

첫째, 안수함으로 치료하셨습니다. 마가복음 5장에서 죽은 회당장의 딸을 일으킬 때 예수님께서는 손을 잡아서 일으키셨습니다. 믿는 이의 표적으로 '병든 사람에게 손을 얹은즉 나으리라'(막 16:18)

하셨고 사도행전 28장에서는 보블리오의 부친이 열병과 이질에 걸려 누웠을 때 바울이 들어가서 기도하고 그에게 안수하여 낫게 하였습니다. 누가복음 13장에는 18년 동안을 귀신들려 앓으며 꼬부라져 조금도 펴지 못하는 한 여자에게 예수님께서 보시고 불러 치유를 선포하시며 안수하시매 여자가 곧 펴고 하나님께 영광을 돌렸다라고 기록되었으며 사도행전 4장 30절에는 제자들이 손을 내밀어 병을 낫게 해 달라고 기도했던 것을 볼 수 있습니다.

둘째, 예수님은 명령의 말씀으로 고치셨습니다. "저가 그 말씀을 보내어 저희를 고치사 위경에서 건지시는도다(시 107:20)"하신 말씀처럼 말씀 자체이신 예수님의 명령은 곧 살아있는 하나님의 말씀으로 사람들이 병고의 위경에서 건져졌습니다. 누가복음 4장 39절에서는 예수님께서 열병을 꾸짖으신대 병이 떠나고 여자가 곧 일어나 저희에게 수종들었다고 말씀하고 있습니다. 예수님은 가볍게 만지거나 말씀으로써 병을 낫게 하셨고 대부분 명령으로 하셨습니다. 문둥병자에게 "깨끗해질지어다!", 중풍병자에게는 "일어나 들것을 들고 너의 집으로 가라!", 귀머거리에게는 귀를 향하여 "열리라!", 손 마른 환자에게는 "네 손을 뻗어라"고 말씀하셨습니다. 예수님께서 명령하셨을 때 그 즉시 그들은 고침을 받았습니다.

셋째, 제자들은 예수의 이름으로 명령함으로 고치셨습니다. 사도행전 3장 6절에는 베드로가 "은과 금은 내게 없거니와 내게 있는 것으로 네게 주노니 곧 나사렛 예수 그리스도의 이름으로 걸으라" 하였더니 앉은뱅이가 일어났습니다. 병든 자를 위해서 꼭 긴 기도를 할 필요는 없습니다. 우리가 그 기도하되 믿음을 가질 때는 이미 명령의 말은 효력을 가지고 있습니다. 예수님의 이름에는 능력이 있습니다. 하늘과 땅과 땅 아래의 모든 권세가 예수님의 이름 앞에 무릎 꿇게 되어 있습니다(빌 2:10). "예수의 이름으로 나음을 입으라!"하는 것만으로도 치유가 될 수 있습니다.

넷째, 믿음의 기도로 역사합니다. 마가복음 11:22~24에서는 예수님께서 제자들에게 이렇게 말씀하셨습니다. "하나님을 믿으라 내가 진실로 너희에게 이르노니 누구든지 이 산더러 들리어 바다에 던지우라 하며 그 말하는 것이 이룰 줄 믿고 마음에 의심치 아니하면 그대로 되리라" 말씀하시고 마가복음 16장 16~18절에는 "믿고 세례를 받는 사람은 구원을 얻을 것이요 믿지 않는 사람은 정죄를 받으리라 믿는 자들에게는 이런 표적이 따르리니 곧 그들이 내 이름으로 귀신을 쫓아내며 새 방언을 말하며 뱀을 집어올리며 무슨 독을 마실지라도 해를 받지 아니하며 병든 사람에게 손을 얹은즉 나으리라 하시더라"라고 말씀하십니다. 우리가 치유에 대한 믿음을 가지고 있으면 하나님은 우리의 믿음을 사용하십니다.

다섯째, 기름을 바르는 것으로 치유합니다. 성경에는 기름을 바르는 것이 또한 하나님의 방법임을 보여줍니다. "많은 귀신을 쫓아내며 많은 병인에게 기름을 발라 고치더라(막 6:13)"라고 기록되었으며 야고보는 주의 이름으로 기름을 바르고 기도하라고 명령하였습니다(약 5:14). 그밖에 바울의 경우는 그의 손수건이나 앞치마를 사용해서도 악귀가 떠나고 치유가 일어났고(행 19:11~12), 예수님의 경우는 그분의 옷에 손을 대는 경우에도 치료의 역사가 임하였습니다(막5:27~34). 열두 해 혈루 증 앓은 여인의 치유가 그렇습니다. 하나님께서는 오늘날도 병 고치는 은사를 통해, 믿음의 기도를 통해 수많은 사람들을 치료하십니다. 예수님은 어제나 오늘이나 영원토록 동일하십니다. 오늘도 구원을 이루시고 치유사역을 통하여 하나님 되심을 보여주시고 나타내시기를 원하십니다.

하나님께서 치유사역을 통하여 하시고자 하는 중요한 일은 무엇일까요? 마가복음에는 이렇게 증거하고 있습니다. "제자들이 나가 두루 전파할 새 주께서 함께 역사하사 그 따르는 표적으로 말씀을 확실히 증언하시니라고 말씀하십니다. 치유의 목적 중의 하나입니다(막 16:20)" 하나님은 지금도 따르는 표적을 통하여 하나님의 말씀을 확실히 증거 하기를 원하십니다.

예수님은 지상명령을 주실 때 이루실 약속도 주셨습니다. "그러므로 너희는 가서 모든 민족을 제자로 삼아 아버지와 아들과 성령의 이름으로 세례를 베풀고 내가 너희에게 분부한 모든 것을 가르쳐 지키게 하라 볼지어다 내가 세상 끝날까지 너희와 항상 함께 있으리라 하시니라(마 28:19~20)" 하나님은 우리에게 모든 족속에게 나아가서 복음을 증거 하라는 명령을 주시면서 동시에 복음을 증거 하는 자리에 함께 하시겠다고 약속해 주셨습니다. 하나님께서 함께 하시는 증거가 치유의 시역입니다. 우리는 치유사역을 통하여 하나님의 말씀을 확실히 증거 해야 합니다.

사랑하는 여러분! 예수님은 어제나 오늘이나 영원토록 동일하십니다. 치유사역을 통하여 하나님의 살아계심을 경험하시고, 하나님이 지금도 우리와 함께 하심을 경험하시기를 기도합니다. 우리는 이러한 신앙의 경험을 증거 함으로 하나님께 온전한 영광을 돌려야 합니

다. 신유의 사역을 통해 사중복음이 더욱 견고하게 세워지고, 신유
의 능력으로 승리하시기를 예수님의 이름으로 축복합니다.

신유를 약속하신 예수님

마가복음 16장 18절 하반절

한성교회 손상득 목사

하나님이 만드신 원래의 인간에게는 병이 없었습니다. 아담과 하와가 죄를 짓기 전 에덴동산에서의 그들의 삶은 건강한 삶이었습니다. 모든 식물이 오염되지 않았고 공기나 물이 건강했습니다. 하나님께서 창조하신 만물과 사람은 병이 없었습니다. 행복 그 자체였습니다. 하나님께서는 병 없는 세상과 인생을 디자인하셨습니다. 그러나 첫 사람 아담과 하와가 뱀의 유혹에 넘어가 하나님과의 약속을 어기는 죄를 지었으며 그 후 에덴동산에서 쫓겨나면서 병이 생겼습니다. 죄성을 가진 인간에게는 항상 병이 뒤따르고 있습니다. 이 세상이 사악해져 갈수록 병은 더 많아지고 있으며 그 병에 사람들이 시달리고 있습니다.

사람들을 그 병을 고치기 위해 의술을 발전시켜 왔으며 과학을 동원하여 병을 정복해 가는 노력을 하고 있습니다. 그러나 아무리 의술이 발전했다고 하더라도 고칠 수 없는 병이 있습니다. 의술이 있지만 의술을 의지할 수 없는 병이 많이 있습니다. 돈이 없어서 의술의 혜택을 볼 수 없는 이들도 많이 있습니다. 돈이 있어도 고칠 수 없는 병이 많이 있습니다. 이 세상 끝 날까지 병의 문제는 풀 수 없는 과제일 것 같습니다. 그러나 하나님께서는 인간의 욕심이 만들어낸 병, 그 병을 "고쳐 주시겠다"고 약속하셨습니다. 병이 생겼지만 세상의 혜택을 받을 수 없는 이들에게 희망이 생겼습니다. 하나님께서 고쳐 주시겠답니다. 우리는 그것을 '신유'라고 부릅니다. 신유의 은총을 기대합니다.

지금 이 세상은 병으로 아파하고 있습니다. 다행이 의술이 발달하고 대형병원이 많아지고 있어서 큰 도움이 되고 있습니다만 병은 가지고 장수하는 사람들이 늘어나고 있는 시대입니다. 병으로 시달리면서 오래 사는 것은 싫은 것이 사실입니다. 어떤 병이 생겨도 하나님의 능력으로 고침 받을 수 있다면 그 편이 나을 수 있습니다. 예전에는 사람들이 병을 모르고 죽었습니다. 알아도 고칠 수 없어서 죽었습니다. 지금은 미리 병을 찾아서 치료하려는 시대입니다.

의료체계가 발달하고 있습니다. 그래도 고칠 수 없는 병이 많습니다. 병에 걸리지 않으려고 노력합니다. 스트레스를 받지 않으려고 합니다. 스트레스 해소법을 가지고 있습니다. 운동을 합니다. 건강을 위한 음식을 섭취하려는 노력이 있습니다.

지금 이 시대는 병으로 인하여 삶의 질이 떨어집니다. 병으로 인한 고통이 죽음을 생각하게 합니다. 삶의 희망이 없어집니다. 일을 못하게 됩니다. 격리되어야 합니다. 죽음에 대한 공포가 생깁니다. 경제적이 손실이 많습니다. 주변 사람들도 함께 어려워집니다. 병이 없는 사람이 없습니다. 어머니 뱃속에 아이들도, 갓 태어난 아이들도, 태어나 자라고 있는 아이들도, 청소년, 다양한 세대에서 병이 발생하고 있습니다. 건강하지만 생기는 병이 있습니다. 그래서 건강해도 건강하다고 자신할 수가 없습니다. 인류역사의 과제입니다.

본문처럼 "손을 얹은즉 나으리라"는 말씀은 복음입니다. 안수하면 병이 낫는다는 것입니다. 육신적인 병이든지, 정신적인 병이든지, 영적인 병이든지 손을 얹어 예수님의 이름으로 안수기도를 하므로 병에서 해방되는 것입니다. 고통도 없는 후유증도 없는 최고의 방법입니다. 이 방법은 흉내 낼 수 없습니다. 기술로도 불가능합니다. 다만 믿음으로 가능합니다. 사람이 하는 것이 아니고 하나님이 하시는 것이기 때문입니다. 사람이 고치는 것이 아니라 하나님께서 고치시기 때문입니다. 그래서 신유는 하나님의 은혜요, 은총입니다.

저는 제 자신과 성도들을 위해 신유사역을 하고 있습니다. 제게 정신적인 스트레스, 육신적인 병, 영적인 병이 찾아 올 때 제 자신에게 안수하며 기도합니다. 성도들이 찾아와 신유를 위한 기도를 부탁할 때 주저하지 않고 손을 얹어 안수하며 기도합니다. 많이 나았다하면서 제게 신유의 능력이 있다고들 합니다. 신유의 복음을 믿기에 확신을 가지고 치유사역에 임하는 것입니다.

10년 전부터 저는 매일 아침과 저녁에 정기적으로 습관적으로 신유기도를 합니다. "손을 얹은즉 나으리라"는 말씀을 믿고 기도합니다. 믿음의 기도는 병든 자를 고칩니다. 예수님의 이름으로, 신유의 능력으로, 치료의 광선으로, 병을 이길 수 있습니다. 실제로 많은 성도들이 신유의 은혜를 믿음으로 병에서 나음을 경험하며 살아가고 있습니다.

제가 고1때 일입니다. 처음 나간 개척교회가 집 마당에서 땅을 빌려 천막을 치고 예배드렸는데 장마철에 비가 너무 많이 와서 예배당이 무너지는 일이 벌어졌습니다. 저는 학교에서 황급히 돌아와 천막을 다시 세우기 위해 작업을 했습니다. 그런데 톱이 엄지와 검지를 지나쳐 뼈가 드러날 정도로 살이 찢어졌습니다. 집에 가면 혼날 것 같고 그 당시는 병원도 흔하지 않았기 때문에 번득 한 가지 생각이 들었습니다. 말고의 귀를 붙여 주신 예수님의 신유 사건이었습니다. 그때부터 오른손으로 왼손을 움켜지고 한 시간 정도 상처 난 부분을 움켜쥐고 기도했습니다. '다 붙게 해 주세요' 그런데 기적이 일어났습니다. 깊은 상처가 아문 것입니다.

안수로 병을 고친다고 별명이 붙은 안우성 박사가 있습니다. 그는 2006년에 출간된 『안수로 병 고치는 내과의사』의 저자이기도 합니다, 서울대학교 의과대학 출신의 의학 박사로서, 부산 인제대학교 의과대학 병리학 교수를 역임했고, 미국으로 건너가 뉴욕주립대학병원과 세계적으로 유명한 뉴욕의 마운트 사이나이(Mount Sinai) 대학병원에서 병리학과 내과전문의 과정을 수료하고 현재는 LA 근교의

레이크우드에서 내과 전문의로 개업 중이며 Tri-City Regional Medical Center에서 내과 과장으로 근무하고 있습니다. 그런데 안우성 박사의 병원은 오후 5시까지만 환자들을 치료하고, 직원들이 퇴근하고 난 5시 이후부터는 기도원이 된다고 합니다. 병원을 찾아오는 분들에게 기도해 주는 것입니다. 어느 날 오후 6시에 62세의 대장암 말기 환자가 찾아왔습니다. 이 환자는 대한민국 해병대 중령 출신의 집사로 체격이 좋았는데, 대장암 수술을 받고 체중이 30kg이나 빠졌다고 했습니다. 그 후 암이 전이되어서 의학적으로는 이제는 수술로 불가능한 상태가 되었습니다. 그런데 안우성 박사에게 가면 기도도 해주고 못 고치는 병도 낫는다는 소문을 듣고 찾아온 것입니다. 안우성 박사는 그를 진찰하고 난 다음 이렇게 얘기를 했습니다.

"집사님, 제가 의술로는 더 이상 집사님을 치료할 수 있는 방법이 없습니다. 그 대신 다른 방법을 하나 알려 드리겠습니다. 집에 돌아가서 이사야서 53장 5절의 '그가 찔림은 우리의 허물 때문이요 그가 상함은 우리의 죄악 때문이라 그가 징계를 받으므로 우리는 평화를 누리고 그가 채찍에 맞으므로 우리는 나음을 받았도다'라는 말씀을 노트에 적길 바랍니다. 이것을 일만 번 적은 다음 저에게 가져오십시오."하고 말했습니다. 의사의 말에 놀란 그 집사가 "안 박사님, 무슨 숙제가 그렇게 많습니까?"라고 묻자, 안 박사님은 이렇게 대답했습니다. "구약성경에 나오는 나병에 걸린 나아만 장군을 보십시오. 나아만 장군은 엘리사 선지자로부터 요단강에서 일곱 번 몸을 담그면 나을 것이라는 말을 듣고 화가 나서 돌아가려고 했습니다. 그러나 하인의 간청을 듣고 선지자의 말에 순종하여 물에 들어갔다가 완전히 고침을 받지 않았습니까? 이처럼 말씀에 순종하면 하나님의 기적이 일어날 것입니다."

이 말을 듣고 그 집사는 말없이 집으로 돌아갔습니다. 그로부터 석 달이 지난 뒤 그 집사로부터 전화가 걸려 왔습니다. 안 박사는 한동안 소식이 없어서 죽었을지도 모른다고 걱정했는데 연락이 온 것입니다. 그 집사는 밝고 힘찬 목소리로 말했습니다. "박사님, 어제까지 이사야서 53장 5절 말씀을 1만 번 썼습니다. 그런데 오늘 내시경 검사를 했는데, 대장암이 행방불명됐습니다. 완전히 고침 받았습니다." 그 집사는 말씀을 쓸 때마다 "그가 채찍에 맞음으로 나는 나음을 입었습니다!라고 믿음으로 고백하면서 쓰고 고백하면서 쓰고 기도했더니 암이 떨어져 나가 버렸습니다."라고 간증했습니다.

베드로전서 2장 24절에서 '예수님이 채찍에 맞으심으로 우리가 나음을 입었다'고 했습니다. 이사야 53장 5절에서 '채찍에 맞음으로 우리가 나음을 입었다'고 하셨습니다. 마태복음 8장 17절을 보면, '예수님은 우리의 연약함을 담당하시고, 병을 짊어지셨다'고 했습니다. 예수님은 십자가를 지심으로 우리의 죄 뿐만 아니라, 우리의 질병을 짊어지셨습니다. 마태복음 4장 23절에 있는 것처럼, 가르치시고, 전파하실 뿐만 아니라, 병을 고쳐주셨습니다. 그렇기 때문에 우리는 질병이 있을 때, 의사에게 가는 것과 같이, 병을 가지고 있을 때, 예수님께 나아가야 하는 것입니다. 사도행전 4장 10절과 3장 16절을 보면 베드로는 예수님의 이름으로 이 사람이 건강하게 되었다고 말했습니다. 우리는 질병을 통해서 예수님을 만나게 되고, 질병이 있는 사람을 바라볼 때, 예수님의 마음을 품게 되는 것입니다. 그래서 야고보서 5장 16절에 있는 것처럼 병 낫기를 위해서 서로 기도하게 되는 것입니다.

교회는 성령의 능력으로 기름을 바르면서 서로 병 낫기를 위해서 기도해야 합니다. 이것이 중요한 교회의 사명인 것입니다. 우리가 예수님의 재림이 가까울수록 교회 안에서 병 낫게 하는 사역을 해야 합니다. 또한 예수님은 실로 우리의 질고를 짊어지신 만병의 의사로서 오늘도 육신의 질병으로 고생하시는 사람들을 치료해주시는 분이십니다. 예수님이 고치지 못하는 병이 없는데, 그분의 능력은 어제나 오늘이나 영원토록 동일하십니다. 예수님이 땅에 계실 때 많은 병자들이 와서 예수의 옷깃이라도 만지려고 했고 만진 사람은 누구나 고침을 받았습니다. 어제나 오늘이나 영원토록 동일하신 예수님은 지금도 병든 자들을 고쳐주십니다.

인간이 고칠 수 없는 육신의 병이라도 우리를 만드신 창조주에게 나가면 고침 받을 수 있듯이, 예수님은 우리의 어떤 질병이라도 고치실 수 있는 분입니다. 예수님의 거룩한 옷깃이 지금도 온 천하에 미치고 있습니다. 다만 예수님의 발 앞에 와서 믿음으로 그 능력을 받아들이기만 하면 됩니다. 당신도 하나님의 아들 예수를 믿고 그의 옷깃을 만지십시오. 그리하면 완전히 나음을 받을 것입니다.

사랑하는 여러분, 신유는 기도를 통해 일어납니다. 믿음의 기도는 신유의 은혜를 경험하는 열쇠입니다. "손을 얹은즉 나으리라"는 말씀을 믿음으로 기도해보십시오. 또한 병 낫기를 위해 기도 할 때, 죄가 있으면 반드시 회개해야 합니다. 또한 믿음으로 감사하며 하나님께 영광 돌리는 마음으로 기도해야 합니다. 그때 하나님께서는 기뻐하시며 병에서 우리를 해방시켜 주실 것입니다.

신유(神癒)의 은총

마태복음 8장 14~17절, 이사야 53장 5~6절

세한교회 주남석 목사

    신유란 하나님이 병을 고쳐주신다는 뜻입니다. 이런 신유는 우리 교단의 4중복음중에 하나로써 미국의 심프슨박사에 의해 사용 되었고, 카우만, 길보른에 의해 전해지게 되었습니다. 신유는 두 가지로 구분 됩니다. 일반 신유는 하나님의 보호로 연약한 몸을 가지고도 병들지 않게 건강하게 생활 하는 것이고, 또 하나는 특별 신유인데 하나님의 능력을 믿고 기도로 병 고침 받는 것을 말합니다.

    하나님은 인간의 심령문제만 해결해 주시는 것이 아니며 육신의 병도 치료하시는 하나님이십니다. 사람들은 속사람인 영혼이 있고 겉 사람인 육신이 있습니다. 그래서 하나님은 우리의 속사람인 영혼도 치료하시고, 겉 사람인 육신도 치료하시는 좋으신 하나님이십니다. 예수님은 이 땅에 계실 때 수많은 병자를 고치셨습니다. 공생애의 대부분이 병 고치는 사역이였습니다.

예수님께서 베드로 집에 들어가셔서 베드로 장모가 열병으로 앓아 누운 것을 보시고 그 손을 만지시니 열병이 깨끗이 떠나가고 수종을 들게 하였습니다. 그리고 사람들이 귀신 들린 자를 많이 데리고 오니 귀신들을 쫓아내시고 병든 자들을 다 고쳐주셨습니다(마 8:14~16). 예수님은 구약성경의 병고침 예언을 다 이루셨습니다. "그가 찔림은 우리의 허물 때문이요 그가 상함은 우리의 죄악 때문이라 그가 징계를 받으므로 우리는 평화를 누리고 그가 채찍에 맞으므로 우리는 나음을 받았도다 우리는 다 양 같아서 그릇 행하여 각기 제 길로 갔거늘 여호와께서는 우리 모두의 죄악을 그에게 담당시키셨도다(사 53:5~6)", "이르시되 너희가 너희 하나님 나 여호와의 말을 들어 순종하고 내가 보기에 의를 행하며 내 계명에 귀를 기울이며 내 모든 규례를 지키면 내가 애굽 사람에게 내린 모든 질병 중 하나도 너희에게 내리지 아니하리니 나는 너희를 치료하는 여호와임이라(출 15:26)"라고 하셨습니다. 예수님은 어제나 오늘이나 영원토록 동일하신 분이십니다(히13:8).

그러면 질병의 원인은 무엇이며 치료 받기 위해서는 어떻게 해야 될까요? 먼저 질병의 원인은 무엇인지 살펴보겠습니다. 첫째, 죄의 결과로 병이 옵니다. "네가 만일 네 하나님 여호와의 말씀을 순종하지 아니하여… 네가 성읍에서도 저주를 받으며 들에서도 저주를 받을 것이요… 네가 악을 행하여 그를 잊으므로… 여호와께서 폐병과 열병과 염증과 학질과 한재와 풍재와 썩는 재앙으로 너를 치시니리…(신 28:15~22)"라고 하셨습니다. 웃시야 왕이 범죄하여 나병환자가 되었습니다. 성경은 "웃시야 왕이 강성하여지매 그의 마음이 교만하여 악을 행하여 그의 하나님 여호와께 범죄하되 곧 여호와의 성전에 들어가서 향단에 분향하려 한지라 제사장 아사랴가 여호와의 용맹한 제사장 팔십 명을 데리고 그의 뒤를 따라 들어가서 웃시야 왕 곁에 서서 그에게 이르되 웃시야여 여호와께 분향하는 일은 왕이 할 바가 아니요 오직 분향하기 위하여 구별함을 받은 아론의 자손 제사장들이 할 바니 성소에서 나가소서 왕이 범죄하였으니 하나님 여호와에게서 영광을 얻지 못하리이다 웃시야가 손으로 향로를 잡고 분향하려 하다가 화를 내니 그가 제사장에게 화를 낼 때에 여호와의 전 안 향단 곁 제사장들 앞에서 그의 이마에 나병이 생긴지라 대제사장 아사랴와 모든 제사장이 왕의 이마에 나병이 생겼음을 보고 성전에서 급히 쫓아내고 여호와께서 치시므로 왕도 속히 나가니라 웃시야 왕이 죽는 날까지 나병환자가 되었고 나병환자가 되매 여호와의 전에서 끊어져 별궁에 살았으므로 그의 아들 요담이 왕궁을 관리하며 백성을 다스렸더라(대하 26:16~21)"고 기록합니다.

한 중풍병자도 죄로 인해 병이 왔음을 볼 수 있습니다. 성경은 "예수께서 그들의 믿음을 보시고 중풍병자에게 이르시되 작은 자야 네 죄 사함을 받았느니라 하시니 어떤 서기관들이 거기 앉아서 마음에 생각하기를 이 사람이 어찌 이렇게 말하는가 신성 모독이로다 오직 하나님 한 분 외에는 누가 능히 죄를 사하겠느냐 그들이 속으로 이렇게 생각하는 줄을 예수께서 곧 중심에 아시고 이르시되 어찌하여 이것을 마음에 생각하느냐 중풍병자에게 네 죄 사함을 받았느니라 하는 말과 일어나 네 상을 가지고 걸어가라 하는 말 중에서 어느 것이 쉽겠느냐 그러나 인자가 땅에서 죄를 사하는 권세가 있는 줄을 너희로 알게 하려 하노라 하시고 중풍병자에게 말씀하시되 내가 네게 이르노니 일어나 네 상을 가지고 집으로 가라 하시니 그가 일어나 곧 상을 가지고 모든 사람 앞에서 나가거늘 그들이 다 놀라 하나님께 영광을 돌리며 이르되 우리가 이런 일을 도무지 보지 못하였다 하더라(막 2:5~12)"고 기록합니다.

둘째, 하나님의 섭리로 병이 옵니다. 욥의 경우를 보면 욥은 동방에 의인이었습니다. 하나님 앞에 범죄하지 아니했습니다. 그러므로 병중에 있는 내 이웃과 형제들을 무조건 죄와 연관시켜 비방해서는 안됩니다. 셋째, 부주의로 병이 옵니다. 즉 과식, 과로, 과음, 넘어짐 등으로 병이 옵니다. 넷째, 사단마귀의 역사로 병이 옵니다. 어떻게 보면 죄 짓는 것도 사단마귀가 역사하는 것입니다. 성경은 "예수께서 열두 제자를 불러 모으사 귀신을 제어하며 병을 고치는 능력과 권위를 주시고(눅 9:1)"라고 기록합니다. 귀신에게서 온 모든 병은 귀신을 내쫓아야 빨리 치료할 수 있습니다. 다섯째, 하나님께 영광 돌리기 위하여 오는 병도 있습니다. 성경은 "예수께서 길을 가실 때에 날 때부터 맹인 된 사람을 보신지라 제자들이 물어 이르되 랍비여 이 사람이 맹인으로 난 것이 누구의 죄로 인함이니이까 자기니이까 그의 부모니이까 예수께서 대답하시되 이 사람이나 그 부모의 죄로 인한 것이 아니라 그에게서 하나님이 하시는 일을 나타내고자 하심이라(요 9:1~3)"고 기록합니다.

그러면 질병을 치료 받기 위해서는 어떻게 해야 될까요? 첫째, 회개하며 기도해야 합니다. 성경은 "그러므로 너희 죄를 서로 고백하며 병이 낫기를 위하여 서로 기도하라 의인의 간구는 역사하는 힘이 큼이니라(약 5:16)", "여호와의 손이 짧아 구원하지 못하심도 아니요 귀가 둔하여 듣지 못하심도 아니라 오직 너희 죄악이 너희와 너희 하나님 사이를 갈라 놓았고 너희 죄가 그의 얼굴을 가리어서 너희에게서 듣지 않으시게 함이니라(사 59:1~2)"고 기록합니다. 우리가 병이 걸렸을 때 불평원망만 하지 말고 어디서 왜 왔는지 살펴보고 진심으로 회개해야 합니다. 하나님이 징계로 주신 병은 회개하면 곧 치료가 됩니다.

둘째, 믿음으로 기도해야 합니다. 본인의 믿음으로 치료역사가 일어납니다. 성경은 "열두 해를 혈루증으로 앓아 온 한 여자가 있어 많은 의사에게 많은 괴로움을 받았고 가진 것도 다 허비하였으되 아무 효험이 없고 도리어 더 중하여졌던 차에 예수의 소문을 듣고 무리 가운데 끼어 뒤로 와서 그의 옷에 손을 대니 이는 내가 그의 옷에만 손을 대어도 구원을 받으리라 생각함일러라 이에 그의 혈루 근원이 곧 마르매 병이 나은 줄을 몸에 깨달으니라 예수께서 그 능력이 자기에게서 나간 줄을 곧 스스로 아시고 무리 가운데서 돌이켜 말씀하시되 누가 내 옷에 손을 대었느냐 하시니 제자들이 여짜오되 무리가 에워싸 미는 것을 보시며 누가 내게 손을 대었느냐 물으시나이까 하되 예수께서 이 일 행한 여자를 보려고 둘러 보시니 여자가 자기에게 이루어진 일을 알고 두려워하여 떨며 와서 그 앞에 엎드려 모든 사실을 여쭈니 예수께서 이르시되 딸아 네 믿음이 너를 구원하였으니 평안히 가라 네 병에서 놓여 건강할지어다(막 5:25~34)", "예수께서 집에 들어가시매 맹인들이 그에게 나아오거늘 예수께서 이르시되 내가 능히 이 일 할 줄을 믿느냐 대답하되 주여 그러하오이다 하니 이에 예수께서 그들의 눈을 만지시며 이르시되 너희 믿음대로 되라 하시니 그 눈들이 밝아진지라 예수께서 엄히 경고하시되 삼가 아무에게도 알리지 말라 하셨으나(마 9:28~30)"라고 기록합니다.

타인의 믿음과 기도로도 역사하십니다. 성경은 "예수께서 가버나움에 들어가시니 한 백부장이 나아와 간구하여 이르되 주여 내 하인이 중풍병으로 집에 누워 몹시 괴로워하나이다 이르시되 내가 가서 고쳐 주리라 백부장이 대답하여 이르되 주여 내 집에 들어오심을 나는 감당하지 못하겠사오니 다만 말씀으로만 하옵소서 그러면 내 하인이 낫겠사옵나이다 나도 남의 수하에 있는 사람이요 내 아래에도 군사가 있으니 이더러 가라 하면 가고 저더러 오라 하면 오고 내 종더러 이것을 하라 하면 하나이다 예수께서 들으시고 놀랍게 여겨 따르는 자들에게 이르시되 내가 진실로 너희에게 이르노니 이스라엘 중 아무에게서도 이만한 믿음을 보지 못하였노라(마 8:5~10)", 또한 "예수께서 거기서 나가사 두로와 시돈 지방으로 들어가시니 가나안 여자 하나가 그 지경에서 나와서 소리 질러 이르되 주 다윗의 자손이여 나를 불쌍히 여기소서 내 딸이 흉악하게 귀신 들렸나이다 하되 예수는 한 말씀도 대답하지 아니하시니 제자들이 와서 청하여 말하되 그 여자가 우리 뒤에서 소리를 지르오니 그를 보내소서 예수께서 대답하여 이르시되 나는 이스라엘 집의 잃어버린 양 외에는 다른 데로 보내심을 받지 아니하였노라 하시니 여자가 와서 예수께 절하며 이르되 주여 저를 도우소서 대답하여 이르시되 자녀의 떡을 취하여 개들에게 던짐이 마땅하지 아니하니라 여자가 이르되 주여 옳소이다마는 개들도 제 주인의 상에서 떨어지는 부스러기를 먹나이다 하니 이에 예수께서 대답하여 이르시되 여자여 네 믿음이 크도다 네 소원대로 되리라 하시니 그 때로부터 그의 딸이 나으니라(마 15:21~28)"고 기록합니다.

셋째, 예수님의 이름으로 기도해야 합니다. 성경은 "내 이름으로 무엇이든지 내게 구하면 내가 행하리라(요 14:14)", "…내게 있는 이것을 네게 주노니 나사렛 예수 그리스도의 이름으로 일어나 걸으라 하고 오른손을 잡아 일으키니…(행 3:6~7)"라고 기록합니다.

넷째, 신유는 즉각적이며 점차적으로 치료 역사가 나타나게 됩니다. 성경은 "예수께서 예루살렘으로 가실 때에 사마리아와 갈릴리 사이로 지나가시다가 한 마을에 들어가시니 나병환자 열 명이 예수를 만나 멀리 서서 소리를 높여 이르되 예수 선생님이여 우리를 불쌍히 여기소서 하거늘 보시고 이르시되 가서 제사장들에게 너희 몸을 보이라 하셨더니 그들이 가다가 깨끗함을 받은지라 그 중의 한 사람이 자기가 나은 것을 보고 큰 소리로 하나님께 영광을 돌리며 돌아와 예수의 발 아래에 엎드리어 감사하니 그는 사마리아 사람이라 예수께서 대답하여 이르시되 열 사람이 다 깨끗함을 받지 아니하였느냐 그 아홉은 어디 있느냐 이 이방인 외에는 하나님께 영광을 돌리러 돌아온 자가 없느냐 하시고 그에게 이르시되 일어나 가라 네 믿음이 너를 구원하였느니라 하시더라(눅 17:11~19)"고 기록합니다. 존 레이크박사는 즉각 고침 받으면 다시 하나님을 배반할 가능성이 있기에 점차적으로 고침 받는 것으로서 믿음을 가지고 하나님과 동행하다가 고침 받는다고 했습니다.

다섯째, 안수기도로 치료 받습니다. 성경은 "믿는 자들에게는 이런 표적이 따르리니 곧 그들이 내 이름으로 귀신을 쫓아내며 새 방언을 말하며 뱀을 집어올리며 무슨 독을 마실지라도 해를 받지 아니하며 병든 사람에게 손을 얹은즉 나으리라 하시더라(막 16:17~18)"고 기록합니다.

여섯째, 의학을 통해 치료 받습니다. 성경은 "…이사야가 이르기를 한 뭉치 무화과를 가져다가 종처에 붙이면 왕이 나으리라 하였고(사 38:21)", "너희 중에 병든 자가 있느냐 그는 교회의 장로들을 청할 것이요 그들은 주의 이름으로 기름을 바르며 그를 위하여 기도할지니라(약 5:14)"고 기록합니다. 그러나 먼저 하나님께 기도해야 합니다. 왜냐하면 생사화복을 주관하시는 분이 하나님이시기 때문입니다.

사랑하는 여러분, 신유의 은혜를 간구함으로 자신과 이웃들이 병으로부터 고침 받고 예수님을 더욱 증거 할 수 있는 그리스도인이 되어야 합니다. 그래서 영과 육이 고침 받아 건강한 삶을 살며, 하나님께 영광을 돌리는 영혼구원의 사명을 감당할 수 있기를 기도합니다.

믿는 자들에게 따르는 표적

마가복음 16장 17~20절

동대전교회 허상봉 목사

주님이 세상에 다시 오실 때가지 교회는 땅 끝까지 복음을 전파하며 영혼을 구원하여야 합니다. 이를 위하여 하나님은 교회에 영적인 능력과 권세를 주셨습니다. 교회는 영혼을 구원하고, 상한 심령을 치유하며, 가난한 자를 부유케 하며, 병든 자를 치유하고, 사단의 권세를 쫓아내며, 하나님 나라의 복음을 땅 끝까지 전파하여야 합니다.

오늘날 수많은 사람들이 영적으로 사망권세에 눌려 있고, 심적으로 불안과 공포에 사로잡혀 있으며, 육체의 질병 가운데 신음하며 고통을 당하고 살고 있습니다. 이러한 사람들에게 교회는 예수님의 이름으로 하나님의 은혜를 선포하고, 사망과 죄의 권세 아래 고통당하고 있는 사람들에게 자유를 선포합니다.

교회는 세속적인 인간의 눈으로 볼 때는 종교단체 또는 신앙공동체로 보이지만 영적으로는 하나님나라의 표적입니다. 그러므로 교회는 예수님께서 이 세상에 계실 때, 마지막으로 분부하신 복음전파와 치유사역을 수행해야 합니다. 이를 위하여 하나님은 교회와 믿는 이들에게 따르는 표적을 주셨고, 주께서 함께 역사하사 그 따르는 표적으로 말씀을 확실히 증거 하십니다.

예수님은 이 세상에 계실 때 천국복음을 전파하시며, 많은 시간을 병자를 고치시는 일에 보내셨습니다. 예수님은 "아버지께서 일하시니, 나도 일 한다(요 5:17)"고 하시며, 병든 자 들을 긍휼히 여기시며 치료하여 주셨고, 귀신들린 자들을 고쳐주셨습니다. 이러한 예수님의 사역은 지난 이천 년 동안 나타났으며, 예수님께서 이 세상에 다시 오실 때까지 예수님의 이름으로 행하는 사역위에 성령의 능력으로 나타날 것입니다.

성경은 "너희 중에 병든 자가 있느냐? 예수님의 이름으로 기도하라(약 5:14~18)"고 말씀합니다. 기도는 초대교회 때부터 지금까지 교회의 치유사역에 필수적이며, 믿는 자들에게 따른 하나님의 표적을 경험하는 중요한 방법입니다. 성경은 믿음의 기도는 병든 자를 치유한다 말씀합니다. 병든 자가 있다면, 신유의 능력을 체험하고 삶의 변화를 경험하기를 바랍니다.

신약성경은 사단과 죄와 질병을 극복하는 교회의 권세를 알려줍니다. 성경에 대한 무지로 인해 하나님의 능력을 무시하지 말아야 합니다. 성령체험이 없기 때문에 하나님의 능력을 의심하지 말아야 합니다. 성경은 "믿는 자들에게는 이런 표적이 따르리니(막 16:17~18)"라고 말씀합니다.

질병에 대한 인간의 소망은 낫는 것이며, 예수님의 대처는 고치는 것입니다. 신약성경에서 예수님은 어떠한 장소에서, 어떤 병자들을 만났든지 병에서 낫기를 원하는 사람들을 만나면 그들의 병을 고쳐주셨습니다. 어떠한 병에 걸렸든지 병에서 낫기를 원하는 강렬한 열망을 갖고 예수님 앞에 나온 사람들의 병을 고쳐주셨습니다.

우리가 스스로 생각하기에 하나님의 인정을 받을 만한 행위와 믿음이 없어도 예수님께서 고쳐주실 수 있다는 믿음을 가진 사람들의 병을 고쳐주셨습니다. 믿음에는 공식이 없습니다. 하나님께서 말씀하신 약속을 믿기만 하면 됩니다. 성경은 "할 수 있거든이 무슨 말이냐? 믿는 자에게는 능치 못함이 없으리라(마 9:23)"라고 말씀합니다.

믿음의 부요한 자가 되십시오. 믿음의 능력을 경험할 수 있습니다. 그러나 우리가 가진 믿음보다 하나님은 더 크고 놀라운 이적과 기적을 행하십니다. 신약성경에는 기적이 믿음보다 먼저 일어났고, 기적으로 인하여 사람들의 마음에 예수님이 하나님의 아들이신 믿는 믿음을 갖게 한 기회가 많이 있습니다. 믿는 자들에게는 따르는 표적이 있습니다.

때때로 믿음으로 구한 기도가 응답되지 않고 치유되지 않았을 때, 스스로 믿음이 없다고 생각하지 마십시오. 그 때는 믿음이 없는 것이 아니라 소망이 없는 것입니다. 소망은 미래이고, 감추어져 있는 하나님의 약속입니다. 소망은 내일도 하나님의 것임을 믿으며 오늘 응답되지 않은 일들이 하나님의 계획 아래 진행 중임을 믿는 것입니다. 믿음과 함께 소망을 가지십시오. 믿음과 소망으로 하나님은 은혜를 지속적으로 갈망하며, 스스로 믿음이 없다는 이유로 하나님 앞에 가까이 나아올 수 있는 기회를 놓치지 마십시오.

한센병(문둥병)에 걸린 어느 사람이 예수께 와서 꿇어 엎드리어 "당신이 원하시면 저를 깨끗케 하실 수 있나이다" 하며 간구하였습니다. 예수님은 손을 내밀어 저에게 대시며 "내가 원하노니 깨끗함을 받으라" 하셨는데, 그 사람의 몸이 깨끗하여 졌습니다.

사람들이 한명의 중풍병자를 네 사람에게 메워가지고 예수님께로 데려왔습니다. 그곳에 사람들이 너무 많았기 때문에 예수님께 데려 갈수가 없어 지붕을 뜯어 구멍을 내고, 중풍병자가 누워있는 들것을 예수님 앞에 달아 내렸습니다.

예수님께서 저희의 믿음을 보시고 중풍병자에게 "소자야 네 죄사함을 받았느니라, 내가 네게 이르노니 일어나 네 상을 가지고 집으로 가라" 하시니, 들것에 누여있던 중풍병자가 일어나 들것을 가지고 모든 사람 앞에서 나갔습니다.

열두 해를 부인병으로 고생하던 여인이 어느 날 예수님의 옷자락만 만져도 병이 날 것 같은 믿음이 생겼습니다. 여인은 믿음대로 예수님 등 뒤로 다가가 예수님의 옷자락을 만졌습니다. 그 순간에 병이나았습니다. 예수님은 "누가 내 옷에 손을 대었느냐?" 물으시고, 옷에 손을 댄 여인에게 "딸아! 네 믿음이 너를 구원하였으니 평안히 가라, 네 병에서 놓여 건강 할지어다."라고 하셨습니다.

하나님의 능력과 권세를 행하시는 예수님은 한센병(문둥병)에 걸린 사람이 병에서 낫기를 원하는 것보다 더 빨리 낫기를 원하십니다. 중풍에 걸린 사람이 예수님 앞에서 회개하거나, 고쳐달라는 간구가 없었음에도 불구하고 먼저 죄사함을 선언하시고, 일어나 걷도록 고쳐주셨습니다. 열두 해를 부인병으로 고생하던 여인의 믿음대로 건강을 회복시켜 주셨습니다.

자신의 행위와 마음에 품고 있는 믿음의 용량을 믿기 보다는 전적으로 하나님의 은혜를 바라보십시오. 믿는 자들에게 따르는 표적을 주십니다. 예수님은 천국복음을 전파하시며 하나님 나라에 관한 교훈과 가르침만 주신 것이 아니라 하나님의 능력을 증명하셨습니다.

예수님의 생애에서 보여준 모든 이적은 구원의 능력의 확증입니다. 예수님은 어제나 오늘이나 영원토록 동일하십니다. 그러므로 예수님께서 과거에 행하신 기적을 믿는다면 예수님이 행하신 똑같은 기적이 오늘은 물론 미래에도 있습니다.

예수님은 "내가 진실로 진실로 너희에게 이르노니 나를 믿는 자는 나의 일을 저도 할 것이요 또한 이보다 큰 것도 하리니 이는 내가 아버지께 감이니라, 너희가 내 이름으로 무엇을 구하든지 내가 시행하리니 이는 아버지로 하여금 아들을 인하여 영광을 얻으시게 하려 함이라 내 이름으로 무엇을 구하든지 내게 구하면 내가 시행하리라"라고 말씀하십니다.

하나님은 예수님을 믿는 자들이 마지막 시대에 바르게 살기를 원하실 뿐 아니라 따르는 표적으로 말씀을 확실히 증거 하기를 원하십니다. 기적을 받아들이기만 하는 수동적인 신앙생활만 하지 말고 주님께서 함께 역사하셔서 나타나는 표적으로 증거 하는 능동적인 신앙생활을 행하십시오.

전도하는 방법에는 관계중심의 전도와 능력전도가 있습니다. 능력전도는 옛날이나 지금이나 변함없이 하나님께서 영혼을 구원하는 방법입니다. 하나님의 능력을 믿으십시오. 믿는 자들에게 따르는 표적을 증명하십시오. 예수님은 "믿는 자들에게 이런 표적이 따르리니 곧 저희가 내 이름으로 귀신을 쫓아내며 새 방언을 말하며 뱀을 집으며 무슨 독을 마실지라도 해를 받지 아니하며 병든 사람에게 손을 얹은즉 나으리라"라고 말씀합니다.

병자들에게 함부로 '이 병원으로 가라, 저 병원으로 가라', '약을 복용하라, 하지 말라' 할 수 없습니다. 그러나 병자를 위하여 예수님의 이름으로 기도할 수는 있습니다. 하나님의 능력으로 병자들이 치유되기를 소망하며 믿음의 기도를 할 수는 있습니다. 병자가 가정에 있든, 병원에 입원하여 있든, 어느 곳에 있든지 예수님의 이름으로 기도하십시오. 성경은 "예수님의 이름으로 기도하며, 병든 사람에게 손을 얹은즉 나으리라"라고 말씀합니다.

성숙한 신앙인으로 분별력 있고 지각 있는 행동이 필요하지만, 병든 사람에게 손을 얹고 믿음으로 기도하십시오. 예수님께서 믿는 자들이 병든 사람에게 손을 얹고 기도하면 고쳐주신다고 말씀하셨기 때문입니다. 순종한 이후의 결과는 하나님께서 행하실 일입니다. 성경은 "병든 사람에게 손을 얹은즉 나으리라"라고 말씀합니다.

항상 다리가 저리고 아파서 제대로 걷지를 못하는 중년의 여인이 있었습니다. 병원에 가서 X-Ray와 M.R.I 촬영을 한 결과 척추디

스크라는 판명이 났습니다. 수술을 하여야 한다는 의사의 말에 '수술을 할 것인가, 약물치료를 받으며 통증을 참을 것인가?' 고민하며 지내는 중에 기도받기를 청하였습니다. 저는 하나님의 능력을 의지하고 믿으며 그 여인의 등 뒤의 척추에 손을 얹고 예수님의 이름으로 기도하였더니 하나님께서 고쳐주셨습니다. 이후, 그 여인은 그 동안 열심히 다니던 사찰에 가서 주지스님에게 이제부터 교회에 다니겠다고 인사를 하고 개종하여 기독교인이 되었습니다.

"병든 사람에게 손을 얹은 즉 나으리라"하신 성경말씀이 그대로 성취되었습니다. "주께서 함께 역사하사 그 따르는 표적으로 말씀을 확실히 증거 하시니라"라고 말씀대로 이루어 진 것입니다. 제가 한 것이 아닙니다. 저는 성경의 말씀대로 순종한 것뿐인데, 하나님께서 권능으로 역사하셨습니다.

저도 10년 전 어깨의 통증으로 고통을 많이 당했습니다. X-Ray 촬영도 해보았습니다. 의사의 진단도 받았습니다. 목 디스크의 증세가 있다고 했습니다. 약물치료를 받든지, 수술을 하는 것이 좋겠다는 의사의 소견을 들었습니다. 그리고 집에 돌아와 '어떻게 할까?' 생각하는 중에 그동안 병으로 고통당하는 분들을 위하여 기도하였지만, 그 고통을 깊이 공유하지 못하였던 나를 발견하고, 병으로 고통을 당하는 분들을 생각하며 다시 기도하였습니다. 아내와 아이들이 저를 위하여 기도하였습니다. 저도 "병든 사람에게 손을 얹은 즉 나으리라"는 하나님의 약속의 말씀을 믿고, 제 어깨에 손을 얹고 기도했습니다. 하나님의 은혜로 통증이 사라졌습니다. 이후, 팔을 올리고 사용하는 데 불편이 없이 자유롭습니다.

예수님의 이름으로 기도하고, 하나님의 권능을 믿으십시오. 병든 자들에게 손을 얹었을 때에 의심하거나 두려워하지 마십시오. 믿는 자들이 병든 자에게 손을 얹었을 때에 병든 자의 신체에 하나님의 권능과 치유하시는 하나님의 은혜가 임할 것입니다.

하나님은 믿는 자들에게 예수님의 이름으로 귀신을 쫓아내고, 병 자들을 고치며, 하나님의 권능을 증명할 수 있는 권세를 주셨습니다. 복음의 능력을 증거 하도록 하셨습니다. 이제부터 예수님의 이름으로 하나님의 권능을 증거 하는 믿는 자들이 되십시오. 따르는 표적이 분명히 있습니다.

혹시 질병으로 고통 받는 사람이 있다면 함께 기도합시다. 그리고 다함께 주께서 함께 역사하실 것을 믿으며 예수님의 이름으로 기도 하십시다. 하나님께서 고쳐주실 것입니다.

병을 고쳐주시는 예수님

누가복음 4장 38~41절

동대전교회 허상봉 목사

　심방을 하다보면 질병과 장애로 고통 받는 성도들을 마주하게 됩니다. 그때마다 신유의 은혜에 대해서 다시 한번 생각하게 됩니다. 신유는 성도에게 필요한 하나님의 은혜입니다. 하나님은 사람들이 죄에서 구원받아 거룩한 삶을 사는 것만큼, 사람들이 이 세상을 사는 동안 건강하게 살기를 원하시기 때문입니다.

　구약성경에서는 하나님을 믿는 사람들이 병에 걸렸을 때에 낫기를 원하여 간절히 기도하면 고쳐주셨고 생명까지 연장해 주셨습니다.

그 은혜를 받은 대표적인 사람이 히스기야 왕입니다. 신약성경에서도 하나님은 예수님을 통하여 온갖 병자들의 병을 고쳐주셨고, 사도들을 통하여서도 병자들의 병을 고쳐주셨으며, 오늘날도 주의 종들을 통하여 성령으로 역사하며 폐병, 암, 관절염, 피부병, 위장병, 안면신경마비 등 많은 사람들의 병을 고쳐주십니다.

뿐만 아니라 마태, 마가, 누가, 요한복음을 읽어보면 예수님은 수많은 사람들의 병을 고쳐주셨습니다. 마음의 병은 물론 육체의 병도 고쳐주셨습니다. 불치의 병은 물론 지체장애인들의 장애를 고쳐주어 비장애인으로 정상인이 되게 하셨습니다. 중풍병자를 일으키셨습니다. 소경의 눈을 열어주셨습니다. 앉은뱅이를 일으키셨습니다. 귀머거리와 벙어리를 고쳐주셨습니다. 죽은 사람까지도 살려주셨습니다.

오늘 본문인 누가복음을 기록한 누가는 사도 바울의 선교 동역자입니다. 그는 의사로서 사도 바울과 함께 선교여행을 다녔으며, 사도 바울의 주치의 역할을 하기도 했습니다. 의사였던 누가는 선교하는 지역에서 의원을 열어놓고 사람들의 병을 고쳐주며 전도하지 않았습니다. 그는 바울의 선교 동역자로서 여러 지역에 다니면서 예수님이 죄인을 구원하러 이 세상에 오신 하나님의 아들이심을 증거했습니다. 그리고 예수님이 이 세상에 계시는 동안 가르치시고 행하셨던 일들을 전하는 복음전도자였습니다.

옛날이나 지금이나 의사가 되는 것은 쉽지 않습니다. 상식적으로 생각해 볼 때, 의사가 되려면 공부를 많이 해야 합니다. 그리고 신체적으로 건강하고, 인내와 끈기가 있어야 합니다. 또한 고비용의 학비가 뒷받침 되어야 합니다. 누가는 이러한 요건을 다 갖추고 의사가 되었을 것입니다. 그러나 누가는 예수님을 믿고 난 후 사람의 육체만 고치는 의사보다는 사람을 변화시키는 복음전도자로, 선교사로 일생을 헌신했습니다. 그리고 의사로서 사람들의 불치의 병을 고쳐주시는 예수님의 능력에 대하여 상세하게 기록하며 증거했습니다.

성결교회에서는 중생, 성결, 신유, 재림의 사중복음을 전도표제로 삼고 복음을 전하며 구령사업에 전념하면서 사람이 병들었을 때에 기도함으로 하나님의 권능을 힘입어 직접적으로 병이 낫는 신유의 능력을 강력하게 증거 합니다. 심프슨은 "신유는 하나님의 초자연적인 능력이 인간의 육체 속에 주입됨으로서 원기를 회복시키는 것이며, 육체의 연약한 부분을 하나님의 생명과 능력을 통해서 회복시키는 것"이라고 했습니다.

병은 사람들에게 고통과 두려움을 줍니다. 기쁨과 평안을 빼앗아 갑니다. 관계의 단절을 가져옵니다. 경제적인 손실을 가져옵니다. 가정의 질서와 평화를 깨뜨리고 가족들에게 부담을 줍니다. 그러므로 병에 걸리지 않고 사는 것은 소중한 복을 받은 것입니다. 건강한 신체를 가진 사람들은 하나님의 은혜인 줄 알고 항상 감사하여야 합니다. 사람이 세상을 살아가는 동안 병에 걸리지 않고 산다는 것은 하나님의 특별한 은혜입니다. 나이가 들어도 기력이 쇠하지 아니하고 눈이 흐리지 아니하며 온전한 정신으로 사는 것도 하나님의 특별한 은혜로 신유의 복을 받은 것입니다. 가나안 땅을 정복한 여호수아와 갈렙이 이러한 은혜를 받았습니다. 연세가 많으신 할아버지와 할머니들이 성경을 읽고, TV를 보고, 신문을 읽고, 원하는 곳을 마음껏 다닐 수 있다면 여호수아와 갈렙이 받은 건강의 복을 받은 분들이십니다. 이러한 분들은 날마다 하나님께 감사해야 합니다. 아울러 여러분에게도 이와 같은 은혜가 임하기를 주님의 이름으로 축복합니다.

저는 목회를 하면서 불치의 병을 걸린 사람이 기도만으로 병에서 나아 건강하게 되어 잘 살고 있는 사람도 보았고, 병원에서 잘 치료받고 건강을 되찾아 정상적인 사회활동을 하는 사람도 보았습니다. 그러나 어떠한 경우는 기도로 병을 고치겠다고 하면서 병원에 가지 않고 약물치료도 받지 않고 현대의학을 거부하다가 생명을 잃은 안타까운 경우도 보았습니다. 어떠한 경우에는 병을 고쳐야겠다는 다급한 마음으로 이 병원 저 병원을 다니면서도 기도는 하지 않고 사다 놓은 약 봉지만 수북하게 쌓아놓고 또 어느 병원에 가야하나 하며 한숨만 쉬는 분도 보았습니다. 그러므로 신유에 대한 올바른 이해를 가져야 합니다.

몸이 아프면 하나님께 낫게 해달라고 기도하고 병원에도 가십시오. 치료를 받으면서 낫게 해달라고 하나님께 기도하십시오. 현대의학은 하나님께서 사람의 치료를 위하여 예비하여 놓으신 은총입니다. 병들었을 때에 의술이나 의약의 도움을 받아 건강을 되찾는 것도 신유의 한 방편입니다. 의약이나 의술 역시 하나님께서 인간의 치료를 위해 예비하신 은총입니다. 따라서 의술이나 의약이 하나님께서 병든 사람을 고치기 위하여 주신 은혜의 선물로 믿고 감사함으로 받아들여야 합니다. 아플 때 병원에 간다고 믿음이 없는 것이 아닙니다. 아파도 병원에 안가고 오직 기도만 한다고 믿음이 좋은 것도 아닙니다. 믿음의 좋고 나쁨보다 믿음이 바른 것과 바르지 못한 것의 차이입니다. 믿음이 있고 없음은 하나님만이 아십니다.

이천년 전에 예수님께서 천국복음을 전파하러 여러 지역을 다니실 때에 유대사회는 구약시대의 전통과 문화와 유대교라는 종교의 영향을 많이 받았습니다. 그러므로 그 당시에는 병자들과 장애자들을 하나님으로부터 징벌을 받은 사람들로 생각하여 가까이 하지 않았을 뿐 아니라 편견을 갖고 경멸했습니다. 그러나 예수님은 병자들이나 장애자들을 불쌍하게 생각하며 가까이 했습니다. 그들을 사랑하며 고쳐주셨습니다.

예수님처럼 아픈 사람들을 따뜻한 마음으로 살펴주십시오. 장애인들을 배려하며 돌보아 주십시오. 어떻게 하면 그들이 건강하게 편안하게 살 수 있는가를 생각하며 사랑하십시오. 병에 걸려 생활의 자유를 잃은 사람과 장애로 인하여 생활에 불편을 겪는 사람들은 이미 마음이 아픈 사람들입니다. 그러므로 이들에게는 따뜻한 관심과 사랑이 필요합니다.

예수님은 시몬의 집에 오시기 전에 갈릴리의 가버나움 회당에서 사람들을 가르치셨습니다. 그곳에서 더러운 귀신들린 사람을 고쳐주셨습니다. 그리고 회당에서 안식일 예배를 마친 후 시몬이라는 베드로의 집에 가셨습니다. 그곳에는 중한 열병에 걸려 앓고 있는 시몬의 장모가 있었습니다. 신약성서 연구가 '바클레이'에 의하면, 시몬 베드로의 장모가 걸린 중한 열병은 학질을 옮기는 모기로 인하여 걸린 말라리아로 황달과 오한을 동반하는 아주 심한 고통을 주는 병이라고 합니다. 이를 지켜 본 사람들이 회당에서 더러운 귀신을 쫓아내신 예수님의 능력을 보았기에 예수님께 도움을 청하였습니다.

그 당시, 그 지역에도 병 고친다는 사람들이 많이 있었습니다. 의원도 있었습니다. 병을 고치기 위한 민간요법도 있었습니다. 탈무드에는 시몬의 장모가 고생했던 중병을 고치는 방법이 기록되어있는데, 쇠로 만든 칼을 아픈 사람의 머리털로 가시덤불에 매어 놓고, 첫째 날은 출애굽기 3장 2~3절, 둘째 날은 3장 4절, 셋째 날은 3장 5절을 읽고 나서 기도하면 그 열이 떨어진다고 하였습니다. 그런데, 시몬의 집에 있던 사람들은 시몬의 장모의 병을 고치기 위하여 의원을 부르지 아니하고, 민간요법이나 탈무드의 방식도 택하지 아니하고 예수님께서 고쳐주기를 바랐습니다. 이에 예수님은 말씀으로 고쳐주셨습니다. 뿐만 아니라 해 질 무렵에 사람들이 온갖 병자들을 데리고 왔을 때에는 일일이 병자들의 머리 위에 손을 얹으시고 고쳐주셨습니다. 이것은 병으로 고통을 당하는 사람들을 하나님이신 예수님께서 말씀과 능력의 손으로 고쳐주신 것을 보여주며, 병으로 고통을 받는 사람들에 대한 아픔을 동정하시는 하나님의 사랑과 성품을 친히 증명한 것입니다. 또한 원인은 알 수 없지만 질병으로 고통을 당하는 사람을 질병에서 해방시키시고 자유를 주시는 하나님의 능력을 증명한 것입니다.

　예수님은 죄인을 구원하러 사람으로 이 세상에 오신 하나님이십니다. 예수님은 사람들을 세상의 타락과 저주와 질병에서 구원하여 하나님의 사랑과 은혜 안에서 새 생활을 하도록 구세주이십니다. 예수님은 말씀으로 병을 고쳐주시고, '나았다'는 생각만으로도 고쳐주시고, 손을 대시고 고쳐주시는 사랑의 능력자입니다. 뿐만 아니라, 예수님의 옷에 손만 대어도 내 병이 나을 것이라는 12년 동안이나 병으로 고생을 했던 한 여인이 믿음으로 예수님 뒤에서 옷에 손을 댄 순간 병이 낫는 기적을 보여주신 하나님이십니다.

예수님은 가난한 자에게 복음을 전하고, 포로 된 자에게 자유를, 눈 먼 자에게 다시 보게 함을, 눌린 자를 자유롭게 하며 주의 은혜의 해를 전파하러 이 세상에 오신 하나님이십니다. 그러므로 그 분의 은혜 아래 거하고 능력을 믿으면 세상에서 볼 수 없었던 이적과 기적이 일어나고 그 가운데 병에서 고침을 받아 강건하게 살 수 있습니다.

하나님께서는 믿음의 그릇을 잘 준비하여 하나님의 말씀을 듣고 믿음의 능력을 힘입어 사는 성도들에게 병 고침의 은혜를 주십니다. 신유의 복음을 믿음으로 하나님의 은혜로 병에서 낫기를 간절히 사모하십시오.

오늘날 건강유지는 생활의 필수조건이 되었습니다. 그러다 보니, 건강유지를 도와주는 새로운 직업도 많이 생겼고, 건강을 유지하기 위한 사람들의 열심과 노력도 대단합니다. 건강유지를 위한 비용도 많이 지출합니다. 물론 육체의 건강을 유지하기 위한 노력도 하지만 자신의 영혼의 건강을 유지하기 위한 노력을 게을리 하지 말아야 합니다. 건강이란 관리하므로 유지될 수 있는 것도 있지만 하나님의 은혜로 유지되는 것도 있습니다. 병에 걸리지 않고 건강하게 살아가기 위하여, 피곤하고 연약한 육체가 힘을 얻어 날마다 강건하게 살기 위하여, 병든 몸이 건강을 되찾아 힘 있게 살아가기 위하여 주님의 도움을 바라보며 예수님의 이름으로 기도하십시오. 성경은 믿은 자들에게는 이런 표적이 따르리니 "무슨 독을 마실지라도 해를 받지 아니하며 병든 사람에게 손을 얹은즉 나으리라" 말씀함과 같이 믿음으로 사는 사람들의 건강과 생명을 지켜주십니다.

가족 중에 아픈 사람이 있으면 합심하여 병에서 낫기를 기도하십시오. 가족 중에 믿음이 좋은 사람이 아픈 사람의 몸에 손을 얹고 함께 기도하십시오. 이렇게 하는 것이 전문 의료인을 무시하는 것은 아닙니다. 다만 너무나 많은 기독교인 가정에서 병에 걸렸을 때에 약이나 병원을 최초로 의존하는 대상이 되는 것 뿐 아니라 유일한 의존 수단이 되어가기 때문입니다. 의약품이나 의료행위와 의술은 유일한 의존 수단은 아닙니다. 사람이 아플 때 찾게 되는 약이나 의술은 병을 고칠 수 있는 유일한 수단이 아니라 병행하는 수단입니다. 그래서 많은 크리스천 의사들이 또는 약사들이 하루의 삶을 시작하기 전에 겸손하게 하나님의 도움과 은혜를 바라보며 기도합니다. 특히, 원목실이 있는 종합병원에서는 큰 수술을 하기 전에 목사님을 모시고 의료진이 함께 기도하는 시간을 갖기도 합니다.

사랑하는 성도 여러분, 가족 중에 아픈 분이 계십니까? 이 자리에 계신 분 가운데 병에 걸려 아픈 분이 계십니까? 하나님께 건강을 회복시켜 달라고 요청하십시오. 신유의 은사를 받은 사람만이 병자를 위하여 기도할 수 있는 것은 아닙니다. 하나님을 믿는 사람이라면 누구든지 예수님의 이름으로 병 낫기를 위하여 기도할 수 있습니다. 오늘의 말씀을 보십시오. 시몬의 집에서도 사람들은 시몬의 장모의 병을 고쳐달라고 예수님께 요청했습니다. 해 질 무렵에는 사람들이 온갖 병자들을 데리고 예수님께 나아왔습니다. 하나님은 요청하는 사람에게 치유의 은혜를 베푸십니다. 신유의 복음을 주십니다. 이제부터 믿음을 가지십시오. 예수님은 "내가 진실로 진실로 너희에게 이르노니 나를 믿는 자는 내가 하는 일을 그도 할 것이요 또한 그보다 큰 일도 하리니 이는 내가 아버지께로 감이라, 너희가 내 이름으로 무엇을 구하든지 내가 행하리니 이는 아버지로 하여금 아들로 말미암아 영광을 받으시게 하려 함이라, 내 이름으로 무엇이든지 내게 구하면 내가 행하리라" 말씀합니다.

이제 우리 다함께 아픈 사람들이 병 낫기를 바라며 합심하여 기도하십시다. 아픈 사람들은 자신의 아픈 곳에 손을 대고 기도하십시오. 하나님께서 고쳐주십니다. 간절한 마음과 믿음으로 '주 예수님! 우리의 병든 몸을 고쳐주옵소서', '주 예수님! 우리 부모형제의 병든 몸을 고쳐주옵소서' 기도하십시오.

네 번째 설교

재림

Second Coming

지금은?

로마서 13장 11~14절

개봉교회 계성철 목사

당신은 지금이 어느 때라고 생각하십니까?

예수님 말씀하시기를 아침에 하늘이 붉고 흐리면 날이 궂겠다하고, 저녁노을 붉으면 날이 좋겠다고 하면서 너희가 날씨는 분별하면서 시대의 표적은 분별할 수 없느냐(마 16:2,3) 하셨습니다. 주님은 우리가 이 시대를 알고 이 시대를 대비할 줄 아는 슬기로운 자들이 되기를 바라십니다. 바울사도도 롬 12:2에서 너희는 이 세대의 풍조를 따라 살지 말고 마음을 새롭게 함으로 변화를 받아 아버지의 선하시고 기뻐하시고 온전하신 뜻이 무엇인지 분별하라고 하였습니다.

지금은 어느 때입니까? 세계적인 전도자 빌리 그래함은 "불타는 세계"란 책에서 오늘 이 시대는 욕정의 불, 증오와 탐욕의 불, 음란의 불등 온갖 불들로 전 세계를 휩쓸고 있는 이 시대에 불은 불로 잡을 수 없다고 하면서 곧 성령의 불로서만이 그 불을 끌 수 있다고 하였습니다.

롬 13:11에서 "또한 너희가 이 시기를 알거니와 자다가 깰 때가 벌써 되었으니 이는 이제 우리의 구원이 처음 믿을 때보다 가까웠음이라 밤이 깊고 낮이 가까웠으니 그러므로 우리가 어둠의 일을 벗고 빛의 갑옷을 입자 낮에와 같이 단정히 행하고 방탕하거나 술 취하지 말고 음란하거나 호색하지 말며 다투거나 시기하지 말고 오직 주 예수 그리스도로 옷 입고 정욕을 위하여 육신의 일을 도모하지 말라." 하였습니다. 빌 4:5에서 "주께서 가까우시니라." 약 5:8에 "주의 강림이 가까우니라." 계 1:3 "때가 가깝다." 계 22:7,12,20에 세 번이나 "속히 오리라"하셨습니다. 단 12:4에서는 "많은 사람이 빨리 왕래하고 지식이 더하리라"고 하였습니다.

지금 우리가 사는 이 시대가 어느 때인가를 밝히 알아 그에 대한 준비를 갖추고 살아야 할 것입니다.

1. 지금은 구원의 때입니다.(고후 6:2하)

"보라 지금은 구원의 날이로다."

롬 13:11에서도 구원이 처음 믿을 때보다 더 가까웠다고 하였습니다.

지금은 구원의 문제를 확실히 해두어야 할 때입니다. 그렇다면 구원이란 무엇으로부터의 구원입니까? 우리의 구원은 물에서의 구원도 아닙니다. 불에서의 구원도 아닙니다. 우리는 죄로부터의 구원입니다. 롬 3:10에서 "의인은 없나니 하나도 없으며, 깨닫는 자도 없으며 하나님을 찾는 자도 없고 다 치우쳐 함께 무익하게 되고 선을 행하는 자는 없나니 하나도 없도다."

우리는 다 치우쳐 죄인입니다. 죄 값은 사망이라고 하였듯이 우리는 다 멸망아래에 있게 되었습니다. 그러면 어떻게 해야 합니까? 행 4:21에서 "다른 이로써는 구원을 받을 수 없나니 천하사람 중에 구원을 받을만한 다른 이름을 우리에게 주신 일이 없음이라 하였더라."

하나님의 시간은 지금입니다. 차차나 나중에나 이 다음이 아니라 오늘 지금 이 시간입니다. 벨릭스 총독이나 아그립바 왕은 천국 문 앞에서 돌아서고만 사람들이었습니다.(행 24:25) 그러면 어떻게 구원을 얻을 수 있습니까? 바울과 실라가 빌립보 감옥에서 간수에게 전도하였는데 행 16:30에서 "내가 어떻게 하여야 구원을 받으리이까? 하거늘 이르되 주 예수를 믿으라 그리하면 너와 네 집이 구원을 받으리라" 간수가 자기와 온 가족이 다 주 예수를 믿어 구원 얻게 되고 큰 기쁨이 넘치게 됩니다.(행 16:34) 당신은 구원받았습니까? 나는 오늘밤 죽으면 내일 아침에 어디서 깨어나겠습니까? 확실하게 해둡시다.

2. 지금은 회개할 때입니다.(행 17:30)

"알지 못하던 시대에는 하나님이 간과하셨거니와 이제는 어디든지 사람에게 다 명하사 회개하라 하셨으니..." 멸망받기로 작정된 도시가 회개함으로 구원받은 도성이 있는데 곧 니느웨입니다. 요나서를 보면 니느웨 성의 죄악이 관영하여 40일후에 유황불을 쏟으실 계획이 하나님의 계획이었습니다. 그런데 요나의 전도를 듣고 왕으로부터 짐승까지 회개하고 죄에서 돌아서므로 하나님이 그 성을 멸하기로 작정하신 일을 포기하셨습니다.

하나님의 진노의 손을 막을 수 있는 것은 회개하고 죄에서 돌아섬입니다. 예수님 당시 실로암 망대가 무너져 18명이 죽었습니다. 예수님은 그들이 죄가 많아서가 아니라 너희도 회개하지 않으면 그와 같이 망하리라고 하셨습니다. 잠 28:13 "자기의 죄를 숨기는 자는 형통하지 못하나 죄를 자복하고 버리는 자는 불쌍히 여김을 받으리라" 시 32:1 "허물의 사함을 받고 자신의 죄가 가려진 자는 복이 있도다."

다윗은 죄 사함 얻은 자가 가장 복되다고 하였습니다. 하나님과 자신과의 사이에 죄가 가리워지니까 찬양도 막히고, 기도도 막히고, 영성도 막히고, 모든 것이 막히더라는 것입니다.(시 51:) 지금은 우리가 회개하여 죄 없이 함을 받아야 할 때입니다. 십자가 밑에 나아가 내짐을 풀어내려놓아야 합니다. 탕자의 비유에서 탕자처럼 우리가 처한 자리에서 나 자신을 발견하고 하나님과 아버지를 생각하고 죄를 깨달은 다음에 아버지께로 회개하고 돌아가는 것이 회개입니다. 기다리고 계시는 아버지 품으로 돌아가는 것입니다.

요일 1:9에서 "만일 우리가 우리 죄를 자백하면 그는 미쁘시고 의로우사 우리 죄를 사하시며 우리를 모든 불의에서 깨끗하게 하실 것이요" 우리가 우리 죄를 회개하면 사하시고 한 번도 죄를 짓지 아니한 사람처럼 깨끗케 해주십니다. 회개는 죄를 먼저 깨닫고 뉘우치고 떠나고 돌아오는 것입니다.

3. 자다가 깰 때입니다.(롬 13:11)

"또한 너희가 이 시기를 알거니와 자다가 깰 때가 벌써 되었으니…"

벧전 4:7 "만물의 마지막이 가까웠으니 그러므로 너희는 정신을 차리고 근신하여 기도하라"

지금은 밤이 깊은 때입니다. 밤에는 자연적 밤이 있고, 정치적 밤도 있고 경제적 밤도 있고 환란의 밤, 질병의 밤, 또 영적인 밤도 있습니다. 또 개인적인 밤도 있고 국가적인 밤도 있고 여러 가지 밤이 있습니다. 밤이 깊다는 것은 아침이 가까이 왔다는 것입니다. 이런 밤에는 영적으로 깨어있어야 할 때입니다. 눅 18장의 과부처럼 낙심치 말고 끈질기게 기도하여야 합니다. 그러나 주님은 말세에 믿는 자를 보겠느냐 라고 하시면서 기도가 없음을 한탄하셨습니다.

예수님이 겟세마네동산에서 기도하실 때 제자들은 졸며 잤습니다. 시험에 들지 않게 깨어있어 기도하라고 하셨지만 제자들은 깨어 있지 못했습니다. 나와 함께 한 시도 깨어있을 수 없느냐고 하시면서 다시 기도하시러 나아가셨습니다. 이제는 자고 쉬라고 하시면서 인자의 때가 가까웠다고 하셨습니다. 주님은 오늘도 우리에게 말씀하십니다. 시험에 들지 않게 깨어있어 기도하라고 말입니다. 스코트랜드의 죤 낙스처럼 20만의 군대보다 더 강한 기도를 배우고 실천해야 합니다. 고아의 아버지이며 5만 번 이상의 기도에 응답을 받은 기도의 용장 죠지 뮬러처럼 기도해야 합니다. 이 엠 바운즈처럼, R.m. 맥체인처럼, 미국의 16대 대통령이며 백악관을 기도실로 만든 아브라함 링컨처럼 기도의 거성들을 본받아야 할 때입니다. 지금은 정신 차리고 깨어있어 기도할 때입니다.

4. 지금은 성령 충만 할 때입니다.(행 2;17)

"하나님이 말씀하시기를 말세에 내가 내 영을 모든 육체에 부어 주리니 너희의 자녀들은 예언할 것이요 너희의 젊은이들은 환상을 보고 너희의 늙은이들은 꿈을 꾸리라 그 때에 내가 내 영을 내 남종과 여종들에게 부어 주리니 그들이 예언할 것이요..."요엘에게 성령을 부어주신다는 하나님의 약속의 성취를 사도행전 2장에서 보게 됩니다.

하나님은 약속하신 바를 반드시 이루십니다. 사도행전은 곧 성령 행전이라고 할 수 있습니다.

성령이 임하시면서 이루어진 역사를 기록한 책입니다. 미국 서부에 가면 넓은 들에서 방목하는 말이나 소를 보게 됩니다. 여러 집 소와 말들이 같이 방목하다가 한 집이 이사를 가게 되면 자기 집의 소나 말인지를 어떻게 구별하는가하면 엉덩이의 인을 보고 알아본다고 합니다. 엉덩이의 인은 어렸을 때 태어나면서 불 인두로 주인의 인을 친다고 합니다. 아마도 주님 오실 때에도 주님의 양인지, 아닌지를 무엇을 보고 아는가하면 곧 심령에 성령의 인을 맞은 것을 보고 주님의 양인지를 알게 될 것입니다.

롬 8:9에서 "만일 너희 속에 하나님의 영이 거하시면 너희가 육신에게 있지 아니하고 영에 있나니 누구든지 그리스도의 영이 없으면 그리스도의 사람이 아니니라," 또 롬 8:14에 "무릇 하나님의 영으로 인도함을 받는 사람은 곧 하나님의 아들이라"

마 25장에서는 주님오실 때 슬기로운 5처녀는 그릇에 기름을 담아 등과 함께 가져갔습니다 그러나 미련한 처녀들은 등은 가졌으나 기름을 가지지 아니하였습니다. 밤중에 신랑이로다 맞으러 나오라하매 미련한 처녀는 기름이 없어 신랑의 혼인잔치에 들어가지 못하고 문은 닫히고 기회를 놓치고 말았습니다. 그런즉 깨어있으라 너희는 그날과 그때를 알지 못하기 때문이라고 하셨습니다. 그날에 기름을 준비하면서 깨어 있는 일이 필요합니다. 지금이 구원 얻을 때이며 지금이 은혜 받을 때라고 하였습니다.(고후 6:2)

성결가족 여러분 지금이 어느 때 입니까? 지금 우리는 이 시기를 바로 알고 그 시기에 맞는 준비를 함으로 그 날에 부끄럼 없는 성도로 주님 앞에 설 수 있게 되기를 간절히 축복합니다. 아멘.

종말, 하나님이 오고 있다

마태복음 24장 1~14절

서초교회 김석년 목사

지혜자의 고민

지혜로운 사람은 누구나 다음의 세 가지를 생각하며 삽니다. "나는 누구인가?", "나는 몇 살인가?", "나는 앞으로 어떻게 될 것인가?" 이는 우리네 짧은 생의 본래성과 현재성, 그리고 종말성에 대해 묻는 것입니다. 이 중에서도 특히 "나는 앞으로 어떻게 될 것인가"를 알아야 합니다. 곧 앞으로 내 인생이 어떻게 끝날 것인지, 또 그 최종 목적지는 어디인지에 대한 분명한 해답을 가져야만 흔들림 없는 인생을 살아갈 수 있는 것입니다.

유럽에 가면 그 곳 사람들은 인생의 종말에 대해 참 친근히 여기고, 잘 준비한다는 생각이 들곤 합니다. 동네 마다 한 가운데 교회를 세우고는 그 곁에 공동묘지를 두어 잘 가꾸기 때문입니다. 아침저녁으로 그곳을 지나는 사람들은 자연스레 인생의 죽음과 종말에 대해서 생각할 것입니다. 저도 언젠가 유럽의 잘 가꾸어진 묘지를 지나다가 그 곳의 묘비문을 읽고 마지막 날 저의 묘비엔 무엇이라 쓸까 고민해보았습니다.

"○○○의 묘. 하나님의 사람, 여기에 누워 부활의 아침을 기다리노라!"

이와 관련하여 아주 감사한 일이 있었습니다. 오래 전 서초교회를 개척할 즈음 한 권사님이 암으로 돌아가시기 전에 저를 붙잡고 이렇게 물으셨습니다. "목사님, 목사님의 그 묘비 글귀가 무척 맘에 드는데 제가 먼저 사용하면 안 될까요?" 저는 당연히 그러시라고 했지요. 그랬더니 며칠 뒤 그 분이 '묘비 세'라며 봉투를 하나 주셨는데 거기에는 큰 장학 헌금이 들어있었습니다. 다가올 천국을 소망하며 아낌없이 나눔을 실천하셨던 것입니다.

그렇습니다. 우리는 모두 언젠가 종말을 맞이하게 될 것입니다. 중요한 것은 언제 그 날이 찾아오더라도 당황하거나 후회하지 않도록 미리미리 준비해야 한다는 것입니다. 종말, 그 날은 점점 가까이 다가오고 있습니다.

"만물의 마지막이 가까이 왔으니 그러므로 너희는 정신을 차리고 근신하여 기도하라"(벧전 4:7)

종말의 세 시제

그렇다면 구체적으로 종말이란 무엇이며 언제 오는 것일까요? 성경은 우리의 인생에 찾아올 종말에 대해 세 가지 시제로 나눠 말씀합니다.

먼저 '구원적 종말'입니다. 이는 예수님께서 세상에 그리스도로 오심으로(first-coming) 모든 인간에게 이미 임한 종말입니다. 예수님으로 말미암아 종말이 이미 우리 가운데 있는 것입니다. 그를 믿는 자에게는 구원이, 믿지 않는 자에게는 심판이 임하게 되었습니다(요 3:18).

또한 '육체적 종말'입니다. 이는 우리가 살아가는 동안 '오늘' 맞이할 수도 있는 죽음이라는 종말입니다(시 90:10). 이 육체적 종말 앞에는 모든 것이 슬픔이요, 절망이요, 허무입니다. 다행히도 우리 크리스천은 예수 십자가와 부활을 믿기에 죽음이 오히려 소망이 되어 영생을 누리게 되었습니다.

그리고 '우주적 종말'입니다. 이는 승천하신 예수 그리스도께서 다시 세상에 오실 때(second-coming)에 이루어지는 인류 최후의 심판입니다. 예수 재림과 동시에 이루어지는 인류 역사의 마지막 심판으로 최종적인 심판이요, 우주적인 종말입니다(마 24:30).

따라서 기독교의 종말은 신학자 오스카 쿨만(Oscar Cullmann)의 말을 빌어 이렇게 설명할 수 있을 것입니다.

"기독교의 종말은 '이미(schon da)와 아직(noch nicht)'이다."

즉, 종말은 이미 예수의 처음 오심(성육신)과 함께 시작되었습니다. 그리고 예수의 다시 오심(재림)으로 완성되는 것입니다. 우리는 현재 예수의 오심과 함께 종말의 한 가운데서 살고 있습니다. 순간순간 하나님의 심판이 이 땅에 임하고 있습니다. 그 심판이 즉각적으로 임하기도 하고(아나니아와 삽비라), 때로는 유보적으로 임하기도 합니다. 그리고 드물게 폐기적으로 임하기도 합니다(가룟 유다). 그러므로 우리는 '이미와 아직' 사이에서 그 날의 종말을 기다리며 오늘의 종말을 살아가는 것입니다. 당신은 종말을 바르게 이해하고 준비하고 있습니까?

종말에 대한 비밀

이러한 우주적 종말, 곧 예수의 재림은 언제 일어나는 것일까요? 이와 관련해서 우리는 세 가지 질문을 해볼 수 있습니다. 하나, 재림의 시기는 언제인가? 둘, 재림의 징조는 무엇인가? 셋, 재림의 모습은 어떠한가?

재림의 시기:

먼저 재림의 시기에 대해서는 다시 두 가지 물음이 대두됩니다. 첫 번째 물음은 "예수님께서 곧 오신다고 하셨는데 왜 2천 년이 지나도록 오시지 않는가"입니다. 이는 시간에 대한 하나님의 이해와 우리의 이해가 다르기 때문입니다. 사도 베드로는 이렇게 말씀했습니다. "사랑하는 자들아 주께는 하루가 천년 같고 천 년이 하루 같다는 이 한 가지를 잊지 말라"(벧후 3:8) 2천 년이란 시간은 인간의 관점에서 긴 시간이지만 하나님의 관점에서는 짧기에 "내가 곧 다시 오리라"고 말씀하신 것입니다.

그러나 이보다 더 중한 이유가 있습니다. 즉, 주님께서 아무도 멸망하지 않고 한 사람이라도 더 회개하고 돌아오기를 원하시기 때문입니다. 더디 오시는 것이 아니라 한 사람이라도 더 구원하기 위하여 회개하고 돌아오기를 기다리고 계신 것입니다.

그렇습니다. 주님께서 아직 오시지 않는 것은 우리가 회개하고 돌아오기를 기다리고 계신 것입니다. 우리가 그동안 주의 뜻대로 살지 못한 것, 성결하게 행하지 못한 것, 성도답게 살지 못한 것, 은밀하게 행하는 부도덕한 일들을 회개하길 기다리고 계십니다. 지금, 바로, 여기에서 회개하십시오. 이 세상 최고의 실패는 회개의 기회를 잃어버리는 것입니다.

"내가 그에게 회개의 기회를 주었으되 회개하고자 하지 아니하는도다 볼지어다 내가 그를 침상에 던질 터이요"(계 2:21-22)

"12시를 기다려 회개하겠다는 사람은 11시 55분에 죽는다."

지금이 바로 회개의 기회입니다. 우리 구주 예수님, 곧 다시 오십니다!

재림의 시기와 관련된 두 번째 물음은 "예수님은 과연 언제 오시는 가"입니다. 시대와 세기의 징후를 보고 대략 짐작은 할 수 있겠으나 정확한 재림의 시점은(time-point)은 아무도 알 수 없습니다. "그러나 그 날과 그 때는 아무도 모르나니 하늘의 천사들도, 아들도 모르고 오직 아버지만 아시느니라"(36절)

사실 기독교 2천 년 역사상 재림의 시점을 안다고 말하는 이들이 상당수 있었습니다. 소위 시한부 종말론자들입니다. 그러나 그들은 지금껏 전부 틀렸을 뿐만 아니라 앞으로도 다 틀릴 것입니다. 혹시 우리 중에 그 시점을 안다며 은밀히 말하는 자들이 나오지 않기를 소원합니다. 우리 구주 예수님, 곧 다시 오십니다(행 1:11).

재림의 징조:

그렇다면 우리로 하여금 재림을 준비할 수 있도록 나타날 재림의 징조는 무엇일까요? 성경은 재림 전에 있을 여러 가지 사건들에 대해 우리에게 증거합니다.

- 전쟁과 기근과 비인간화(7-10절).
- 적그리스도의 출현(5, 15, 23-24절).
- 자연의 파괴와 혼돈(7, 29절).
- 이스라엘의 회복(32절. 롬 11:15).
- 복음의 세계적인 전파(14절. 계 7:9-10).
- 파괴적인 마지막 세계 전쟁(21절. 계 16:21).

그런데 문제는 이런 징조들이 예수님 당시부터 지금까지 이 땅에 줄곧 있어왔다는 사실입니다. 앞으로도 세계 곳곳에서 이런 징조들은 계속 나타날 것입니다. 그렇다면 이것은 무엇을 의미하는 것일까요? 바로 우리가 깨어서 이런 징조들을 예의주시하면서 '오늘을 종말로 살라'는 말씀입니다.

초대교회 성도들은 일상에서 자주 이렇게 고백했다고 합니다. "마라나타, 주 예수여 오시옵소서! 아멘." 천둥번개가 칠 때에, 비바람이 몰아칠 때에, 밤하늘에 유난히 별들이 반짝일 때에, 동네에 끔찍한 범죄가 있을 때에, 인생의 고난의 닥칠 때에, 신앙의 박해가 있을 때에, 기근과 지진이 있을 때에, 전쟁의 소식이 들려올 때에... 너도 나도 "마라나타, 주 예수여 오시옵소서! 아멘"하며 서로를 위로하며 주님을 기다린 것입니다.

오늘날 점점 깊어만 가는 세상의 종말적 징후들을 보면서 우리도 주님께서 곧 다시 오실 것이라는 긴박성을 가지고 살아야겠습니다. 우리 구주 예수님, 곧 다시 오십니다!

재림의 모습:

이런 징조들 후에 마침내 예수님께서 이 세상에 다시 오실 때의 상황은 어떠할까요? 성경은 다음과 같이 우리에게 말씀합니다(살전 4:15-17).

- 주님께서 오실 때에 온 세상 사람이 다 알도록 공개적으로 오신다.
- 주님께서 오실 때에 천사장의 나팔소리로 천사들과 함께 공중

에 오신다.

 – 주님께서 오실 때에 신실한 믿음의 성도들이 들려올라가는 휴
  거가 일어난다.

 – 주님께서 오실 때에 우리는 공중에서 '어린양의 혼인잔치'에 참
  여하게 된다.

 – 이 모든 일은 예고 없이 갑작스레 임할 것이다(마 24:42, 44).

특히 저는 우리의 휴거되는 몸이 어떨지 참 궁금합니다. 바울은 이와 관련하여 "신령한 몸으로 다시 살아난다(it is raised a spiritual body 고전15:44)"고 설명합니다. 이 신령한 '몸'은 다른 무엇보다 몸(body)의 형체를 갖고 있습니다. 동시에 '신령한' 몸으로서 초자연적인 의식을 가지고 있으며, 인격적인 친밀한 사랑의 교제를 할 수 있고, 시공간을 초월하여 두루 다닐 수 있으며, 주님과 영원히 함께 동거할 수 있습니다.

그러면 우리가 그 날에 휴거될 때 어느 시절의 어떤 모습일까 궁금해집니다. 저는 예수님의 부활체에서 힌트를 얻었는데, 그것은 자신의 인생 최고의 순간이라는 것입니다. 예수님의 인생 절정은 다름 아닌 십자가였습니다. 그래서 예수님의 부활체는 십자가에 달리신 그때의 모습이었습니다. 예수의 신령한 몸은 십자가 상흔으로 가득한 모습이었습니다.

마찬가지로 우리가 가질 부활의 몸도 자세히는 모르지만 우리의 신앙 여정에서 최고 순간의 모습이라 짐작해볼 수 있습니다. 그 때 우리는 서로 승리의 모습을 보고 감탄하게 될 것입니다. 그 날에 한 사

람도 다 빠짐없이 전부 다 공중의 그리스도께로 부름 받아 천국잔치에 참여하는 큰 기쁨이 있기를 축복합니다. 우리 구주 예수님, 곧 다시 오십니다!

교회, 그 날을 기다리는 공동체

이와 같은 분명한 재림의 신앙을 가지고 그 날을 기다리는 공동체가 있으니 바로 교회입니다. 그렇다면 예수님의 재림을 기다리는 교회, 곧 우리 성도들은 어떻게 그 날을 준비해야할까요? 주님은 마태복음 25장에서 그 날을 기다리는 바른 삶(종말론적 삶)의 자세에 대하여 세 가지 비유로 설명해주십니다.

열 처녀 비유:

주께서 오시는 그 날은 신랑 되신 주님을 맞이하는 교회 축제의 날입니다. 그러므로 우리는 오늘을 '순결한 신부'로서 살아야합니다. 바로 교회의 '성결성의 회복'입니다. 재림 신앙은 우리로 성결한 삶을 살게 합니다.

성결은 언제나 두 가지 요소가 함께 갑니다. 하나는 하나님을 향한 영성입니다. 이는 기도로 인한 하나님 체험입니다. 다른 하나는 세상을 향한 도덕성입니다. 이는 경건으로 인한 윤리적 생활입니다.

우리가 성결한 삶을 살기 위해서는 언제든 이 두 가지, 즉 영성과 도덕성을 함께 겸비해야 합니다. 성결한 삶은 마치 영성과 도덕성이라는 두 기둥이 받치고 있는 아치 모양의 다리 같아서 이 둘 중 어느 하나가 무너지면 모두 함께 무너지는 것입니다. 영성과 도덕성, 이

것이 바로 순결한 신부로서의 성결한 삶의 모습입니다.

"평강의 하나님이 친히 너희를 온전히 거룩하게 하시고 또 너희의
온 영과 혼과 몸이 우리 주 예수 그리스도께서 강림하실 때에 흠 없
게 보전되기를 원하노라"(살전 5:23)

달란트 비유:

주께서 오시는 그 날은 각자에게 주어진 은사를 어떻게 사용하였
는지 결산하는 교회 심판의 날입니다. 그러므로 우리는 오늘을 '선한
청지기'로서 살아야합니다. 바로 교회의 '공동체성의 회복'입니다. 재
림 신앙은 우리로 전인적 섬김의 삶을 살게 합니다.

청지기는 주인의 것을 관리하는 종으로, 무엇이든 주인의 뜻을 헤
아려 그 뜻대로 사용해야 합니다. 즉 주의 교회라면 그리스도의 청지
기로서 소유한 모든 것을 교회 자신이 아니라 세상을 위하여 활용하
고, 그들에게 사랑받으며 칭찬받을 만하게 사용해야 하는 것입니다.

따라서 우리는 교회를 사유화하는 욕망이나, 세속화하는 성공주
의, 맘모니즘에서 돌이켜야 합니다. 그리고 나아가 오늘 이 시대와
민족이 요청하는 사회복지, 환경보존, 민족통일에 그리스도의 마음
으로 적극 참여해야 하는 것입니다.

"각각 은사를 받은 대로 하나님의 여러 가지 은혜를 맡은 선한 청
지기 같이 서로 봉사하라"(벧전 4:10)

양과 염소의 비유:

주께서 오시는 그 날은 이웃들을 어떻게 섬겼는지에 따라 하나님 나라를 상속받는 날입니다. 그러므로 우리는 오늘을 '신실한 천국시민'으로 살아야 합니다. 바로 교회의 '하나님 나라의 회복'입니다. 재림 신앙은 우리로 예수 증인의 삶을 살게 합니다.

천국 시민은 소유나 외모로 사람을 판단하지 않습니다. 누구를 만나든지 비록 그가 지극히 작은 자일지라도 그리스도를 대하듯 지극 정성 섬기고 사랑하는 것입니다. 나아가 이 땅의 인권을 유린하는 모든 악한 제도와 관습에 대해 비폭력 투쟁하게 되고, 모두가 함께 그리스도 안에서 평화와 자유를 누리는 하나님 나라를 소망하는 것입니다.

뿐만 아니라 천국시민은 무엇보다 '예수가 그리스도'이심을 세상 모든 사람 모든 민족에게 전하고자 하는 뜨거운 열망이 있습니다. 온 백성 모든 민족에게 복음이 전파되어야 주님 다시 오시고, 이 땅에 하나님 나라가 완성되기 때문입니다.

"나라가 임하시오며 뜻이 하늘에서 이루어진 것 같이 땅에서도 이루어지이다"(마 6:10)

자, 보십시오. 건강한 재림 신앙은 결코 염세주의나 허무주의, 도피주의에 빠지지 않습니다. 도리어 재림 신앙은 우리가 순결한 신부로서 성결한 삶을 살게 합니다. 선한 청지기로서 봉사의 삶을 살게 합니다. 신실한 천국시민으로서 예수 증인의 삶을 살게 합니다. 그러니 당신도 이제 이렇게 선포하십시오.

"마라나타, 주 예수여 오시옵소서! 순결한 신부로서 성결한 삶을 살겠습니다. 선한 청지기로서 봉사의 삶을 살겠습니다. 신실한 천국 시민으로서 예수 증인의 삶을 살겠습니다."

벌써 오래된 이야기입니다. 제가 서울신학대학교 다니던 시절에 '성화제'라는 축제가 있었습니다. 축제의 마지막은 단축마라톤으로, 학교에서 출발해 부평사거리를 돌아오는 코스였습니다. 저는 친구들과 함께 열심히 뛰어 서울신학대학교 정문 앞 삼거리까지 3등으로 달리고 있었습니다. 그런데 바로 앞서 뛰던 제 친구가 갑자기 쓰러졌습니다. 결승점이 100m 정도 밖에 남지 않았기에 우리는 그 친구를 일으켜 세워 부축해서 결승점에 들어왔습니다.

문제는 그 다음이었습니다. 이 친구가 그냥 쓰러져서 눈을 까뒤집고 거품을 품고 몸부림을 치는 것입니다. 우리는 놀라서 인공호흡을 하며 안수기도를 했습니다. 그러는 와중에 그 친구가 소리칩니다. "안 돼, 안 돼, 난 지금 죽으면 안 돼, 난 아직 천국 갈 준비가 안 되었단 말이야...!" 다행이 그 친구는 그 때 죽지 않았습니다. 신학대학교를 무사히 졸업하고 목사가 되어 40년 가까이 목회하고 있습니다.

얼마 전에 그를 만나서 물었습니다. "이보게 친구, 이젠 준비 됐냐?" 그랬더니 "자식, 아직도 그걸 기억하냐?" 그러면서 저에게 되묻습니다. "넌 준비됐냐?" 그래서 저도 대답했지요. "난 여한 없이 살았다. 더 이상 젊어지고 싶지 않다. 지금이 내 인생의 절정이다. I am ready, 난 준비되었다!"

그렇다면 이제 당신에게 묻고 싶습니다.

"당신은 과연 준비가 되셨습니까?"

바라기는 이 마지막 때에 모두가 깨어 순결한 신부로, 선한 청지기로, 신실한 천국시민으로 살아가기를 축복합니다. 그리하여 마침내 다가올 마지막 그 날에 당신과 제가 함께 주님의 얼굴을 마주하고 기쁨의 잔치를 누릴 수 있길 소망합니다.

성결교회, 뜨겁게 사중복음을 기다리는 공동체

하나님께서 우리 성결교회에 사중복음(중생, 성결, 신유, 재림)을 주신 것은 너무나 큰 축복입니다.

사중복음은 '완전한 복음'(Full Gospel)입니다. 중생 성결 신유 재림은 완전한 복음이기에 어느 한 쪽에 치우치지 않는 조화를 이루는 '매력 있고 강건한 사랑의 크리스천'이 되게 하는 것이다. 사중복음은 기독교 구원론의 네 겹의 핵심 복음입니다. 중생은 구원의 시작으로 하나님나라의 임재이다. 성결은 구원의 확증으로 하나님나라의 체험이다. 신유는 구원의 치유로 하나님나라의 회복이다. 재림은 구원의 실현으로 하나님나라의 완성이다. 사중복음은 완전한 구원을 위해 실제로 경험해야 하는 복음입니다. 사중복음은 이 땅에 하나님나라를 실현하는 능력의 복음입니다. 사중복음은 시대마다 교회를 갱신하고 부흥시킨 복음입니다. 사중복음은 오늘 이 시대 가장 필요한 복음입니다.

그러므로 사중복음은 우리 성결교회의 유산이요, 정체성이요, 자랑이요, 사명이요, 기다림입니다.

대강절 촛불 점화 예식

그래서 우리 서초교회에서는 매해 대강절이 오면 사중복음의 촛불을 밝히며 중생 성결 신유 재림을 점하며 기다립니다. 오늘 여기서는 재림의 촛불 점화를 시현해보겠습니다.

대강절 네 번째 촛불을 켭니다. 네 개의 촛불은 '동서남북 온 세상을 다스리시는 주, 예수 그리스도'를 의미합니다. 이 땅에서 십자가를 지시고 부활, 승천하신 우리 주님께서 곧 세상에 다시 오시어 모든 만물과 나라와 권세를 다스리실 것입니다. "모든 통치와 권세와 능력과 주권과 이 세상뿐 아니라 오는 세상에 일컫는 모든 이름 위에 뛰어나게 하시고 또 만물을 그의 발 아래에 복종하게 하시고 그를 만물 위에 교회의 머리로 삼으셨느니라" 엡 1:21-22

공동의 기도 with Mission 소망의 빛이신 주님! 고통과 절망으로 어둔 세상에 주님의 소망을 비추기 원합니다. 우리의 메마른 가슴에 복음의 불꽃을 붙이시어 예수 십자가를 날마다 전하고, 그 복음을 우리의 일상과 예배에 깊이 뿌리내리게 하소서. 우리가 거하는 자리마다 하나님의 나라가 세워지게 하시고, 주님의 뜻이 하늘에서와 같이 지금 이곳에서도 이루어지는 놀라운 역사를 보게 하소서. 다시 오실 주님을 간절히 사모하며 기다리오니 우리의 길이요 진리요 생명이 되시는 주여, 어서 오시옵소서. 예수님 이름으로 기도합니다. 아멘.

♪ 예수 우리 왕이여 ♪ 마라나타 주 예수여 오시옵소서 "내가 속히 오리라. 마라나타, 주 예수여 오시옵소서! 아멘."

(종말의 파노라마 도표)

그러면 우주적 종말, 예수의 재림은 언제 일어나는 것일까요? 다음의 도표는 성결교회가 믿는 종말의 파노라마입니다 – 블랙스톤(W. E Blackstone 1841-)의 전천년적인 재림론이다. 사중복음 시리즈 제4권 재림 박명수 박도술 옮김

"내가 속히 오리라."

"마라나타, 주 예수여 오시옵소서! 아멘."

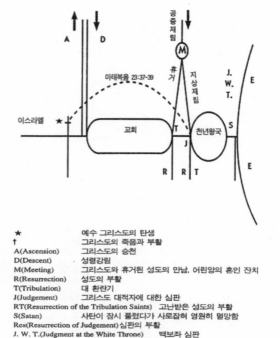

★	예수 그리스도의 탄생
†	그리스도의 죽음과 부활
A(Ascension)	그리스도의 승천
D(Descent)	성령강림
M(Meeting)	그리스도와 휴거된 성도의 만남, 어린양의 혼인 잔치
R(Resurrection)	성도의 부활
T(Tribulation)	대 환란기
J(Judgement)	그리스도 대적자에 대한 심판
RT(Resurrection of the Tribulation Saints)	고난받은 성도의 부활
S(Satan)	사탄이 잠시 풀렸다가 사로잡혀 영원히 멸망함
Res(Resurrection of Judgement)	심판의 부활
J. W. T.(Judgment at the White Throne)	백보좌 심판
E. E. (Eternity)	영원무궁한 세대의 도래

이 도표는 블랙스톤의 재림 이해를 잘 보여준다. 성결교회뿐 아니라 한국 교회는 블랙스톤의 전천년설적인 재림론의 영향을 크게 받았다. 이 도표에 대한 자세한 설명은 제8장에 제시되어 있다.

소망 없는 자 같이
슬퍼하지 말라

데살로니가전서 4장 13~17절

서울신학대학교 전총장 목창균 목사

　루터는 대학을 졸업하고 광부였던 부친의 뜻에 따라 법률가가 되기 위해 법학을 공부하게 됩니다. 그가 22세가 되는 어느 날, 친구와 함께 들판을 걷다 갑작스럽게 쏟아지는 폭우를 만납니다. 두 사람은 가던 길을 멈추고 큰 나무 아래서 비를 피하게 됩니다. 그 때, 번개 불이 번쩍이며 요란스럽게 천둥이 쳤습니다. 그런데 그 벼락이 바로 루터 옆에 있던 친구에게 떨어졌습니다. 벼락을 맞은 친구는 그 자리에서 즉사했습니다. 그런데도, 번개 불빛은 여전히 번쩍이고,

천둥은 계속해서 굉음을 내고 있습니다. 루터는 두려움에 떨면서 서원하며 기도합니다. "오 성 안나여! 나를 구하소서. 나는 이제 수도사가 되렵니다." 얼마나 무섭고 다급했으면, 수도사가 될 터이니 살려달라고 부르짖었겠습니까?

이 사건이 루터의 생애에 큰 전환점이었습니다. 그는 법률가가 되려던 꿈을 접고 수도원에 들어간 것입니다. 벼락 치던 날, 그가 한 서원 약속을 지키기 위한 것입니다. 그런데 훗날 그가 쓴 자서전에 보면, 친구가 벼락 맞아 죽던 그 때 그 순간, 루터가 가장 두려웠던 것은 죽는 것 그 자체가 아니었다고 합니다. 죽음에 대한 준비를 전혀 하지 않았다는 사실이 두려웠다는 것입니다. 죽을 준비를 전혀 하지 않았는데, 지금 죽을지도 모른다고 생각하니 두려웠다는 것입니다.

데살로니가전서는 로마 감옥에 갇혀 있던 바울이 데살로니가 교회가 성장하고 있다는 소식을 듣고 기쁜 나머지 이를 칭찬하기 위해 써서 보낸 편지입니다. 그런데 이 편지에서 바울은 또한 예수님의 재림에 관해 가르치고 있습니다. 왜냐하면 당시 데살로니가 교인 중에는 예수님의 재림에 대해 오해하고 다른 사람에게 폐를 끼치며 돌아다니는 사람들이 있었기 때문입니다. 로마에서 이 소식을 전해 듣게 된 바울은 이런 오해를 바로 잡고 올바른 복음을 가르치고자 편지를 보낸 것입니다.

오늘 읽은 성경 말씀은 그리스도의 재림에 관해 구체적으로 밝힌 말씀 가운데 하나입니다. 예수님의 재림과 함께 전개될 여러 사건들을 순서별로 개괄하며, 우리 그리스도인들이 예수님의 재림의 견지에서 어떻게 살아가야 하는지를 교훈하고 있습니다.

1. 소망 없는 자 같이 슬퍼하지 말라(4:13)

우리가 이 세상을 살아가는 궁극적인 목적은 무엇입니까? 왜 우리는 사는 것입니까? 우리는 잘 죽기 위해 살고 있다고 말할 수 있습니다. 그럼에도, 우리나라 사람들은 죽음을 너무 기피하고 사는 것에만 집착하는 경향이 있습니다. 서양 사람에 비해, 우리나라 사람들은 전통적으로 죽음에 대해 비관적으로 생각합니다. 죽으면, 모든 것이 끝나고, 온통 큰 일 나는 줄 압니다. "이제 가면 언제 오나"로 이어지는 각설이 타령이 이를 말하고 있습니다. 죽음을 슬퍼해야 하는 것이 예절에 속하기도 했습니다. 상을 당한 사람은 일정 기간 동안 곡을 해야 한다거나 제사 드릴 때도 곡을 하는 순서가 있기도 합니다.

반면, 서양 사람들은 기독교와 헬라사상의 영향으로 죽음에 대해 낙관적으로 생각하는 경향이 있습니다. 서양 사람이라고 해서 가까운 가족이나 친지의 죽음에 슬퍼하지 않는 것은 아닙니다만, 죽음이 끝이라고 생각하지 않습니다. 또 다른 만남을 위한 잠시 동안의 이별로 생각합니다.

서양 사람의 장례식에 참석해 보면, 마지막으로 고인의 모습을 직접 보는 순서가 있습니다. 관 뚜껑이 열려 있고 추모객들이 줄을 지어 관 속에 누워있는 고인의 모습을 보게 됩니다. 그런데 어찌나 화장을 잘해 놓고 아름답게 꾸며 놓았는지 금방이라고 일어날 것 같은 모습입니다. 다시 살아날 것이라는 소망, 다시 만날 수 있다는 믿음을 반영한 것이라고 여겨집니다.

그런데 오늘 읽은 성경 말씀을 보면, 두 종류의 이단 사상과 거짓 교훈이 데살로니가 교회에 스며들어와 퍼지기 시작했습니다. 하나는 사람이 죽으면 모든 것이 끝난다는 생각입니다. 그래서 사람이 죽으면, 다시 만날 수 없다 하여 슬퍼했습니다. 다른 하나는 부활을 부정하는 것입니다. 그래서 사람이 죽은 후에도 다시 만날 수 있다는 소망이 없었던 것입니다.

바울이 죽음에 대해 소망 없는 자 같이 슬퍼하지 말라(4:13)고 가르치고 있는 것은 이런 이단들의 주장을 지적하고 경계한 것입니다.

죽음 이 후에 대해 말하는 것은 단순한 추측이나 막연한 희망을 말하는 것이라고 생각하는 사람도 있을 것입니다. 그렇지만 욥은 죽음 후의 세계에 대한 이해는 믿느냐, 믿지 않느냐 하는 신념의 문제가 아니라 아느냐, 알지 못하느냐 하는 앎의 문제라고 말씀합니다. 욥은 친구들과의 논쟁이 최고조에 달한 욥기 19장에서 선언합니다. "나는 안다, 나의 변호인이 살아 있음을. 나의 후견인이 마침내 땅 위에 나타나리라. 나의 살갗이 뭉그러져 이 살이 질크러진 후에라도 나는 기어이 이 두 눈으로 뵙고야 말리라. 내 쪽으로 돌아서신 그를 뵙고야 말리라"

그렇다면 우리는 죽음에 대해 무엇을 알아야 한다는 것입니까? 왜 우리는 죽음을 피할 수 없음에도 불구하고, 소망을 가져야 합니까?

첫째, 죽음은 잠자는 것입니다.

오래 전 베니스영화제에서 남우 주연상을 탄 [21그램]이란 제목의 영화가 상영되어 화제를 모은 적이 있습니다. 저는 신문의 문화면에 실린 영화 평을 흥미 있게 읽었습니다. 죽기 직전의 몸무게와 죽은

직 후의 사람 몸무게를 재보면 21그램의 차이가 난다는 것입니다. 사람이 숨진 직 후, 생전의 몸무게에서 갑자기 21그램이 빠진다는 것입니다. 이 21그램의 무게는 초콜릿 바 하나의 무게 불과합니다. 바로 그 21그램이 영혼의 무게라는 것입니다. 이 영화는 영혼의 무게가 21그램이라고 말함으로써 죽음과 더불어 인간 존재가 소멸되는 것이 아니라는 것을 암시합니다. 죽음은 영혼이 육체로부터 분리되는 것임을 말하고 있습니다.

성경은 죽음과 함께 나라는 존재가 소멸되거나 사라지는 것은 아니라고 말씀합니다. 죽은 이후에도 우리의 생명은 존속합니다.

욥은 우리가 죽어 육체가 썩은 뒤에도 존재하기를 그치지 않는다는 것을 믿고 있습니다. 죽은 후에도 하나님을 볼 수 있는 의식이 있다는 것을 확신했습니다. **"나의 이 가죽, 이것이 썩은 후에 내가 육체 밖에서 하나님을 보리라."**

예수님은 죽음을 잠으로 표현하셨습니다. 회당 장 야이로의 딸과 친구 나사로가 죽은 것을 "잔다" 또는 잠들었다"고 말씀하십니다(마:24, 요11:11). 바울도 **"이제 그리스도께서 죽은 자 가운데서 다시 살아 잠자는 자들의 첫 열매가 되셨도다"**(고전15:20) 증거했습니다.

죽음을 잠으로 비유한 것은 죽은 후에도 인간의 생명이 존속 한다는 것을 말해줍니다. 죽음은 인간 존재의 끝이 아닙니다. 잠자는 사람이 자고 있는 동안에도 생존해 있는 것처럼, 죽은 사람은 육체의 기능이 정지된 뒤에도 존재하기를 계속합니다. 잠자고 있는 사람이 어느 순간 깨어나는 것처럼, 죽은 사람의 영혼은 어느 순간 육체가 회복되는 부활의 아침을 기다리고 있는 것입니다.

또한 예수님은 미지의 것에 대한 두려움을 제거하기 위해 죽음을 잠으로 비유하셨습니다. 죽음은 인간에게 환영받을 사건은 아닙니다. 죽음의 두려움이 우리 성도들에게서 완전히 사라질 수 있는 것도 아닙니다. 그러나 예수님이 죽음을 잠으로 비유한 것에는 깊은 뜻이 있습니다. 죽음은 두려움의 대상이 아니라는 겁니다. 우리는 매일 같이 잠을 잡니다. 때로는 낮에 잠을 자기도 하고, 순간순간 조는 때도 있습니다. 자는 것은 죽는 연습을 하는 것입니다.

우리는 한 번 죽기 위해 매일 같이 연습을 하고 있습니다. 그러기에 우리는 죽음을 두려워 할 이유가 없다는 것입니다. 평생 준비한대로 죽음을 두려움 없이 맞이해야 할 것입니다.

둘째, 죽음은 새 삶의 영역으로 이동하는 것입니다.

왜 우리는 죽음을 슬퍼하거나 두려워하지 말아야 합니까? 죽음은 새로운 삶의 영역으로 이동하는 것이기 때문입니다. 죽음은 현재의 삶에서 다른 형태의 삶에로 변화되는 것입니다.

그것은 누에고치를 깨고 나오는 나비에 비유할 수 있을 것입니다. 고치가 인간의 몸이라면, 나비는 영혼으로 이해됩니다. 나비가 고치를 벗어 던지는 것처럼, 죽음은 영혼이 육체를 벗어버리는 것입니다.

우리 육체는 영혼이 이 세상에서 잠시 살기 위한 집과 같습니다. 우리 영혼이 이 세상에서 살 때, 필요하고 적합한 것이 육체이지만, 저 세상에서는 더 이상 필요하지 않기 때문에 벗어 버리는 것입니다. 따뜻한 봄이 오면, 추운 겨울에 입던 외투를 벗어버리는 것과 같은 이치입니다. 성도의 죽음은 현재 살고 있는 이 세상의 집에서 더 아름답고 화려한 천상의 집으로 이동하는 것입니다.

성경은 우리 인간은 죽음과 동시에 소멸되는 것이 아니라 낙원과 음부, 또는 천국과 지옥 가운데 한 곳에서 계속 존재한다고 가르치고 있습니다. 십자가에 달리신 예수님께서는 "예수여 당신의 나라에 임하실 때에 나를 기억해달라고 요청하는 한편 강도에게 **"오늘 네가 나와 함께 낙원에 있으리라"** 약속하셨습니다(눅23:43). 또한 예수님은 부자와 거지 나사로 비유를 통해 죽음 이 후의 세계가 있다는 사실을 분명히 하셨습니다. 죽은 후 거지 나사로는 아브라함의 품으로 들어간 반면, 부자는 음부로 갔습니다(눅16:19-31).

죽음이 새 삶의 영역으로 이동하는 것이라는 사실은 사도 바울 역시 분명하게 증거 합니다. **"만일 땅에 있는 우리의 장막 집이 무너지면, 하나님께서 지으신 집 곧 손으로 지은 것이 아니요 하늘에 있는 영원한 집이 우리에게 있는 줄 아나니"**(고후5:1).

셋째, 죽음은 영혼과 육체가 분리되는 것입니다.

신약성경은 또한 죽음을 영혼과 육체의 분리로 암시하고 있습니다. 야고보는 **"영혼 없는 몸이 죽은 것 같이 행함이 없는 믿음은 죽은 것"**(약2:26)이라고 했습니다. 예수께서는 십자가 위에서 **"아버지여 내 영혼을 아버지 손에 부탁"**한다고 말씀하며 운명하셨습니다(눅23:46).

사랑하는 성도 여러분, 우리가 어머니의 뱃속에서 보낸 9개월의 시간이 그 자체로 끝이 아닌, 또 다른 삶을 위한 준비였듯이, 현재의 삶은 우리 존재의 전부가 아닙니다. 현재의 삶은 다음 삶을 위한 준비 과정입니다. 이 땅에서의 삶은 실제 공연을 위한 최종 연습과 같습니다. 본 경기 앞둔 연습 경기와 같습니다. 죽음은 연습을 끝내고 본격적인 삶, 본 경기로 넘어가는 것이라고 믿으시기 바랍니다.

2. 예수께서 죽었다가 다시 사신 것 같이, 예수 안에서 죽은 자들도 그리 하리라(4:14)

데살로니가 교회에 스며든 또 다른 이단사상은 부활을 부정하는 것입니다. 일부 데살로니가 교인들이 죽음을 슬퍼한 것은 부활에 대한 믿음이 없었기 때문입니다. 그래서 죽으면, 다시 만날 수 없다고 생각하여 슬퍼했습니다.

정통 기독교는 인간의 영혼은 죽음 이후에도 의식을 지닌 존재로서 계속 존속한다는 것과 예수님이 재림할 때 영화롭게 변화된 육체가 영혼과 재결합되어 부활할 것을 믿고 있습니다. 왜냐하면 성경이 죽은 후 인간의 육체가 부활한다는 것을 분명하게 증거하고 있기 때문입니다.

욥은 사람이 죽으면 어찌 다시 살 수 있느냐는 질문을 제기한 후(14:14), "나의 이 가죽, 이것이 썩은 후에 내가 육체 밖에서 하나님을 보리라"(19:25)는 대답을 내놓고 있습니다. 선지자 이사야는 "주의 죽은 자들이 살아나고 우리의 시체들은 일어나리이다"라고 부활신앙을 증거 합니다(26:19). 에스겔은 골짜기의 마른 뼈들이 살아나는 환상을 통해 부활 소망을 전하고 있습니다.

부활에 대한 소망과 믿음을 현실화 한 것이 예수님입니다. 예수님은 십자가 위에서 죽으셨지만, 3일 만에 다시 살아나셨습니다. 죽은 자가 다시 살아난다는 진리의 첫 증거가 예수님입니다. 그리스도께서 죽은 자들 가운데서 다시 살아 잠자는 자들의 첫 열매가 되셨습니다(고전15:20).

사도 바울은 죽은 후 성도의 부활을 역설했습니다. 왜냐하면 하나님이 예수님을 죽은 자 가운데서 살아나게 하셨기 때문입니다. "**만일 죽은 자의 부활이 없으면 그리스도도 다시 살지 못하셨으리라 그리스도께서 만일 다시 살지 못하셨으면 우리의 전파하는 것도 헛것이요 또 너희 믿음도 헛 것**"입니다(고전15:13-14).

그런데 바울의 전도 열매로 세워진 교회요 그가 떠난 이후에도 교세가 날로 성장하고 있어, 자랑스러워하고 다시 방문하기를 간절히 바라고 있는 데살로니가 교회에 부활에 대한 소망을 부정하는 사람이 생겼습니다. 그것은 그 곳 전통사상의 영향 때문이었습니다.

헬라 사람들은 전통적으로 육체의 부활을 부정하고 영혼의 불멸을 믿었습니다. 헬라의 철인 소크라테스는 인간의 죽음을 영혼을 육체의 감옥으로 부터 해방시켜주는 위대한 친구로 생각했습니다. 그러기에 죽음에 직면해서도 태연했습니다. 친구들과 영혼의 미래에 대해 이야기하고 다른 사람이 자신의 시신을 씻는 수고를 덜어주기 위해 마지막 목욕을 했다고 합니다. 이렇듯 고대 헬라 철학은 육체라는 감옥에 갇혀있던 영혼이 해방되어 영원한 세계로 들어가는 출입구가 죽음이라고 생각했습니다.

사도행전 17장에는 바울이 그리스 아덴에 가서 전도하면서 에피

쿠로스와 스토아 철학자들과 논쟁을 한 이야기가 나옵니다. 이들은 헬라의 후기 철학파에 속하는 사람들입니다. 그들은 모두 사후 심판이나 내세를 믿지 않았습니다. 그런데 바울이 예수의 부활을 전하자, 그들이 바울과 논쟁하게 된 것입니다. 바울이 죽은 사람의 부활을 전할 때, 일부 아덴 사람들이 그를 조롱한 것도 그것이 그들의 전통적인 생각과 맞지 않았기 때문입니다(행17:16-34).

이런 헬라 사상이 데살로니가 교회에도 침투하여 신자들을 미혹하게 되고, 거기에 넘어가는 사람도 생겼습니다. 바울이 데살로니가 전서 1장에서 지적한 믿음에서 파선한 후메내오와 알렉산더가 그 대표적인 사례입니다(1:19-20). 믿음이 약하고 견고하지 않은 사람은 거짓교리나 해로운 신학으로 인해 파선할 수 있습니다.

그러기에 바울은 데살로니가 교회에 편지를 보내 이를 바로 잡으려 한 것입니다. **예수께서 죽으셨다가 다시 사신 것을 믿을진대 이와 같이, 예수 안에서 죽은 자들도 하나님이 그와 함께 데리고 오시리라** (살전 4:14).

예수님은 죽음을 이기셨습니다. 죽음은 예수님의 부활로 인해 두려움의 힘을 잃어버렸습니다. **"이 썩을 것이 썩지 아니 함을 입고 이 죽을 것이 죽지 아니함을 입을 때에는 사망이 이김의 삼킨바 되리라. 사망아 너의 이기는 것이 어디 있느냐 사망아 너의 쏘는 것이 어디 있느냐"**(고전15:54-55)

죽음은 우리 성도들에게 더 이상 두려움의 대상이 아닙니다. 그리스도의 부활이 죽음의 권세를 삼켜 버렸기 때문입니다. 이제 우리는 더 이상 죽음을 두려할 필요가 없습니다. 우리 역시 죽음을 이기고 다시 살아 날 수 있기 때문입니다.

"주께서 호령과 천사장의 소리와 하나님이 나팔 소리로 친히 하늘로부터 강림하시리니 그리스도 안에서 죽은 자들이 먼저 일어나고 그 후에 우리 살아남은 자들도 그와 함께 구름 속으로 끌어 올려 공중에서 주를 영접하게 하시리니 그리하여 우리가 항상 주와 함께 있으니라."(살전4:16-17)

이 말씀은 예수님의 재림의 순서와 광경을 우리에게 자세하고 생생하게 가르치고 있습니다. 성도들의 죽음은 더 좋은 삶으로 바뀌는 것입니다. 마지막 날에 예수님이 하늘로부터 강림하시면 죽은 성도들이 먼저 부활하여 그 때까지 살아있는 성도들과 함께 공중으로 휴거되어 다시 오시는 예수님을 영접하게 됩니다. 그리고 그 후, 예수님과 항상 함께 있게 될 것입니다.

사랑하는 성도 여러분, 예수님이 죽음을 이기고 다시 사신 것을 믿습니까? 예수님은 우리에게 약속하셨습니다. **"나는 부활이요 생명이니 나를 믿는 자는 죽어도 살겠고 무릇 살아서 나를 믿는 자는 영원히 죽지 아니 하리니 이것을 네가 믿느냐"**(요11:25). 나도 죽음으로부터 다시 살아날 수 있다는 부활신앙으로 죽음의 두려움을 물리치시기를 소원합니다.

3. 오직 깨어 정신을 차릴지라(5:6)

그렇다면, 예수님은 언제 오시는 겁니까? 한국 교회는 시한부 종말론이란 극단적인 종말론으로 인해 많은 폐해와 혼란을 겪기도 했습니다. 전국에 걸쳐 40여 개에 달하는 시한부 종말론 단체들이 "예수 재림 준비 위원회"를 구성하여 대규모 집회와 가두선전을 통해 종말을 예고했습니다. 1992년 10월 28일 24시에 예수님이 재림한다고 하여 일부 학생들이 등교를 거부하거나, 임산부가 낙태 수술을 받기도 하고, 사이비 교주가 거액의 금품을 사취하여 사회 문제까지 되었습니다. 한 20대 주부는 시한부 종말론에 심취하여 가정마저 팽개침으로 이를 비관한 남편이 극약을 마시고 목숨을 끊기도 했습니다. 그 주부는 산 속에 있는 종말론자들의 기도원에 모든 재산을 헌납하고 그들과 집단생활을 해온 것으로 밝혀졌습니다.

이런 시한부 종말론은 한국에만 있는 현상도 아니고, 일시적인 현상도 아닙니다. 시한부 종말론은 신약성서 시대에도 있었습니다. 바울이 데살로니가 교인들에게 **"형제들아 우리가 너희에게 구하는 것은 우리 주 예수 그리스도의 강림하심과 우리가 그 앞에 모임에 관하여 혹 영으로나 혹 말로나 혹 우리에서 받았다 하는 편지로나 주의 날이 이르렀다고 쉬 동심하거나 두려워하거나 하지 아니할 그것이라"** 교훈 한 것(살후2:1-2)은 사도시대에도 그리스도의 재림시기에 관하여 미혹하는 자와 그것에 현혹되는 자가 있었다는 것을 말해줍니다. 데살로니가 교인 중에는 주의 재림이 임박했으니 일할 필요가 없다고 생각하여 일을 하지 않거나 생업을 포기하고 몰려다니며 성도들의 가정에 폐를 끼치는 경우가 있었습니다.

바울은 예수님이 다시 오시는 정확한 시기에 대해 알려줄 것이 없다 말씀하면서도, 우리에게 몇 가지 암시를 주고 있습니다(살전

5:2-3). 주의 날이 도둑 같이 임하며, 편안하다, 안전하다 할 때에, 갑자기 이른다는 것입니다. 그리기에 "오직 깨어 정신을 차리라." 권면합니다.

"오직 깨어 정신을 차리라"는 것은 주의하라. 세심한 관심을 기울이라. 경계하라는 것입니다. 왜 사도 바울은 데살로니가 교인들에게 "깨어 정신을 차리라." 고 권한 것입니까? 무엇을 경계하라는 것입니까? 죄를 경계하라는 것입니다. 죄에 빠지지 않도록 조심하라는 것입니다.

왜 죄를 조심해야 합니까? 죄는 하나님과 우리 사이를 가로막고 단절시키는 거대한 장벽과 같습니다. 우리 성도들의 삶을 심각하게 위협하는 것이 죄입니다. 죄는 우리의 영성을 약화시키고 예수님에 대한 우리의 증거를 무력하게 만듭니다. 그러기에 바울은 데살로니가 교인들을 향해 언제 주님이 오실지 모르니 정신을 차리고 깨어 있으라고 주의를 준 것입니다. 항상 긴장감을 늦추지 말며 이 세상을 살아가야 한다는 것입니다.

우리는 영적으로 연약한 존재입니다. 경계하고 조심하지 않으면, 죄의 유혹에 넘어가기 쉽습니다. 사탄에게 영적 안경을 빼앗기기 쉽습니다. 사도 베드로는 권면합니다. "근신하라 깨어라 너희 대적 마귀가 우는 사자같이 두루 다니며 삼킬 자를 찾나니 너희는 믿음을 굳게 하게 하여 그를 대적하라."(벧전 5:8)

우리는 육체와 세상, 죄와 마귀와 거룩한 전쟁을 하고 있는 영적 군사들입니다. 충직한 파수꾼의 자세로 경계 태세를 항상 늦추지 말며 살아가야 할 것입니다.

바울이 깨어 정신을 차리라고 한 것은 또한 거짓 교훈을 조심하라는 말씀입니다. 데살로니가 교회의 일부 교인들은 복음을 변질시키고 죽으면 모든 것이 끝난다고 주장하거나 육체의 부활을 부정했습니다. 일부 교인들은 주의 재림을 지나치게 강조하여, 생업을 포기하고 몰려다니며 성도들 가정에 폐를 끼쳤습니다. 바울은 이런 거짓 교훈과 이단사상을 지적하고 깨여 정신을 차리고 조심하라고 당부한 것입니다.

사랑하는 성도 여러분, 성경이 가르치는 있는 영적 진리를 그대로 받아들이고 있습니까, 하나님의 약속의 말씀을 기억하고 그것을 실제로 믿고 있습니까, 하나님을 전적으로 의지하고 있습니까, 스스로 자문해 보아야 할 것입니다. 바른 교훈을 받아들이지 않고 있는 것은 아닌지, 사욕을 좇을 스승을 두고 있는 것은 아닌지, 나의 귀는 진리에서 돌이켜 허탄한 이야기를 좇고 있는 것은 아닌지, 깨어 스스로 점검하고 조심해야 할 것입니다.

우리는 바울이 데살로니가 교인들에게 준 교훈을 유념해야 할 것입니다. 영적으로 깨어 정신을 차리고 죄의 유혹에 넘어가지 않아야 할 것입니다. 죽으면 끝이라거나 부활이 없다고 주장하는 이단이나 거짓 교사의 미혹을 항상 경계해야 할 것입니다. 주님이 죽음을 이기고 살아나신 것 같이, 주님 재림 하실 때 나도 다시 살아난다는 소망으로 승리에 찬 삶을 사시기를 기원합니다.

재림의 주님 맞이할 사람

마태복음 25장 1~13절

한우리교회 원로 **백장흠** 목사

　　성경은 예수님 중심으로 구성되어 있습니다. 구약은 예수님의 초
림에 대한 예언이고 신약은 예수님의 재림에 대한 약속입니다. 예수
님은 예언대로 동정녀의 몸을 의지하여 탄생하셨습니다. 예수는 예
언대로 십자가에서 죽으셨습니다(신21:23, 마10:38, 요12:33).
예수는 예언의 말씀대로 다시 사셨습니다(마27:63 고전15:4). 그
리고 승천하셨습니다. 지금은 하나님 우편에 계십니다. 한 가지 남
은 예언은 주님이 이 땅에 다시 오신다는 재림만 남아 있습니다. 우

리 주님 예수는 예언한대로 분명 다시 오십니다. 다시 오심을 우리는 재림이라고 합니다. 우리 주님이 다시 오실 때 기쁨으로 마라나타 영접하는 성도가 되어야 하겠습니다.

재림에 대하여 분명 알아야 할 것이 있습니다.

하나, 우리 주님이 오시는 날은 아무도 모릅니다(마24:36, 43). 주님께서 아무도 모른다면 모르는 겁니다. 안다고 하는 이가 있다면 속이는 겁니다. 재림에 대하여나 말세에 대해 숫자로 계산하는 것은 절대 금해야 합니다.

둘, 다시 오시는 주님은 모든 이들이 보는 가운데 오십니다(계 1:7). 볼지어다 그가 구름을 타고 오시리라 각 사람의 눈이 그를 보겠고 그를 찌른 자도 볼 것이요 땅에 있는 모든 족속이 그로 말미암아 애곡하리니 그러하리라 아멘 도적같이 오신다는 말씀은 아무도 모르게 예고 없이 오신다는 거지 보지 못하는 중에 오신다는 말은 아닙니다. 우리가 모르는 사이에 이미 오셨다. 그런 뜻이 아닙니다. 이미 재림주가 오셨다는 이들이 있다면 사이비 한 사람들 즉 바른 신앙인은 아닙니다.

셋, 예수님이 오실 때 기쁨으로 영접하는 사람이 있는가 하면 애곡하며 숨는 자가 있습니다. 왜? 준비되지 못했기 때문에 주님 만날 수 없는 사람들이 후회한다는 말입니다. 마25:1-13절 말씀은 주님이 재림에 대해 직접 말씀하신 비유입니다. 유대인들의 결혼식은 대단히 큰 행사로 취급했답니다. 6세에서 60세까지 잔치 행렬에 참여 하게 되고 율법을 공부하는 사람까지도 13일간 휴가가 계속되어 쉽니다. 이들은 밤에 결혼식을 하게 되는데 신부가 등불을 들고 신랑을 기다리다가 신랑이 오면 입장하게 되고 즉시 문이 닫히며 잔치에 임한 사람들과 함께 혼연 잔치에 들어갑니다.

본문을 보면 열 사람의 처녀가 신랑을 기다립니다. 초 저녁시간부터 기다려도 신랑이 오지 않습니다. 밤이 깊어지자 처녀들은 피곤하여 졸고 잠자는 이도 있었습니다. 밤중이 되어 신랑이 온다는 말에 처녀들이 등불을 켭니다. 다섯 사람은 불을 켭니다. 다섯 사람은 불이 커져 갑니다. 기름 좀 나눠 달라 했는데 거절 합니다. 그들이 기름을 사러 간 동안에 혼연 식이 진행되고 그들은 문을 열어 달라고 했으나 "내가 너희를 알지 못하노라"했다는 내용입니다. 이 말씀 속에 중요한 메시지가 있습니다. 열 처녀 다같이 혼연 찬치에 참여할 수 없다는 겁니다. 오늘 우리는 재림의 주님을 기다리는 신부와 같은 마음으로 말세를 살아야 합니다. 중요한 건 다시 오시는 주님을 맞이하는 그리스도의 신부들이 되어야 한다는 교훈입니다.

1. 처녀이어야 합니다(마25:1)

초림 하실 때 예수님은 동정녀 마리아를 통하여 오셨습니다. 다시 오시는 우리 주님은 처녀에게 오십니다. 신랑을 맞이하지 못한 이들도 신분은 처녀였습니다. 처녀란 말은 순결하다는 말입니다. 여자는 三潔(삼결)해야 한답니다 첫째, 살결 둘, 청결 그리고 순결입니다. 그 중에 순결은 여인의 생명입니다. 깨끗하면서 순결 지조를 지켜야 한다는 말입니다. 즉 "중생"하여 새롭고 "성결"한 삶을 산 사람들이 재림의 주님을 맞게 된다는 말입니다. 약 4:4에 간음한 여인들아 세상과 벗된 것이 하나님과 원수 됨을 알지 못하느냐? 일시적인 자기 유익 위해서 적당하게 웃어주었고 그들과 함께 하였다. 이게 영적 간음이란 겁니다. 세상과 타협하고 적당하게 살았다가 순결을 지키지 못한 겁니다.

2. 처녀는 정절을 지킨 사람입니다.

아름다운 여인에게 수많은 유혹이 옵니다. 그래도 정절을 지킨 여인이 처녀입니다. 작은 것 한 가지도 범하지 않고 지키려고 순교한 신앙인들이 얼마였습니까? 내게 손해가 된다 해도 신앙의 지조를 지킨 사람이 처녀입니다. 우리는 순결합니까? 더구나 믿음의 정절을 지켰나요? 내 마음대로 나 좋은 대로 살았습니다. 영적간음을 수없이 했습니다. 어떻게 다시 오시는 주님을 만날 수 있겠습니까? 있습니다. 이게 복음입니다. 철저하게 회개하면 처녀의 신분으로 회복됩니다. 할렐루야! 회개하세요, 우리 주님이 아십니다. 숨기지 말고 회개하고 열매 맺어야 처녀신분회복입니다.

3. 처녀는 예쁩니다.

신랑 되신 우리 주님을 맞이할 성도는 아름다워야 합니다. 비유에서 평범한 여자가 아닙니다. 아줌마, 할머니, 아닙니다. 처녀입니다. 우리는 처녀입니다. 처녀는 예쁩니다. 자고로 여자는 씨가 고와야 한다고 했습니다. 먼저 맵씨입니다. 모양 즉 자세를 의미합니다. 흐트러지지 않고 단정한 모습을 지녀라합니다. 둘, 솜씨입니다. 무엇인가 재질을 가졌다는 겁니다. 장점을 가져라. 셋. 말씨입니다. 상대가 듣기 원하는 좋은 말을 할 줄 알아야 합니다. 긍정적인 말, 찬성하는 말, 칭찬하는 말, 격려의 말하는 습관을 가져야 합니다. 넷, 글씨입니다. 무언중에 글로 써할 이유가 있을 때 정성을 다해 보기 좋게 쓸 줄 알아야 한답니다. 중요한 건 마음씨입니다. 얼굴보다 마음이 예뻐야 여자입니다. 우리는 그리스도의 신부감들입니다. 하나님께서는 외모를 보는 게 아니라 마음을 보신다고 하였습니다(삼상 1:7). 마음중심에 주님만 사랑하는 마음, 복 받는 마음을 가져야 합니다. 솔로몬은 하나님을 사랑하는 마음 때문에 복을 받았습니다(왕상3:3). 다윗은 하나님의 전을 짓겠다는 마음을 가졌다가 놀라운 축복을 받았습니다(삼하7:3-17). 사람이 외모를 아름답게 하기 위하여 화장하는 것 같이 마음을 다듬고 단장해야 합니다. 다시 오실 주님을 영접하는 신앙인은 영적으로 처녀이어야 합니다.

4. 등을 가져야 합니다.

신랑을 맞이하려고 처녀들은 등을 들고 있었습니다. 등이란 무엇인가? 믿음이라고 말합니다.

믿음이 없이는 하나님을 기쁘시게 할 수 없다 하였습니다(히 11:6). 믿음으로만 구원을 받습니다. 믿음의 등을 가져야 다시 오시는 주님을 맞이하게 됩니다. 세상에서는 돈이 제일 중요하고 좋다고 말합니다. 영적인 세계에서는 믿음이 최고 좋은 겁니다. 교회 다니는 것이 믿음이 아닙니다. 믿음 없이 교회도 다닐 수 있습니다. 부모가 교회 다니기 때문에 자녀들도 교회에 다니는 경우가 있습니다. 많이 안다고 믿음 좋은 것 아닙니다. 성경 많이 안다. 신학에 대하여 석학이다. 안다는 것은 지식입니다. 믿음은 지식이 아닙니다. 열심히 특별하다고 믿음 있다고 말할 수 없습니다. 감정표현을 믿음으로 오해 하기 쉽습니다. 믿음이 뜨겁기 때문에 열심으로 표현될 수는 있습니다. 어떤 이가 믿음을 이렇게 분류하였습니다.

첫째, 머리믿음입니다. 이해하고 긍정합니다. 지적으로 동의합니다. 하나님 살아계신다. 천국 있다. 주여 주여 기도합니다. 그런데 주님은 그런 이들을 알지 못하신다고 하신답니다(마7:23).

둘째, 마귀신앙이 있답니다(약2:9). 하나님 한 분이시다. 하나님 두려워합니다. 지옥 가는 것 겁냅니다. 실제는 그들의 생각과 삶에서 예수와 관계가 없습니다. 믿음아닙니다.

셋째, 중심신앙입니다. 생각의 중심이 예수입니다. 삶에 중심이 성경입니다. 하나님께서 기뻐하시기 때문에 예배드립니다. 복 받겠다고 헌금하고 섬기는 게 아니라 주님이 기뻐하시기 때문에 헌신 봉사 합니다. 믿음의 사람들이 어떻게 환란 중에도 기뻐할 수 있었습니까? 하나님이 함께 하신다는 확신이 있었기 때문입니다. 이런게 중심신앙입니다. 믿음은 하나님의 말씀을 그대로 받아 드리고 실행하는 겁니다. 홍해에 있는 모세는 하나님 말씀대로 지팡이 내어 밀고 순종할 때 홍해가 육지가 되었습니다. 믿음은 모든 것을 맡기는 겁니다. 은행에 예금하는 건 은행이 책임져 준다는 것을 믿기에 맡기는 겁니다. 나의 모든 것을 주님께 맡길 수 있다면 이게 믿음입니다. 신뢰하고 의지하여 맡기는 겁니다. 진정한 믿음이라면 신뢰가 선행됩니다.

말씀에 의지하여 행동하는 겁니다. 말씀을 듣고 그 말씀대로 되어진다. 아멘 받아 드렸는데 행동하지 않으면 잠자는 믿음입니다. 전기 시설 완료했습니다. 완벽합니다. 그런데 전기는 들어 오지 않습니다. 왜? 스위치를 올리지 않았기 때문입니다. 스위치를 ON 하는 것 이게 믿음입니다. 재림하시는 주님 기다리는데 믿음의 등이 없다면 얼마나 잘못된 겁니까? 신랑을 맞이하지 못한 이들도 등은 가지고 있었습니다. 우리는 어떤 경우에도 믿음의 등을 굳게 잡고 기다려야 합니다.

5. 분명한 목적이 있어야 합니다.

신부들은 목적이 있습니다. 신랑을 영접하여 혼인잔치에 들어가는 것이었습니다. 어떤 일을 시행하려 한다면 목적이 분명해야 합니다. 길 가는 사람은 갈 곳 목적지가 분명하고 왜 가야 하나? 목적이 분명해야 합니다. 신부들이 등 들고 기다리는 이유는 신랑을 맞이하기 위함입니다. 우리가 왜? 예수 믿습니까? 예수 믿으면 많은 위로를 받는다. 맞습니다. 참 평안과 기쁨을 갖게 됩니다. 이것도 맞습니다. 몸이 항상 연약하여 건강의 축복 혹은 물질의 축복 받기 위하여 교회 나온 이도 있습니다. 그것도 가능합니다. 신앙생활의 참 목적은 예수 만나 영생 얻고 천국 가는 겁니다. 믿음 지키다가 순교한 사람이나 평범한 신앙을 가진 이들 모두 목적은 같습니다. 하나님 나라 천국 가는 겁니다. 예수는 반드시 다시 오십니다. 오신다고 약속하셨습니다.

이 약속이 신약 성경에서 무려 318회나 기록되었답니다. 세상 어디를 봐도 말세 징조가 보입니다. 딤후 3:3이하의 증조가 나타납니다. 우리는 다시 오시는 주님을 만난다는 목적을 갖고 준비하고 기다려야 합니다.

6. 슬기 있어야 합니다(마25:4).

잠 자지 않는 이들입니다. 열 사람의 신부들이 일부는 졸고 잠자고 있었습니다. 왜 졸고 자게 되나요? 신랑이 더디 오기 때문입니다. 마 25:5 우리가 말하는 말세 언제부터였습니까? 우리 주님 부활하시고 승천하신 때부터입니다. 예수님 제자들이 보는 중에 승천하십니다. 행1:10-11 "그때 제자들이 자세히 하늘 쳐다보는데 어찌하여 하늘을 쳐다보느냐? 너희 가운데서 하늘로 올려지신 이 예수는 하늘로 가심을 본 그대로 오시리라 하셨느니라" 제자들이 살아 있는 동안에 오시리라 믿은 이들도 있었습니다. 그런데 어언 2천 년이 지났습니다.

다시 오신다고 약속하신 주님이 더디 오십니다. 기다리다가 잊어버릴 정도입니다. 그래서 다시 오심 즉 재림에 대한 약속을 잊은 이들이 있습니다. 더디 오신다 해도 잠자지 말고 졸지도 않아야 합니다. 이게 영적으로 슬기 있는 이들입니다. 주님 다시 오심에 대한 중요한 말씀이 있습니다. 그런즉 "깨어 있으라"(마25;13)는 말씀입니다. 깨어있다는 말은 사방을 두루 살핀다는 뜻입니다. 주님이 하신 말씀을 읽고 생각하면서 주변과 자신의 신앙을 살펴봐야 합니다. 어디를 봐도 말세징조가 나타난다. 이럴 때 신앙의식을 바르게 갖자 다짐해야 합니다. 깨어 있다는 것은 기도한다는 말입니다(마26:38). 기도하는 사람은 깨어 있는 겁니다. 오늘 진정한 기도가 있습니까? 잠자지 말고 깨어 기도하는 사람은 슬기로운 신앙인입니다.

불 꺼져 가지 않는 이입니다(마25:8). 주님 신랑예수를 맞겠다는 이들의 불이 켜져가고 있습니다. 등은 불이 켜 있어야 등불입니다. 이성의 불이 켜지지 않아야 합니다. 믿음이 좋은 거지만 이성의 불이 켜지면 광신이 될 수 있습니다. 사랑도 그렇습니다. 깊이 생각할 줄 알아야 하고 하나님의 뜻이 무엇인지 분별하는 이성을 가져야 합니다. 양심의 불이 꺼지지 않아야 합니다. 딤전1:19에 화인 맞은 양심을 가진 이들이 있습니다. 탐욕 때문에 이기심 때문에 양심이 마비 된 이들입니다. 중요한 건 영적인 불입니다. 삼상3:3 엘리제사장 때 "하나님의 등불이 아직 꺼지지 아니하였으며"라 하였습니다. 세상이 아무리 힘들고 고난 시련이 있어도 은혜의 불이 꺼지지 않아야 합니다.

기름을 가진 이들입니다. 기름 있으면 불이 꺼지지 않습니다. 기름이란? 성령입니다. 이사야61:1 "주 여호와의 영이 내게 내리셨으니 이는 여호와께서 내게 기름을 부으사"라 하였습니다.

주님 처음 오실 때 동정녀 마리아의 몸을 의지하고 오셨습니다. 성령으로 잉태되셨다 하였습니다. 다시 오시는 주님은 기름 가진 이가 맞이하게 됩니다. 예수의 오심에 있어 성령과 절대적 관계가 있습니다. 기름충만은 성령충만입니다. 성령과 신앙은 뗄 수 없는 절대적 관계입니다. 기름 어떤 역사 하나요?

사명을 수행하게 합니다. 출29:29 "직분을 맡길 때 즉 안수 받은 분들을 기름부음 받았다"고 표현 합니다. 성령으로 기름부음 받아야 맡겨주신 사명을 수행하게 됩니다. 예수의 제자들이 제자훈련으로 사명 수행한 게 아닙니다. 오순절에 성령 받은 후에 제자의 사명을 다한 겁니다.

기름은 영적 화장품입니다. 아름답게 하기 위해 화장합니다. 영적인 화장은 성령의 기름으로 합니다. 아가1:3 향내 나는 기름으로 단장하고 아가3:3에 룻이 온몸에 기름으로 바르고 보아스를 만납니다. 그리스도인들이 영적으로 아름다워지려면 성령기름으로 화장해야 합니다. 진정 성령 충만한 신앙인들은 추한 모습을 보이지 않습니다. 행6:15 "성령 충만한 스데반의 얼굴이 천사와 같았다"라고 했습니다.

하나님이 기뻐하시는 영적 예배를 드리게 됩니다. 요4:24 하나님은 신령과 진정으로 드리는 예배 자를 찾으신다 하였습니다. 신령이란 영적이란 말입니다. 창세기4:3-5 가인과 아벨이 하나님께 제사 드립니다. 왜 아벨의 예배만 열납 되었나? 양의 첫 새끼와 기름으로 드렸기 때문에 열납되었습니다. "기름 있느냐 없느냐?"에 달려 있습니다. 성령으로 드리는 제사 예배가 열납 된다는 교훈입니다.

기름은 치유의 약입니다. 약5:14 "병든 자가 있느냐 그는 교회의 장로들을 청할 것이요 그들은 주의 이름으로 기름을 바르며 그를 위하여 기도 할지니라 치유를 위해 먼저 청하라 다음 기름 바르라 그리고 기도하라" 기름이란 성령으로 기도하라는 말입니다. 사랑하는 성도 여러분 우리 주님은 분명 다시 오십니다. 재림의 주님을 기쁨으로 맞이하는 신앙인들이 되셔야 합니다.

순 처녀가 되어야 합니다. 순결을 지켜야 합니다. 초대교회 신앙인들은 목숨을 걸고 지켰습니다. 변하지 않는 순수한 믿음 재림신앙을 갖고 믿음으로 살아야 합니다. 주님 오심에 대한 소망을 갖고 기다리는 신앙인 되어야 합니다. 어리석은 자가 되지 맙시다. 슬기 있는 신앙인은 잠자지 않습니다. 아무리 피곤해도 졸지도 않고 깨어있습니다. 불이 꺼지지 않게 합시다. 성령 기름으로 충만하여 내게 맡겨진 사명 감당하며 주님 기다리다가 주님 오실 때 마라나타 두 손 높이 들고 환영하며 우리 주님을 영접하실 수 있어야 하겠습니다. 나 자신이 살아있는 동안에 주님 오신다면 그대로 들림 받고 내가 세상을 떠난 중에 오신다면 일차 부활하여 휴거 되고 공중 혼인 잔치에 동참하는 복된 신앙인들 되시기를 축복합니다. 아멘.

오직 깨어 정신을 차리라

데살로니가전서 5장 1~11절

천안성결교회 윤학희 목사

우리나라 사람들이 잘 못하는 일 중에 하나가 기다리는 것입니다. 특히 줄 서서 기다리는 것을 잘 하지 못합니다. 사람들이 기다리지 못하는 이유는 크게 두 가지라고 생각합니다. 하나는 성질이 급한 겁니다. 머든지 빨리 해치워야 직성이 풀리기 때문입니다. 또 하나는 믿음이 없는 겁니다. 오래 기다려도 자기 차례가 반드시 온다는 믿음이 없어요. 그래서 새치기하는 겁니다.

사실 가장 힘든 일 중에 하나가 기다리는 것입니다. 그것도 기약 없이 기다리는 것은 정말 고역입니다. 그래서 다시 오실 예수님을 기다리는 것도 쉬운 일이 아닙니다. 언제 오실지 기약이 없기 때문입니다. 그래서 예수님의 제자들을 비롯해서 많은 사람들이 예수님이 언제 오시나 그 때를 알기를 원했습니다. 때를 알면 기다리기가 훨씬 쉽기 때문입니다. 그런데 성경은 예수님이 다시 오실 때에 대해서는 침묵하고 있습니다. 물론 예수님이 다시 오실 것이라는 사실은 성경에서 분명하게 말씀하고 있습니다. 예수님 자신도 그렇게 약속하셨습니다. 마태복음 24장 29절부터 31절까지 말씀을 보세요.

29 그 날 환난 후에 즉시 해가 어두워지며 달이 빛을 내지 아니하며 별들이 하늘에서 떨어지며 하늘의 권능들이 흔들리리라 30 그 때에 인자의 징조가 하늘에서 보이겠고 그 때에 땅의 모든 족속들이 통곡하며 그들이 인자가 구름을 타고 능력과 큰 영광으로 오는 것을 보리라 31 그가 큰 나팔소리와 함께 천사들을 보내리니 그들이 그의 택하신 자들을 하늘 이 끝에서 저 끝까지 사방에서 모으리라

인자는 하나님의 아들이시지만 사람의 몸을 입고 오셨던 예수님을 일컫는 것입니다. 인자가 천사들의 나팔소리와 함께 큰 영광중에 오시는 것을 땅의 모든 족속이 볼 것이라는 말씀입니다. 부활하신 예수님이 하늘로 올리어 가실 때도 다시 오실 것을 약속하셨습니다. 사도행전 1장 9절부터 11절 말씀을 보세요.

9 이 말씀을 마치시고 그들이 보는데 올려져 가시니 구름이 그를 가리어 보이지 않게 하더라 10 올라가실 때에 제자들이 자세히 하늘을 쳐다보고 있는데 흰 옷 입은 두 사람이 그들 곁에 서서 11 이르되 갈릴리 사람들아 어찌하여 서서 하늘을 쳐다보느냐 너희 가운데서 하늘로 올려지신 이 예수는 하늘로 가심을 본 그대로 오시리라 하였느니라

이 때 예수님이 하늘로 올리어 가시는 것을 본 사람들은 예수님의 제자들을 비롯해서 갈릴리에서부터 예수님을 따르던 120여 명의 사람들이었습니다. 그들은 평생 예수님이 하늘로 올려 가시던 장면을 잊지 못했을 것입니다. 그리고 천사가 한 말대로 자기들이 본 그대로 다시 오실 예수님을 학수고대하며 살았을 것입니다. 그래서 초대교회 성도들의 가장 큰 관심사는 예수님이 언제 다시 오시는가 하는 것이었습니다. 그런데 오늘 말씀에 사도 바울은 예수님이 다시 오실 때와 시기에 대해서는 쓸 것이 없다고 말하고 있습니다. 데살로니가전서 5장 1절과 2절은 이렇게 말씀합니다.

1 형제들아 때와 시기에 관하여는 너희에게 쓸 것이 없음은 2 주의 날이 밤에 도둑 같이 이를 줄을 너희 자신이 자세히 알기 때문이라

예수님이 다시 오실 마지막 날이 언제인가 그 때와 시기에 대하여 쓸 것이 없는 이유는 주의 날이 밤에 도둑같이 이를 것이기 때문이라는 말씀입니다. 도둑은 아무 예고 없이 옵니다. 미리 예고하고 오는

도둑은 없습니다. 그런 것처럼 주의 날이 아무런 예고 없이 갑자기 올 것이라는 말씀입니다. 3절에서도 임신한 여자에게 해산의 고통이 이름같이 멸망의 날이 갑자기 이를 것이라고 말씀하고 있습니다.

정말 그래요. 임산부에게 언제 산고가 올지 아무도 모릅니다. 물론 예정일이 있지만 그 예정일에 맞춰서 산고가 찾아오는 것은 아닙니다. 산고는 갑자기 찾아옵니다. 그래서 차 안에서 해산하는 산모도 있고요, 심지어 비행기 안에서 해산하는 산모도 있습니다. 지난 8월 달에 두바이에서 필리핀으로 가는 세부퍼시픽 항공기 안에서 임신 8개월 된 산모가 갑자기 진통이 와서 딸을 낳았습니다. 아기가 두 달 먼저 나옵니다. 그래서 항공사에서 그 아이에게 100만 항공마일리지를 선물로 줬답니다. 해산의 고통은 갑자기 오는 것입니다. 그런 것처럼 예수님도 아무런 예고 없이 갑자기 오실 것입니다.

사랑하는 성도 여러분! 우리 예수님은 반드시 다시 오십니다. 예수님은 갑자기 오십니다. 그러므로 우리가 해야 될 것은 언제 예수님이 다시 오시는가 때와 시기를 아는 것이 아닙니다. 그 날과 그 시는 아무도 모릅니다. 예수님도 모르고 천사도 모릅니다. 오직 아버지 하나님만 아십니다. 그러므로 우리가 해야 될 것은 언제 예수님이 오셔도 예수님을 맞을 준비를 하고 있는 것입니다. 오늘 우리에게 주신 하나님의 말씀인 데살로니가전서 5장은 다시 오실 예수님을 기다리며 사는 우리가 해야 할 일이 무엇인가를 가르치고 있습니다.

첫째로 깨어 정신을 차리고 있는 것입니다. 데살로니가전서 5장 5절과 6절 말씀을 보세요.

5 너희는 다 빛의 아들이요 낮의 아들이라 우리가 밤이나 어둠에 속하지 아니하나니 6 그러므로 우리는 다른 이들과 같이 자지 말고 오직 깨어 정신을 차릴지라

예수 그리스도를 믿는 사람들은 빛의 아들이요, 낮의 아들이기 때문에 밤이나 어둠에 속하지 않는다는 겁니다. 그러므로 밤에 속한 사람들처럼 잠자지 말고 낮에 속한 사람답게 오직 깨어 정신을 차리고 있어야 한다는 말씀입니다. 밤에는 당연히 자야합니다. 다른 사람들이 다 자고 있는 한 밤 중에 돌아다니는 사람은 수상한 사람입니다. 그러나 낮에는 깨어 있어야 합니다. 대낮이 됐는데도 잠에 빠져서 정신을 못 차리고 있으면 안 됩니다. 날이 밝으면 깨어서 정신을 차려야 합니다. 깨어 있어도 정신을 차리지 않으면 아무 소용이 없습니다. 잠에서 깨어나야 할 뿐 아니라 정신을 차리고 있어야 합니다.

우리가 깨어서 정신 차리고 있어야 할 이유가 있습니다. 예수님이 언제 오실지 모르기 때문입니다. 데살로니가전서 5장 2절에서 '주의 날이 도둑 같이 이를 것이라'고 말씀했습니다. 그런데 4절에서는 '형제들아 너희는 어둠에 있지 아니하매 그 날이 도둑 같이 너희에게 임하지 못하리니'라고 말씀했습니다. 이게 무슨 뜻일까요? 항상 깨어 있으면 예수님이 언제 오셔도 반갑게 맞이할 수 있다는 겁니다. 그래

서 잠을 자고 있는 사람에게는 예수님이 도둑같이 오시지만 깨어 있는 사람에게는 그렇지 않다는 것입니다. 깨어 있는 사람은 예수님이 언제 오셔도 당황하지 않고 기쁘게 맞이할 수 있기 때문입니다. 그러므로 우리는 더 이상 잠자지 말고 깨어 있어야 합니다.

마태복음 25장에서 예수님은 천국은 마치 등을 들고 신랑을 맞으러 간 열 처녀와 같다고 말씀하셨습니다. 그 중에 다섯은 슬기 있고, 다섯은 미련했습니다. 슬기로운 다섯 처녀는 등과 함께 그릇에 기름을 담아서 따로 가지고 갔는데 미련한 다섯 처녀는 등만 달랑 가지고 갔습니다. 그런데 신랑이 더디 오므로 다 졸며 잤습니다. 그러다가 신랑 오는 소리를 듣고 일어나서 신랑을 맞으러 가려고 하니까 등불이 꺼져가고 있었습니다. 그래서 기름을 준비한 처녀들에게 기름 좀 달라고 하니까 우리도 부족할지 모르니 줄 수 없다고 말해서 기름을 사러 간 사이에 신랑이 와서 그들은 그만 신랑을 맞이하지 못하고 말았습니다. 이 비유는 이 말씀으로 끝납니다. 마태복음 25장 13절을 보세요.

13 그런즉 깨어 있으라 너희는 그 날과 그 때를 알지 못하느니라

신랑 되신 예수님이 오실 그 날과 그 때를 알지 못하기 때문에 깨어 있어야 한다는 것입니다. 로마서 13장 11절에서도 이제 자다가 깰 때가 됐다고 말씀했습니다. 우리가 처음 예수님을 믿을 때보다 주님 오실 날이 점점 가까워지고 있기 때문입니다.

물론 여기서 깨어 있으라는 말은 영적인 말입니다. 우리의 육신이 잠을 자지 말고 깨어 있어야 한다는 말은 아닙니다. 우리의 영혼이 깨어 있어야 한다는 겁니다. 사람의 몸은 잠들면 무감각해집니다. 잘 때 눈을 감고 있을 뿐 아니라 뇌도 쉬고 있기 때문입니다. 그래서 어떤 사람은 한번 잠들면 업어 가도 모르는 사람이 있습니다. 그런 것처럼 영혼이 잠들어 있는 사람은 하나님의 임재를 느끼지 못하며 살아갑니다. 예수님과 아무런 상관이 없는 사람처럼 살아갑니다. 주님의 뜻을 헤아려 보지도 않고, 다시 오실 주님을 기다리며 살지도 않습니다. 그냥 육신의 눈으로 보이는 대로, 마음이 가는대로 그냥 살아갑니다. 그러면 절대로 안 됩니다. 예수님이 언제 오실지 모르기 때문입니다.

사랑하는 성도 여러분! 더 이상 잠자지 말고 깨어서 정신을 차리고 있다가 주님이 언제 오셔도 기쁨으로 맞으시기를 축복합니다.

둘째로 믿음과 사랑의 호심경을 붙이고 구원의 소망의 투구를 써야 합니다. 데살로니가전서 5장 8절을 보세요.

8 우리는 낮에 속하였으니 정신을 차리고 믿음과 사랑의 호심경을 붙이고 구원의 소망의 투구를 쓰자

우리는 어둠이 아니라 낮에 속한 사람이기 때문에 정신을 차리고 믿음과 사랑의 호심경을 붙이고 구원의 소망의 투구를 써야 한다는

말씀입니다. 어두운 밤에 자면서 입는 옷이 있고요, 낮에 깨어서 입는 옷이 있습니다. 그런데 깨었어도 정신을 차리지 않으면 낭패를 당할 수도 있습니다. 전에 어느 목사님이 새벽기도 시간이 됐는데 일어나지 못하고 잠을 자고 있었답니다. 사택이 교회 마당에 있었는데 한 성도가 와서 창문을 두드렸습니다. 깜짝 놀라서 일어나 시계를 보니 벌써 10분이나 지났습니다. 서둘러서 양복을 입고 나가서 새벽기도를 인도하기 시작했는데 찬송을 부르다가 아래가 허전해서 봤더니 글쎄 파자마만 입고 있었더랍니다. 잠에서 깼어도 정신을 차리지 않으면 그런 일을 당할 수 있습니다.

그래서 깨어 있을 뿐 아니라 정신을 차리고 믿음과 사랑의 호심경을 붙이고, 구원의 소망의 투구를 쓰자고 말씀하고 있는 것입니다. 호심경은 당시 군인들이 심장을 보호하기 위해서 가슴이 붙였던 판이었습니다. 로마 군인의 호심경은 쇠나 청동으로 만들었답니다. 그런데 그리스도인들은 믿음과 사랑이라는 호심경을 붙여야 한다는 것입니다. 이 말씀에서 우리는 믿음과 사랑이 그리스도인의 생명을 지켜주는 호심경이라는 사실을 알게 됩니다.

믿음이 그리스도인의 호심경이라는 것은 이상할 것 없습니다. 당연한 겁니다. 여호와 하나님이 창조주이신 것을 믿고, 예수가 하나님의 아들이시오, 우리의 구세주 그리스도이신 것을 믿는 것이 우리의 생명이기 때문입니다. 이 믿음 없이는 영생을 얻을 수 없고, 하나님의 나라에 들어갈 수 없기 때문입니다. 사랑하는 성도 여러분! 창조주 하나님이 지금도 살아서 역사하시는 것을 믿으시기 바랍니다. 예수가 하나님의 아들이시오, 그리스도이신 것을 믿으시기 바랍니다. 무슨 일이 있어도 이 믿음이 흔들리지 말아야 합니다. 이 믿음만 있으면 우리는 구원받습니다.

그런데 데살로니가전서 5장 8절은 믿음 뿐 아니라 사랑도 우리가 붙여야 할 호심경이라고 말씀하고 있습니다. 믿음 뿐 아니라 사랑도 우리의 영원한 생명을 지키는 호심경이라는 말씀입니다. 그러니까 아무리 믿음이 있다고 해도 사랑이 없으면 아무 것도 아니라는 것입니다. 그래서 고린도전서 13장 2절에서 이렇게 말씀하고 있습니다.

2 내가 예언하는 능력이 있어 모든 비밀과 모든 지식을 알고 또 산을 옮길 만한 모든 믿음이 있을지라도 사랑이 없으면 내가 아무 것도 아니요

예언하는 능력도 있고 산을 옮길 만한 믿음이 있어도 사랑이 없으면 아무 것도 아니라는 것입니다. 믿음과 사랑은 함께 있어야 한다는 것입니다. 그러므로 우리가 다시 오실 주님을 맞이하기 위해서는 믿음 뿐 아니라 사랑이 꼭 필요하다는 것입니다. 여기서 말씀하고 있는 사랑은 아가페입니다. 사실 믿음과 사랑은 동전의 양면과도 같습니다. 예수 그리스도를 믿는 믿음이 분명하다면 당연히 그 사람 안에 그리스도의 사랑도 넘쳐야 합니다. 믿음이 있다고 하면서도 사랑이 없다면 뭔가 아주 잘 못된 것입니다. 그래서 우리에게 믿음과 함께

사랑도 넘쳐야 합니다.

또한 구원의 소망의 투구를 써야한다고 말씀했습니다. 투구는 머리를 보호하는 장비입니다. 머리는 심장처럼 사람의 생명을 지키기위해서 중요한 곳입니다. 그래서 군인들은 머리를 보호하는 투구를 썼습니다. 특별히 지위가 높은 장군일수록 멋들어진 투구를 썼습니다. 옛날에 왕은 황금으로 투구를 만들어 쓰기도 했습니다. 그런데다시 오실 예수 그리스도를 기다리고 있는 그리스도인들은 구원의소망의 투구를 써야한다는 것입니다. 하나님의 소원은 우리 모두가다 구원받는 것입니다. 데살로니가전서 5장 9절과 10절 말씀을 보세요.

9 하나님이 우리를 세우심은 노하심에 이르게 하심이 아니요 오직우리 주 예수 그리스도로 말미암아 구원을 받게 하심이라 10 예수께서 우리를 위하여 죽으사 우리로 하여금 깨어 있든지 자든지 자기와함께 살게 하려 하셨느니라

하나님은 우리를 세우심은 노하심에 이르게 하심이 아니라 오직 예수 그리스도로 말미암아 구원을 받게 하려하심이라는 말씀입니다. 우리가 구원받게 된 것은 우리의 계획이나 공로에 따라서 된 것이 아니라 하나님의 계획과 예수 그리스도의 십자가를 통해서 이루어진 것이라는 말씀입니다. 그래서 우리에게 구원의 소망이 있는 것입니다. 만일 하나님이 우리를 구원하시는 것을 기뻐하지 않으시고, 한 사람

이라도 더 지옥에 떨어뜨리기 원하신다면 우리에게는 구원의 소망이 없습니다. 그런데 하나님의 소원은 우리 중에 한 사람도 지옥에 떨어지지 않고 구원을 받아 천국에 가는 것입니다. 그리고 우리의 구원을 이루시기 위해서 예수님이 십자가에 달려 죽으시고 다시 사셨습니다. 그래서 우리에게 구원의 소망이 있는 것입니다.

투구는 벗겨지기 쉽습니다. 말을 타고 달리거나 뛰어가면 흔들립니다. 더구나 적과 싸울 때는 서로 창으로 투구를 쳐서 벗겨내려고 합니다. 그래서 투구는 꼭 붙들어 맵니다. 무슨 일이 있어도 벗겨지지 않도록 단단하게 맵니다. 그런 것처럼 그리스도인들은 주님을 만날 때까지 구원의 소망을 잃지 말아야 합니다. 힘들고 어려울수록 구원의 소망을 단단히 붙들고 살아야 합니다. 우리가 믿음과 사랑의 호심경을 붙이고, 구원의 소망의 투구를 쓰고 있기만 하면 우리는 반드시 승리할 것입니다. 그러나 그게 쉽지 않습니다. 승리하는 것이 쉽지 않은 것이 아니라 항상 깨어서 정신을 차려서 믿음과 사랑의 호심경을 항상 붙이고 있고, 구원의 소망의 투구를 항상 쓰고 있는 것이 쉽지 않다는 것입니다. 그래서 데살로니가전서 5장 11절에서는 마지막으로 이렇게 권면하고 있습니다.

11 그러므로 피차 권면하고 서로 덕을 세우기를 너희가 하는 것 같이 하라

우리는 서로 자지 말고 깨어 있도록 격려해야 합니다. 조는 사람이

있으면 깨워야 합니다. 잠자고 있는 사람도 흔들어서 깨워야 합니다. 깨어 있어도 믿음과 사랑의 호심경을 붙이고 있지 않고, 구원의 소망의 투구를 쓰고 있지 않으면 빨리 믿음과 사랑의 호심경을 붙이고, 구원의 소망의 투구를 쓰도록 격려해야 합니다. 나 혼자 믿음과 사랑의 호심경을 붙이고, 구원의 소망의 투구를 쓰고서 다른 사람이야 자든지 말든지 믿음과 사랑의 호심경을 붙이든 말든, 구원의 소망의 투구를 쓰든 말든 상관하지 않으면 잘 못이라는 것입니다. 깨어 있도록 서로 격려하고, 믿음과 사랑의 호심경을 붙이고, 구원의 소망을 투구로 쓰고 주님을 기다리도록 격려해야 한다는 것입니다.

우리는 다시 오실 예수님을 기다려야 합니다. 예수님은 약속하신 대로 반드시 다시 오실 것입니다. 그러나 그 날과 그 시는 아무도 모릅니다. 사실 예수님이 언제 오시는가 하는 것은 중요하지 않습니다. 문제는 항상 깨어서 정신을 차리고 다시 오실 예수님을 맞을 준비를 하고 있는 것입니다. 우리는 예수님이 언제 오실지 때에 관심을 가질 필요가 없습니다. 다만 깨어 정신을 차리고 있으면 됩니다. 그리고 믿음과 사랑의 호심경을 붙이고 구원의 소망의 투구를 쓰고 있으면 됩니다.

사랑하는 성도 여러분! 마지막이 가까울수록 깨어서 정신을 차리시기를 바랍니다. 정신을 차려서 믿음과 사랑의 호심경을 붙이고, 구원의 소망의 투구를 쓰시기를 바랍니다. 그래서 언제 예수님이 오셔도 부끄러움을 당하지 않고 기쁘게 맞이할 수 있기를 축원합니다.

재림 하시는 예수님

마태복음 24장 3~14절

증가교회 원로 이정복 목사

우리 예수님은 반드시 재림하십니다. 예수님은 반드시 세상에 다시 오십니다. 예수님이 재림하시는 목적은 1)세상을 심판하시기 위함이요(마25:31-33, 계19:15) 2)마귀를 멸하기 위함이며(요일3:8) 3)순교자들의 호소에 응답하시기 위함이요(계6:10) 4)성도들을 천국으로 인도해 주시기 위함입니다(마25:6, 요14:3).

우리 예수님이 이 땅에 재림하시는 그 날과 그 시는 아무도 모릅니다. 그 날과 그 시는 천사도 모르고 아들도 모르고 오직 하나님 아버지만 아신다고 말씀 하셨습니다(마24:36). 그러나 오늘 본문 말씀을 중심으로 성경 여러 곳을 보면 예수님께서 재림하시는 그 날과 그 시는 말씀하지 않으셨으나 그 때의 징조는 정확하게 말씀 하시면서 성도들은 깨어 준비하라 하셨습니다.(마24:42, 44)

예수님께서 말씀하신 예수님 재림 때의 징조들은!!

첫째, 거짓 그리스도와 거짓 선지자들 즉 이단자들이 나타나 많은 사람들을 미혹하며, 심지어 "택한 백성 곧 성도들을 미혹하는 일들이 있을 것이라" 말씀하셨습니다. 본문 5절에 "많은 사람이 내 이름으로 와서 이르되 나는 그리스도라 하여 많은 사람을 미혹하리라" 11절에 "거짓 선지자가 많이 일어나 많은 사람을 미혹하겠으며....." 24절에 "거짓 그리스도들과 거짓선지자들이 일어나 큰 표적과 기사를 보여 할 수만 있으면 택하신 자들도 미혹하리라" 말씀 했습니다.

사실 우리 주변에는 예수님께서 예언하신 대로 거짓 그리스도와 거짓 선지자들 곧 이단자들이 많이 있습니다. 우리나라는 말 할 것도 없고 미국, 일본, 대만, 필립핀, 러시아, 중동의 여러나라에 이르기까지 정말 이단자들이 많이 있습니다. 마치 자기가 그리스도인 것처럼 행세하고 자기가 하나님께로 부터 참 계시를 받은 참 목자인 것처럼 위장하여 순진한 성도들과 순진한 사람들을 미혹하는 거짓 그리스도와 거짓 선지자들이 너무 너무 많습니다. 어떤 목사님은 말하기를 지금 세계적으로 거짓 그리스도가 103명 정도가 된다며. 그 중에 한국이 제일 많다고 하더군요.

속지 맙시다. 그들은 말합니다. 자기는 하나님께로부터 특별한 계시를 받은 자다, 자기는 참된 진리를 받은 하나님의 종이라고 소개하며, 기성교회의 목사들을 은근히 비판하면서 자기에게 와서 말씀을 듣고, 말씀을 배워야 된다, 자기에게 와서 예언 기도도 받고, 자기에게 와서 안수를 받아야 병 고침도 받고, 축복도 받으며, 능력도 받고, 천국에 들어 갈 수도 있다며 아주 교활한 방법으로 사람들을 유혹하면서 돈과 재산을 빼앗는가 하면 심지어는 정조까지 빼앗아 가정까지 파괴시키는 일들이 적지 않으며, 양의 껍질을 쓰고 순진한 양들을 잡아먹는 거짓 그리스도들과 거짓 선지자들이 많이 있습니다. 그러므로 우리 성도들은 이런 이단자들의 미혹에 절대로 빠지지 않도록 늘 주의하시기 바라며 담임 목사님의 지도를 잘 받으면서 성경을 많이 읽음으로 분별하는 지혜를 가져야 될 것입니다.

둘째, 곳곳에서 전쟁이 많이 일어 날 것이라 말씀 하셨습니다. 본문 7절에 "민족이 민족을, 나라가 나라를 대적하여 일어나겠고..." 말씀했습니다. 오늘 우리가 살고 있는 지구촌에는 예수님의 예언대로 민족과 국가 간에 크고 작은 전쟁들이 그 어느 때 보다 많이 일어나고 있습니다.

뉴스월드지의 보고서에 의하면 최근에 일어나고 있는 전쟁들이 128건이나 발생 되었는데, 그 전쟁의 양상을 보면 52건은 국가 간의 전쟁이었고, 50건은 반란으로 인한 전쟁이었고, 17건은 내란으로 인한 전쟁이었으며, 기타는 노사문제나 정책이념 대립 등으로 일어난 전쟁들이었다고 보고했습니다.

여러분 어느 시대나 전쟁은 자주 있었습니다만 요즘처럼 민족과 민족 간에 국가와 국가 간에 갈등과 대립과 전쟁과 내란이 많았던 때는 일찍이 없었습니다. 그런데 역사학자들이나 말세론을 연구하는 성서 학자들의 예고에 의하면 앞으로는 더더욱 경제문제로, 사상적 이념 문제로, 종교 문제로, 영토 문제로, 물 부족 문제로, 정치적 대립 문제로, 노사 문제로, 더욱더 전쟁이 심화될 것이라 예고하고 있습니다. 이는 지금 이 시대야 말로 정말 예수님의 재림이 가까이 오고 있음을 알려주는 예고라는 사실을 명심하시고 우리 성도들은 영의 눈을 밝혀 이 시대를 바라보며 깨어 준비하는 성도가 되어야 할 것입니다.

셋째, 처처에 기근이 심하고 지진이 일어날 것이라 말씀 하셨습니다. 본문 7절에 "곳곳에 기근과 지진이 있으리니...." 말씀하셨습니다. 이 예언의 말씀 역시 여러분들이 신문이나 텔레비전 또는 각가지 보도들을 통해서 보고 들어서 알고 있듯이 현실적으로 이루어지고 있습니다. 지금 우리가 살고 있는 이 지구촌의 가장 심각한 문제가 무엇이라 생각 하십니까? 식량부족 문제입니다. 이 식량 부족 문제는 앞으로 갈수록 더 심각해 질 것이라 말합니다. 그 이유는? 지금 세계 인구는 약 73억-74억으로 추산하고 있습니다. 그런데 매년 죽는 사람을 빼고 늘어나는 숫자가 1억 2천만 명 - 1억 3천만 명씩 증가되고 있다고 합니다. 이 수치를 다시 계산해 보면 매일 매일 약 33만 명씩 증가되고 있다는 것입니다. 이에 반하여 우리가 살고 있는 이 땅에서 생산되는 식량은 UN의 보고에 의하면 불과 41억-42억의 인구가 먹을 수 있는 식량만 생산되고 있다고 합니다. 그래서 지금도 식량이 절대적으로 부족하여 매년 수 백만 명씩, 매일 1만 9천 명씩

기아로 죽어가고 있다고 합니다. 그런데 이러한 현실은 지금만 그런 것이 아니라 앞으로 가면 갈수록 더욱 심각하게 될 것이라 예측하고 있습니다.

그 이유도 분명합니다. 위에서 말한 대로 지금도 기하급수로 늘어나는 인구 증가에 비해 식량생산이 절대 부족한 것과, 앞으론 이산화가스 증가와 아스팔트 도로포장 등으로 인해 생기는 지구의 온난화 현상과, 프레온 가스 증가로 인해 지구의 오존층 파괴 현상과, 이런 현상으로 인해 자연과 생태계가 무섭게 파괴되는 현상과, 늘어나는 공장과 주택 건설 등으로 심각한 공해와 폐수와 오염 등으로 앞으로 가면 갈수록 식량 부족현상이 더욱 심화 될 것이라 합니다. 정말 예수님의 예언대로 기근이 심하고 흉년이 들어 한 데나리온(노동자 일일 품삯)으로 밀 한되 또는 보리 석되 밖에 살 수 없을 정도로 식량이 절대 부족한 때가 올 것입니다(계6:5-6).

또 지진 문제도 그렇습니다. 지금 세계는 지진의 공포에 사로잡혀 있습니다. 지진이 발생되는 원인은 지구는 13개 판으로 되어 있다 합니다. 북미판, 중국판, LA판, 코코스판, 나즈카판, 태평양판, 인도판, 호주판, 필립핀판, 일본판, 캐를린판, 유라시아판, 아프리카판이 있다고 합니다. 13개 판 100Km 밑에는 '맨틀' 이란 액체가 흐르고 있는데 13개판이 움직이다가 부딪칠 때 생기는 것이 지진이라 합니다. 지진의 움직임이 2,5도 일 때는 인명과 건물의 피해가 없고, 3,0도 일 때는 창문이 다소 흔들리고 물이 출렁이며, 3,5도 일 때는 건물과 물체가 흔들리고 소리가 나며, 4,0도일 때는 건물이 심하게 흔들리거나 물건이 넘어지고, 5,0도일 때는 벽에 금이 가고 비석과 석축이 넘어지고, 6,0도 일 때는 건물이 3% 이상 파괴되고 땅이 금이 가고 산사태가 나며, 7,0도 일 때는 건물이 30% 이상 파괴되며 땅이 갈라지고, 8,0도 일 때는 건물이 완전히 파괴되며 철로가 휘어지고, 9,0도 일 때는 땅이 갈라지고 해일이 일어나며 대 공황 상태가 된다고 합니다.

이런 지진이 이웃 나라 일본은 물론, LA, 터어키, 유고, 인도, 칠레, 중국, 필립핀, 포르투칼, 스페인, 콜롬비아, 맥시코, 등 세계 곳곳에서 자주 일어나고 있습니다. 우리나라는 지진과는 먼 나라로 알았는데 지금 우리나라도 얼마 전 경주에서 일어난 지진을 중심으로 이곳저곳에서 지진이 자주 일어나고 있습니다. 전문가들의 연구 결과에 의하면 앞으로 지진은 더 많이 더 자주 일어 날 것이고 그리고 대형 지진이 일어 날 것이라 경고하고 있습니다. 이 모두가 예수님이 예언하신 대로 마지막 때 곧 주님이 재림하실 때가 가까이 오고 있음을 알려주는 징조들 인줄 믿고 깨어 일어나 준비하는 성도가 되어야 될 줄로 믿습니다.

넷째, 불법이 성하고 사랑이 식어진다고 말씀 하셨습니다. 본문 12절 "불법이 성하고 사람의 사랑이 식어지리라" 말씀 하셨습니다. 이 예언의 말씀 역시 지금 세상 현실과 흡사하게 이루어지고 있습니다. 법은 세 가지가 있습니다. 하나는 하나님의 말씀의 법인 성경전서가 있고, 또 하나는 국민이 지켜야 될 국가의 법인 육법전서가 있고, 또 하나는 인간의 삶속에서 지켜야 될 윤리와 도덕의 법인 삼강오륜이 있습니다. 그런데 지금 우리가 살고 있는 세상을 보면 이러한 법들이 모두 불법화 되어 가고 있음은 누구도 부인할 수 없을 것입니다. 오히려 법을 지키는 사람들이 바보처럼 보여 질 정도로 불법사회가 되어 있습니다.

하나님의 법인 성경 말씀에 불법(불순종)하는 일은 예를 들을 수 없을 만큼 엄청난 죄와 악을 범하고 있는가 하면, 국가의 법도 마찬가지로 법을 만든 사람들이 오히려 법을 어기고, 너도 나도 법을 어겨 사회 질서가 파괴되어 있고, 낮에도 밤에도 마음을 놓고 거리를 다닐 수 없을 만큼 불안한 세상이 되어 버렸습니다. 그런가 하면 사람이라면 누구나 잘 지켜야 될 인륜과 도덕의 법이 추락될 때로 추락되어 부자유친(父子有親)도, 군신유의(君臣有義)도, 부부유별(夫婦有別)도, 장유유서(長幼有序)도, 붕우유신(朋友有信)도 모두 땅에 떨어져 짓밟혀지고 있습니다.

거기다가 사랑까지 식어져서 형제간에, 부자간에, 고부간에, 부부간에, 싸우고 고발하며 이혼하고 죽이고, 가정이 파괴되는 일들이 우리 주변에 비일비재하게 나타나고 있습니다. 옛날에는 비록 어렵게 살았어도 이웃사촌이라는 말이 있을 정도로 서로 나눔이 있었는데, 지금은 옛날에 비해 아주 살기가 좋아졌는데도 이웃이 누구인지 성씨도 모를 정도로 서로 인사도 없이 외면하며 살고 있는가 하면, 이웃과 질시하고, 서로 미워하며, 싸우고, 고발하고 때리고 죽이는 등 사회의 악이 점점 팽배해져 가고 있습니다.

심지어 사랑을 가장 많이 가르치며 가장 많이 말하는 교회와 교인들마저 사랑이 식어져서 신자들의 마음은 송장같이 차디차고, 교회 내의 분쟁과 교판간의 분열이 심화되고 있어 세상 사람들의 비웃음

거리가 되고 있으니 이 모두가 무엇을 말하는 것입니까? 지금이야 말로 만물의 마지막 때요 예수님의 예언대로 예수님 재림의 때가 가까이 오고 있음을 깨우쳐 주시는 말씀으로 알고 우리는 성도의 본분을 잘 지키며 신앙생활 잘 하는 성도가 되시기를 축원합니다.

다섯째, 노아의 때와 같이 타락 될 것이라 말씀 하셨습니다. 마태복음 24:37-39절에 보면 "노아의 때와 같이 인자의 임함도 그러하리라, 홍수 전에 노아가 방주에 들어가던 날까지 사람들이 먹고 마시고 장가들고 시집가고 있으면서 홍수가 나서 그들을 다 멸하기 까지 깨닫지 못하였으니 인자의 임함도 이와 같으리라" 노아의 때 사람들은 먹고 마셨다고 했습니다. 먹고 마신 것이 잘 못 된 것은 아닙니다. 사람은 먹고 마셔야 생존할 수 있습니다. 그러나 여기 말씀에 먹고 마셨다 함은 단순히 생존하기 위해 먹고 마신 것이 아니라, 육신의 향락을 위해 먹고 마시며 즐기고 허랑방탕한 생활을 일삼았다는 말씀입니다. 또 노아의 때 사람들은 시집가고 장가를 갔다 했습니다. 시집가고 장가갔다는 말씀도 잘못된 것 아닙니다. 하나님께서는 남여가 시집가고 장가를 가서 짝을 이루고 자녀를 생산하라 하셨습니다. 그러나 여기 시집가고 장가갔다는 말씀은 단순히 남녀가 시집가고 장가가는 차원을 넘어서 남녀가 성적 퇴폐행위, 불륜적 음란행위가 심했다는 말씀입니다.

노아의 때에 음란 행위를 보면 하나님의 아들들과 사람들의 딸들과의 불륜관계, 네피림 자손들과 불륜관계 등으로 혼혈아가 많이 태어났고, 근친상관이 많았으며, 연령제한 없이 음란이 자행되는 등 실로 끔찍한 음란 행위가 많이 있었습니다. 그 결과 하나님께서 사람 지으심을 한탄하신 후 홍수로 세상을 멸망시키셨다 말씀 했습니다.(창6:6) 그런데 여러분! 지금 우리가 살고 있는 이 세상은 어떻습니까? 노아의 때 그 이상입니다.

사람들은 육신의 안일을 위하여 먹고 마시며 즐기는 물질주의, 향락주의, 쾌락주의에 빠져 있는가 하면, 음란행위 역시 노아의 때와 비교할 수 없을 정도로 때와 장소를 가리지 않고, 연령 제한도 친분관계도 신분관계도 가리지 않고, 차마 입에 담을 수 없을 정도로 음란 퇴폐 행위가 이루어지고 있으니, 지금 이 시대야말로 예수님이 예언하신 말씀대로 만물의 마지막 때요 예수님 재림의 때가 가까이 오고 있음을 깨달으시고, 이런 때 일수록 우리 성도들은 정신을 차리고 근신하며 기도하고 세상의 더러운 물결에 휩싸이지 말고 성도로서 구별된 삶, 성결한 삶을 사는 성결교인이 되시기 바랍니다.

여섯째, 사람들의 마음이 자기중심이 되며 경건한 모습이 없을 것이라 말씀 하셨습니다. 디모데후서3:1-5절에 보면 "너는 이것을 알라 말세에 고통하는 때가 이르러 사람들이 자기를 사랑하며 돈을 사랑하며 자랑하며 교만하며 비방하며 부모를 거역하며 감사하지 아니하며 거룩하지 아니하며 무정하며 원통함을 풀지 아니하며 모함하며 절재하지 못하며 사나우며 선한 것을 좋아하지 아니하며 배신하며 조급하며 자만하며 쾌락을 사랑하기를 하나님 사랑하는 것보다 더 하며 경건의 모양은 있으나 경건의 능력은 부인하니 이같은 자들에게서 네가 돌아서라" 말씀했습니다.

여러분! 오늘 우리 주변의 사람들의 모습은 어떻습니까? 이 예언의 말씀과 꼭 같지 않습니까? 사람들은 자기를 사랑합니다. 돈을 사랑합니다. 자기 자랑하기 좋아합니다. 교만하고 자만 합니다. 비방하기 좋아하고 부모를 거역합니다. 감사가 없고 불경건합니다. 인정심도 동정심도 메말라 있습니다. 원한 관계를 쉽게 풀지 않고 서로 고발합니다. 사납습니다. 쾌락을 즐깁니다. 하나님 보다 세상의 것을 더 사랑합니다. 오늘 사람들의 마음은 예언의 말씀과 똑 같이 자기만 생각하는 자기중심의 사람으로 되어 있습니다.

기독교는 자기만 생각하고 자기중심으로만 사는 종교가 아닙니다. 이웃을 먼저 생각하고 이웃에게 배려하며 이웃을 용서하고 이웃에게 대접하며 사는 이타주의가 되어야 합니다. 이것이 예수님의 정신이요 예수님의 삶이십니다. 이 마지막 때에 우리 성도들은 예수님 정신을 배워 예수님의 정신으로 삶으로 세상의 빛과 소금이 되어야 할 것입니다.

일곱째, 천국 복음이 온 세상 땅 끝까지 전파될 것이라 말씀 하셨습니다. 본문 14절 "이 천국 복음이 모든 민족에게 증언되기 위하여 온 세상에 전파되리니 그제야 끝이 오리라" 예수님의 말씀 곧 복음은 열두 제자와 일부 갈릴리 사람들에게 전파되었습니다. 그런데 놀라운 것은 예수님의 말씀 곧 복음이 제자들과 전도자들을 통하여, 많은 신자들과 전도문서와 TV방송과 컴퓨터, 이메일과 핸드폰, 그리고 각가지 기구들을 통하여 전 세계로 퍼져나가 21세기인 오늘에 와서는 성경(복음)말씀이 1,200 방언으로 번역 되었습니다. 그 복음은 유럽 일대와 영국으로 퍼져 갔습니다. 그 복음은 미국을 중심으로 남, 북 아메리카에 퍼져 나갔고, 그 복음은 우리나라를 중심으로 동남아, 중국, 일본, 러시아에 퍼져 나갔으며, 그 복음은 남, 북 아프리카로 퍼져 나가는 등 5대양 6대주로 퍼져 나가 지금은 전 세계 어느 곳이나 복음이 들어가지 않은 곳이 없을 정도로 주님의 복음이 땅 끝까지 전파되었습니다.

그렇다면 지금이야 말로 예수님이 예언 하신대로 마지막 때 곧 예수님 재림의 때가 임박해 온 줄 믿고 깨어 일어나 다시 오시는 예수님을 맞이할 준비가 있는 지혜로운 성도가 되어야 할 줄로 믿습니다.

사랑하는 성도 여러분! 지금까지 나는 예수님 재림 때의 징조를 7가지 말씀 드렸습니다. 사실은 7가지 외에도 마지막 때에는 "신자들이 모이기를 폐할 것이다(히10:25)", "사람들이 재물을 쌓고 재물을 사랑할 것이다(약5:3)", "교통이 발달되고 지식(과학)이 발전될 것이다(단12:4)", "예루살렘에 군대가 에워 쌓일 것이다눅21:20)", "세계 나라들이 군사가 증강되고 군비가 증강 될 것이다(욜3:9-10)"라 하셨습니다.

여러분 이상의 말씀들을 들으면서 어떤 판단이 생기십니까? 내가 판단하기는 예수님의 예언의 말씀들은 이미 이루어졌든지 아니면 거의 다 이루어져 가고 있다고 판단됩니다. 물론 서두에서 말씀드린 대로 예수님의 재림하시는 그 날과 그 시는 알 수 없습니다. 그러나 예수님이 예언하신 말씀과 현실로 나타난 모든 징조들로 보아 지금 이 시대야 말로 만물의 마지막 때 곧 우리 예수님의 재림의 때가 가까이 오고 있다는 사실은 그 누구도 부인할 수 없을 것입니다. 주님은 말씀 하셨습니다. "너희가 구름이 서쪽에서 이는 것을 보면 소나기가 오겠다 말하고, 남풍이 부는 것을 보면 오늘은 더우리라 하며 일기는 분별하면서 왜 시대는 분별하지 못하느냐(눅12:54-56)"라고 말씀 하셨습니다.

성도 여러분! 이제 우리는 이 시대를 분별하는 지혜를 가져야 됩니다. 그리고 항상 깨어 기도하며 자기 신앙생태를 점검해 보면서 믿음을 굳게 지켜야 됩니다. 그리고 성령의 충만과 성령의 능력을 받고 영적 싸움에서 승리하셔야 됩니다. 그리고 순교의 정신으로 맡은 사명에 충성하다가 주님께 칭찬 받아야 됩니다. 그리고 아직도 믿지 않는 내 가족이나 내 이웃 사람들에게 이 천국 복음을 전파하다가 우리 예수님께서 천사장의 소리와 하나님의 나팔 소리로 구름을 타고 오실 때, 두 손 높이 들고 할렐루야! 아멘! 하며 예수님을 맞이한 후에 영광스러운 저 천국에 올라가셔서 영원히 복락을 누리며 사시기를 주님의 이름으로 축원합니다. 아멘.

무화과나무의
비유를 배우라

마태복음 24장 32~36절

경주중부교회 이종래 목사

　시험 때가 되면 두 부류의 학생들을 보게 됩니다. 한 학생은 날짜
가 다가올수록 깨어서 시험에 대비합니다. 도시락을 두세 개씩 싸들
고 도서관에 틀어박혀서 밤 12시, 1시까지 열심히 공부합니다. 아
무리 놀 거리가 있어도 놀지 않고 주변에서 누가 유혹해도 흔들리지
않습니다. 그런가 하면 어떤 학생은 시험이 바로 내일인데도 평상시
와 똑같습니다. 낮에는 친구들과 어울려 당구 치며 놀고 저녁에는 술
마시며 시시덕거리다가 밤에는 컴퓨터의 유혹에 빠져 꼬박 밤을 새

우고 맙니다. 이 두 학생의 차이가 언제 어떻게 나타나겠습니까? 결과는 금방, 그리고 너무나 뻔히 나타날 것입니다. 이것은 비단 시험을 앞둔 학생들만의 이야기가 아닙니다. 주님이 곧 오실 이 마지막 때를 사는 우리 모두의 문제이기도 한 것입니다.

오늘 본문은 예수님께서 마지막 때에 일어날 일들에 대한 예언 가운데 비유로 주신 말씀입니다. 인류에게는 마지막 때가 있는데 우리가 그것을 어떻게 준비하면 멸망하지 않고 그 위기의 때를 잘 견딜 수 있는지 이 비유를 통해 생각해보려고 합니다.

수험생들이 시험을 치다가 시간이 다 되면 요란하게 벨소리가 울립니다. 그러면 학생들은 문제를 더 풀고 싶어도 풀 수가 없고, 답안지를 감독관에게 제출해야 합니다. 그리고 채점하여 합격의 영광을 얻는 학생과 낙방의 고배를 마시는 학생으로 나뉘게 됩니다. 이처럼 우리 인생도 하나님 앞에서 시험을 치고 있는 것입니다. 이제 하나님이 주신 시간이 다 차게 되면 하나님은 큰 나팔소리와 천사장의 호령소리와 함께 모든 활동을 중지시키고 채점에 들어갑니다. 예수님은 모든 인생들이 지금 하나님 앞에서 시험을 치고 있다고 말씀하십니다. 주어진 시간이 다 지나면 어쩔 수 없이 하나님의 심판이 이루어진다고 말씀하십니다.

사람들은 인류 역사에 대해 여러 가지로 생각합니다. 불교신자들은 인생은 윤회한다고 믿습니다. 그래서 사람이 죽어도 다음에는 다른 짐승으로 태어나거나 또 다른 사람으로 태어난다고 믿습니다. 그런가 하면 어떤 사람은 이 세상에서 한 번 태어나서 살다가 죽으면 모든 것이 다 끝난다고 믿습니다. 그러나 성경은 이 세상에서 태어난 사람들은 모두 하나님 앞에서 시험을 치는 것과 같다고 말씀합니다. 그러므로 모두 다 자기가 이 세상에 살면서 행동한 것에 대해서 하나님의 평가를 받게 될 것이라고 말씀합니다.

그런데 종말에는 두 가지가 있습니다. 하나는 개인적인 종말과 다른 하나는 전체적인 종말입니다. 개인적인 종말은 하나님께서 각자 개인에게 주신 시간이 다 끝나는 것입니다. 그리고 전체적인 종말은 모든 인류에게 주어진 시간이 다 끝나서 결국 인류 역사가 끝나는 것입니다. 그런데 개인적인 종말들이 한꺼번에 합쳐지게 되는 경우가 있습니다. 이것은 전쟁이나 자연재해 등이 일어나서 한꺼번에 수천, 수만 명 심지어는 수십, 수백만 명이 한꺼번에 죽는 것입니다. 이런 재앙이 일어나면 아주 많은 사람들이 한꺼번에 심판의 자리로 가게 됩니다.

21세기 들어서 일어난 인도양 쓰나미, 이라크 전쟁, 중국 쓰촨성 대지진, 아이티 대지진, 네팔 대지진 등이 수만 명 이상이 한꺼번에 죽어서 심판의 자리로 들어간 사건들입니다. 아마도 인류 역사상 한꺼번에 가장 많은 사람이 죽은 사건은 노아의 홍수사건 일 것입니다. 그때 사람들은 노아의 여덟 식구를 제외하고는 모두 다 물에 빠져 죽임을 당했습니다.

그래서 모든 인생들은 이 세 가지 운명 중 하나를 눈앞에 두고 살아가고 있습니다.

i) 개인적으로 하나님의 부름을 받아서 죽는 것입니다.

ii) 전쟁이나 대재앙이 일어나서 많은 사람들이 한꺼번에 죽는 것입니다.

iii) 인류 역사 전체가 완전히 막을 내리는 종말이 있습니다.

마태복음 24장은 인류 역사 전체가 완전히 막을 내리는 종말에 대한 말씀입니다. 그런데 그 종말은 바로 부활 승천하셨던 예수 그리스도께서 다시 오시는 것과 같이 이루어집니다. 그러므로 우리의 관심은 자연히 주님께서 언제 다시 오시는가에 집중될 수밖에 없습니다.

역사상 일어났던 수많은 이단들은 바로 이 예수님께서 다시 오시는 그 때에 대해 잘못된 예언을 해왔습니다. 제칠일안식일교회나 여호와의 증인이나 다미선교회 같은 이단들이 바로 예수님의 재림에 대해 잘못된 예언을 했던 이단들입니다. 분명히 예수님께서는 본문 36절에서 '그날과 그때는 아무도 모른다'고 하셨습니다. 그럼에도 불구하고 예수님의 재림의 때를 말하고 다니는 사람이 있다면 그는 누구든지 간에 이단자입니다.

그런데 예수님은 그날과 그때는 아무도 모르지만 그때에 대한 징조에 대해서는 말씀해주셨습니다. 그 징조 가운데 하나가 본문에서 말씀하는 '무화과나무의 비유'입니다. 이 비유는 해석이 매우 난해한 비유 가운데 하나입니다. 이 비유는 두 가지로 해석이 가능합니다.

하나는 예수님께서 말씀하실 때 이 말씀을 듣던 사람들의 바로 그 세대에서 이루어질 일에 대한 예언이라는 것입니다. 보통 추운 겨울이 지나고 봄이 와서 꽃이 폈다가 지는가 싶은데 곧바로 여름이 찾아옵니다. 특히 팔레스타인 지역은 추운 겨울이 지나고 봄이 오는 가 무섭게 무덥고 긴 여름이 찾아오는 곳입니다.

예수님께서 말씀하시는 '여름'을 무엇으로 보느냐에 따라 이 비유에 대한 해석은 완전히 달라집니다. 그런데 저는 이 '여름'을 이중적으로 보고 싶습니다. 예수님의 말씀을 가만히 살펴보면 이중적인 의미에서 교훈을 주는 경우가 많습니다. 그러므로 여기서 '여름'을 하나는 이스라엘의 멸망으로 보는 것이고 다른 하나는 인류 역사의 종말로 보는 것입니다.

먼저 여름을 이스라엘의 멸망으로 본다면 이것은 예수님의 말씀을 듣고 있던 사람들의 세대에 이루어질 일에 대한 예언입니다. 예수님께서 부활승천하신 후에 이스라엘이 로마에 의해 완전히 멸망할 때까지 불과 40년 밖에 걸리지 않았습니다. 그런데 그때까지 이스라엘은 봄날이 찾아올 것처럼 경제가 부흥되고 잘 살게 되었습니다. 물론당시 이스라엘은 로마제국으로부터 완전히 독립된 것은 아니었지만 상당한 자치권을 가지고 있었습니다. 그런데 경제가 좋아지고 살만해지니까 로마제국으로부터 완전히 독립하기 위해 로마와 전쟁을 버리게 되었습니다. 그러나 이것은 이스라엘의 오판이었습니다. 이스라엘은 로마의 티투스 장군이 이끄는 군대에 의해 초토화되어버리고 말았습니다. 그리고 로마제국은 이스라엘 나라를 완전히 없애 버리고 백성들을 그 땅에 다 내쫓아버렸습니다. 그래서 이스라엘이라는 나라는 세계지도에서 사라져버리고 그 백성들, 즉 유대인들은 전 세계 각지에 흩어져 온갖 수모와 서러움을 겪으면서 살게 되었습니다. 그러므로 여기 예수님께서 '이 세대가 지나기 전에 이 일이 다 일어나리라'고 하신 말씀은 바로 이스라엘의 멸망을 예언하신 말씀이라 볼수 있습니다.

그런데 이 말씀을 이렇게만 해석하는 데는 석연치 않은 부분이 몇 군데 있습니다. 그것은 먼저 지금 이 '무화과나무의 비유'는 예수님의 재림에 대한 말씀과 연결되어 있습니다. 마태복음 24:29-31을 보십시오.

"그 날 환난 후에 즉시 해가 어두워지며 달이 빛을 내지 아니하며 별들이 하늘에서 떨어지며 하늘의 권능들이 흔들리리라 그 때에 인자의 징조가 하늘에서 보이겠고 그 대에 땅의 모든 족속들이 통곡하며 그들이 진자가 구름을 타고 능력과 큰 영광으로 오는 것을 보리라 그가 큰 나팔 소리와 함께 천사들을 보내리니 그들이 그의 택하신 자들을 하늘 이 끝에서 저 끝가지 사방에서 모으리라"

분명히 이 말씀은 예수님의 재림에 대한 말씀입니다. 그러므로 이 무화과나무의 비유도 예수님의 재림에 대한 말씀이라고 볼 수 있습니다. 그 다음에 나오는 본문 33절을 보면 '인자가 가까이 곧 문 앞에 이를 줄 알라'고 말씀하십니다. 이것은 예수님의 재림에 대한 직접적인 언급입니다. 그런가 하면 본문 36절에서 그날과 그때는 아무도 모른다고 하시면서 아들이신 예수님 자신도 모른다고 하셨습니다. 과연 이스라엘의 멸망이 얼마나 대단한 일이기에 예수님 자신도 모를 수 있겠습니까? 아시면서 모른다며 거짓말하신 것은 아닐 것입니다.

그렇다면 여기서 그날과 그때란 이스라엘의 멸망의 때라기보다는 예수님께서 다시 오시는 재림의 때라고 볼 수 있습니다. 물론 예수님께서 지금도 당신이 재림하실 때를 모르고 계신다고 생각하지는 않습니다. 하늘에 오르셔서 완전한 신성을 회복하신 주님은 성부 하나님과 똑같은 지혜와 능력을 가지고 계시기에 다 아신다고 볼 수 있습니다. 다만 예수님께서 육신을 입고 오신 상태에서 그 때를 모른다고 하신 것입니다. 그렇다면 이 비유의 좀 더 정확한 해석은 예수님의 재림과 인류 역사의 종말로 보는 것입니다.

예수님의 비유나 말씀에서 무화과나무는 이스라엘을 상징하는 것을 자주 볼 수 있습니다. 무화과나무와 관계된 예수님의 행적 중에서 납득이 잘 안 되는 사건이 하나 있습니다.

"이튿날 그들이 베다니에서 나왔을 때에 예수께서 시장하신지라 멀리서 잎사귀 있는 한 무화과나무를 보시고 혹 그 나무에 무엇이 있을까 하여 가셨더니 가서 보신즉 잎사귀 외에 아무 것도 없더라 이는 무화과나무의 때가 아님이라 예수께서 나무에게 말씀하여 이르시되 이제부터 영원토록 사람이 네게서 열매를 따 먹지 못하리라 하시니 제자들이 이를 드더라"(막11:12-14)

이 사건은 예수님께서 예루살렘에 입성하신 바로 다음 날 일어난 일입니다. 예수님께서 시장하셔서 길가에 있는 무화과나무의 열매를 따먹으려고 하셨는데 잎사귀만 무성하고 열매가 없었습니다. 그런데 계절로 볼 때 무화과 열매가 맺힐 계절이 아니었습니다. 열매가 맺힐 계절이 아니라면 열매가 없는 것이 당연합니다. 그런데 예수님께서 어떻게 하셨습니까? '영원히 이 나무에서 열매를 맺지 못할 것이라'

고 저주하셨습니다. 그리고 그 다음 날 어떻게 되었습니까? 저주 받은 그 무화과나무는 말라죽고 말았습니다.

어떻게 예수님께서 죄 없는 무화과나무에게 저주를 내리실 수가 있습니까? 너무 지나친 처사가 아닙니까? 그런데 여기 이 무화과나무는 그저 단순한 무화과나무 하나를 가리키는 것이 아닙니다. 이스라엘을 상징합니다. 잎만 무성하고 열매가 없는 무화과나무는 형식적인 종교행위만 무성한 채 실제로 믿음의 열매가 없는 이스라엘 백성들을 상징합니다. 그래서 무화과나무가 말라 죽은 것을 보고 놀라서 묻는 제자들에게 이렇게 말씀하십니다.

"예수께서 그들에게 대답하여 이르시되 하나님을 믿으라 내가 진실로 너희에게 이르노니 누구든지 이 산더러 들리어 바다에 던져지라 하며 그 말하는 것이 이루어질 줄 믿고 마음에 의심하지 아니하면 그대로 되리라"(막11:22-23)

이스라엘 백성들에게는 이러한 믿음이 없었습니다. 실제로 전능하신 하나님을 믿지 않고 있었습니다. 그냥 형식적이고 습관적인 종교의식만 반복하는, 경건한 척 하는 모양만 있었지 실제로 살아계신 하나님을 믿지 않고 있었습니다. 즉 하나님의 뜻을 이루기 위해 이스라엘을 선택하며 많은 은혜와 복을 주셨지만 그들은 배은망덕한 백성이 되었고, 하나님의 뜻을 이루시는데 전혀 도움이 되지 못했습니다. 그러한 이스라엘을 더 이상 이 땅에 남겨두실 필요가 없으신 것입니다. 그러므로 예수님께서 열매 없는 무화과나무를 저주하신 것은 곧 이스라엘의 멸망을 예언한 사건입니다. 그냥 시장한데 열매가 없으니 심술궂게 그 나무를 저주하신 것이 아니었습니다.

그리고 이 사건(막13:28-32) 뒤에 본문의 무화과나무 비유가 나옵니다. 이미 말씀드린 대로 이 비유는 예수님의 재림에 대해 말씀하시는 가운데 하신 말씀이기에 이 비유는 분명히 예수님의 재림과 관련된 말씀이라 할 수 있습니다. 본문 32-33절을 다시 봅니다.

"무화과나무의 비유를 배우라 그 가지가 연하여지고 잎사귀를 내면 여름이 가까운 줄을 아나니 이와 같이 너희도 이 모든 일을 보거든 인자가 가까이 곧 문 앞에 이른 줄 알라"

'인자가 곧 문 앞에 이른 줄 알라'는 말씀은 '예수님의 재림의 시기가 임박한 때인 줄 알라'는 말씀입니다. 언제가 그렇다는 것입니까? '무화과나무의 가지가 연하여지고 잎사귀를 내는 때'가 그렇다는 것입니다. 여기서 '여름'이라는 것은 단순히 무화과나무가 열매를 맺는 계절이라는 뜻으로 볼 수도 있습니다. 그러나 여기서 '여름'은 전체적인 문맥으로 볼 때 '예수님께서 재림하시는 때' 또는 '세상 종말'을 의미한다고 보는 것이 좀 더 깊이 있는 해석이라고 볼 수 있습니다. 그렇다면 여기서 가장 중요한 것은 '무화과나무의 가지가 연하여지고 잎사귀를 내는 때'가 도대체 언제를 가리키는 것이냐 하는 것입니다. 무화과나무가 무엇을 상징한다고 했습니까? 이스라엘 백성, 이스라엘 나라입니다. 그런데 그 나라가 어떻게 되었습니까? 주후 72년에 로마의 티투스 장군에 의해 완전히 멸망당하고 말았습니다. 이스라엘 나라는 지도에서 완전히 사라지고 이스라엘 백성들은 세계 각지에 흩어져서 온갖 수모를 겪으면서 살게 되었습니다. 즉 무화과나무가 뿌리째 말라 죽고 만 것입니다.

그런데 그렇게 말라 죽었던 무화과나무가 언제 다시 살아났습니까? 제2차 세계대전 이후입니다. 정확히 말하면 1948년 5월 14일입니다. 2차 대전을 승리로 이끈 연합군이 옛날 이스라엘이 있던 팔레스타인 지역에 이스라엘 나라를 다시 세우고 흩어졌던 이스라엘 백성들을 세계 각지에서 끌어 모았습니다. 그래서 이스라엘 나라가 다시 세워졌지만 이미 그곳에 살고 있던 팔레스타인 사람들과의 분쟁이 끊이지 않고 있습니다.

어쨌든 무화과나무가지가 연해지고 잎사귀를 내는 것을 말라 죽었던 나무가 다시 살아나서 가지에 생명이 움트는 것으로 보고, 그것을 이스라엘 나라의 회복 또는 재건으로 본다면 지금은 여름이 가까운 때라는 것입니다. 즉 예수님께서 다시 오실 때가 가까이 왔고, 세상 역사의 종말이 가까운 때라는 것입니다. 그래서 본문 33절에서 예수님은 "이와 같이 너희도 이 모든 일을 보거든 인자가 가까이 곧 문 앞에 이른 줄 알라"고 하셨습니다. 즉 이스라엘 나라의 재건이 이뤄지면 예수님께서 재림하실 때가 멀지 않았다는 것입니다. 본문 34절을 봅시다.

"내가 진실로 너희에게 말하노니 이 세대가 다 지나가기 전에 이일이 다 일어나리라."

앞에서 이 비유를 이스라엘의 멸망으로 볼 때 '이 세대가 지나가기 전에 이 일이 다 일어나리라'고 하신 말씀은 그대로 이루어졌다고 볼 수 있습니다. 그런데 예수님께서 다시 오실 때가 가까워졌다는 것으로 해석할 때에는 '이 세대가 지나가기 전에 일어난다'는 말씀이 맞지가 않습니다. 왜냐하면 예수님의 이 말씀을 들었던 당시 사람들은 이미 오래 전에 다 죽었기 때문입니다.

그렇다면 여기서 '이 세대'라는 말을 다르게 해석할 수 있겠습니까? 예수님의 재림 시기에 관한 여러 가지 학설을 주장하는 사람들 가운데 세대주의자들이 있습니다. 그들의 말에 따르면 한 세대를 2천 년으로 보는 것입니다. 그래서 이 말씀을 하신 것이 예수님의 공생애 마지막 주간에 하신 말씀이니 주후 33년이 된다고 볼 수 있습니다. 그리고 한 세대를 2천년으로 본다면 2033년 이전에 다시 오신다는 얘기가 될 수 도 있습니다. 그렇게 본다면 주님 다시 오실 때까지 20년이 채 남지 않았습니다. 그러나 중요한 것은 36절의 말씀입니다.

"그러나 그 날과 그 때는 아무도 모르나니 하늘의 천사들도, 아들도 모르고 오직 아버지만 아시느니라"

우리가 예수님의 말씀을 가지고 그때에 대해서 아무리 추정해 보지만 그날과 그때는 아무도 모른다는 것입니다. 그때만 정확하게 알 수 있다면 문제는 아주 쉬울 것입니다. 아무리 인생을 개판치고 산다고 해도 주님 다시 오시는 그날과 그때만 정확하게 기억하고 있다가 며칠 전부터 회개할 것 다하고 경건한 마음으로 '주님! 어서 오세요!'

하고 맞이하면 됩니다. 그러나 문제는 그날과 그때를 아무도 모른다는 것입니다. 그날이 임박하였다는 것은 알지만 정확하게 그날과 그때를 모른다는 것이 우리 모두의 어려운 점입니다. 그래서 주님께서 강조하시는 말씀이 바로 이것입니다. 오늘 본문 바로 뒤에 나오는 말씀을 보겠습니다.

"노아의 때와 같이 인자의 임함도 그러하니라 홍수전에 노아가 방주에 들어가던 날까지 사람들이 먹고 마시고 장가들고 시집가고 있으면서 홍수가 나서 그들을 다 멸하기까지 깨닫지 못하였으니 인자의 임함도 이와 같으리라"(마24:37-39)

"그러므로 깨어 있으라 어느 날에 너희 주가 임할는지 너희가 알지 못함이니라"(마24:42)

또한 마태복음 25장에서 말씀하시는 열 처녀의 비유가 그것에 대한 말씀입니다. 열 처녀의 비유의 결론이 무엇입니까? 마태복음 25:13을 봅시다.

"그런즉 깨어 있으라 너희는 그날과 그때를 알지 못하느니라"

'깨어 있으라'는 말이 무슨 뜻입니까? 잠도 자지 않고 눈알 뻘겋게 해 가지고 주님 오시기를 기다리라는 말씀입니까? 그런 얘기가 아닙니다. 준비하고 있으라는 것입니다. 노아의 때 사람들처럼 먹고 마시고 시집 장가가는 세상일에만 정신 빼앗겨가면서 살지 말고 노아의 가족들과 같이 방주를 준비하라는 것입니다. 그리고 세상일에 몰두하다 기름이 다 떨어진 줄도 모르고 있다가 신랑이 도착했을 때 허겁지겁 기름 사러 갔다가 혼인잔치에 들어가지 못한 미련한 다섯 처녀들처럼 되지 말라는 것입니다. 미리 미리 기름을 잘 준비해 두었다가 신랑 되신 예수님께서 오실 때 기쁨으로 함께 천국혼연잔치 자리에 들어가라는 것입니다.

주님 오실 날은 확실히 다가왔습니다. 그러나 정확히 언제 오실 지는 아무도 모릅니다. 그러므로 우리는 늘 준비하고 있어야 합니다. 무엇으로 준비해야 합니까? 내용으로 준비해야 합니다. 살아가는 자세로 준비해야 합니다. 그리고 약속의 말씀을 믿는 것으로 준비해야 합니다. 좀 더 무엇을 어떻게 준비해야 되는지 베드로전서 4:7-10을 보겠습니다.

"만물의 마지막이 가까이 왔으니 그러므로 너희는 정신을 차리고 근신하여 기도하라 무엇보다도 뜨겁게 서로 사랑할지니 사랑은 허다한 죄를 덮느니라 서로 대접하기를 원망 없이 하고 각각 은사를 받은 대로 하나님의 여러 가지 은혜를 맡은 선한 청지기 같이 서로 봉사하라"

어떻게 준비하라고 했습니까? 난리가 날 것이니 마트에 가서 쌀과 라면 등 생필품을 싹쓸이 해 두라고 합니까? 아니면 숨어 있기 좋은 튼튼한 저택이나 지하벙커나 도망가기 좋은 큰 자동차를 준비하라고 합니까? 아닙니다.

 i) 정신을 차리고 근신하며 기도하라고 했습니다. 더 이상 세상과 짝하여 살지 말고 성령 하나님과 동행하라는 말씀입니다.

 ii) 뜨겁게 서로 사랑하라고 했습니다. 서로의 잘못을 용서하고 뜨겁게 사랑하는 것이 하나님 앞에서 우리의 죄를 가리울 수 있다는 말씀입니다.

 iii) 선한 청지기 같이 서로 봉사하라고 했습니다. 건강, 시간, 재산, 재능 등은 모두 하나님이 우리에게 맡기신 것이므로 하나님의 뜻에 합당하게 사용하라는 것입니다.

 사랑하는 여러분! 저는 주님이 언제 오실지 모르지만 지금은 주님이 오실 때가 임박한 때라고 믿습니다. 그러므로 늘 깨어 준비하시기 바랍니다! 늘 깨어 기도하시고 서로의 잘못을 용서하고 뜨겁게 사랑하며, 우리에게 맡기신 모든 것을 기꺼이 주님을 위해 사용하시기 바랍니다. 그러므로 언제 어느 순간에 주님 오신다고 해도 '주 예수여 어서 오시옵소서'하면서 반갑게 맞이할 수 있기를 바랍니다.

역사의 꼭짓점: 예수 재림

요한계시록 22장 20절

서울신학대학교 **최인식** 교수

모든 일에는 시작이 있고, 또한 끝이 있습니다. 인생은 잘 죽는 것이 잘 사는 것입니다. 요즘 말로는 '웰 다잉'이 '웰빙'입니다. 인생의 청춘과 건강은 항상 존재하지 않습니다. 반드시 생로병사의 과정을 겪습니다. 가문이나, 회사나, 국가나, 민족 역시 세상에 존재했다가 사라지게 되어 있습니다. 우주의 역사도 마찬가지입니다. 시작이 있으면 반드시 끝이 있습니다.

우리가 승리하는 인생, 후회 없는 인생, 복된 인생을 살기 위해서는 작은 일이든 큰일이든 끝이 있으며, 그 끝을 어떻게 잘 맞이할 것인가를 준비하는 것입니다.

하나님은 인생을 만들 때 코로 숨을 쉬게 만들어서 한 순간도 숨을 들이마시지 않으면 죽게 만들었습니다. 그리고 하루 스물 네 시간을 주기로 해서 날마다 낮에는 활동하다 밤에는 잠을 자게 했습니다. 사계절을 주시어 봄, 여름, 가을이 지나 겨울이라는 계절을 두어 자연의 동면기가 있도록 했습니다.

이로 보건대, 우리 인생을 포함한 온 우주적인 종말과 심판의 날이 반드시 있음을 짐작할 수 있습니다. 성경 히브리서 9장에도 "한번 죽는 것은 사람에게 정해진 것이요 그 후에는 심판이 있으리라"(히 9:27)고 선언하고 있습니다.

그렇다면 우리의 역사와 우주의 끝은 어떻게 오는 것입니까? 하나님께서는 성경을 통해서 분명하게 말씀해 놓고 계십니다. 하나님의 아들 예수 그리스도를 세상으로 다시 보내시어 하나님이 창조한 세상을 완성하시겠다는 것입니다. 하나님이 다스리는 하나님 나라가 온전히 임하게 하시겠다는 것입니다.

세상의 종말에 예수님이 재림하심으로 역사를 하나님의 계획대로 완성하는 날이 올 것입니다. 그러므로 인류 종말의 최대 사건은 예수님의 재림이 될 것입니다. 학자에 따르면, 신약성경에 재림과 관련된 말이 무려 318회나 나타나 있다고 합니다.

우리가 예수님을 믿는 신앙생활을 한다는 것은, 예수님의 십자가 은혜로 우리의 죄가 사해져 하나님의 자녀가 되었을 뿐만 아니라, 인생과 역사의 종말에 예수께서 다시 오시는 재림의 날을 믿고 예수님의 재림을 기다리며 준비하는 삶을 사는 것까지를 말하는 것입니다.

지금부터 우리는 성경이 예수님의 재림에 대해서 무슨 말씀을 하고 있는지 핵심적으로 살펴보도록 하겠습니다.

먼저 왜 예수님께서 다시 오시는지, 재림의 목적에 대해서 성경은 무엇이라 말씀하시는지 살펴보겠습니다. 그리고 예수님께서 재림하시기 전 어떤 징조가 있게 될 것인지, 마지막으로 우리들이 재림 신앙을 가지고 어떤 삶을 살아야 하는 지를 알아보도록 하겠습니다.

1. 재림의 목적

먼저 예수 재림의 목적입니다. 왜 하나님께서는 예수님을 다시 이 땅에 보내시려고 하는 것인가요? 적어도 3가지 목적이 있음을 알 수 있습니다.

첫째는 하나님의 자녀들을 완전한 구원하기 위함이고, 둘째는 하나님의 뜻을 거역한 세상을 심판하기 위함이고, 셋째는 역사 가운데 하나님 나라 곧 천년왕국을 이루시기 위함입니다.

첫째로, 예수님을 믿고 하나님의 뜻대로 순종하며 살고 있는 하나님의 자녀들에게 완전한 구원을 주기 위해서 예수께서 재림하십니다.

그리스도인들은 "그리스도 안에서... 그의 피로 말미암아 구속 곧 죄사함을 받았(으나)"(엡 1:7) 그 완성은 미래에 이루어집니다. 예수님께서도 미래에 있게 될 구원의 완성에 대해서, "이런 일이 되기를 시작하거든 일어나 머리를 들라. 너희 구속이 가까웠느니라"(눅 21:28)고 말씀하셨습니다.

예수님의 재림을 통하여 하나님의 자녀들은 적어도 4가지 과정을 통해 완전한 구원을 경험하게 됩니다.

(1) 예수님이 재림하실 때 세상의 모든 하나님의 자녀들이 재림하시는 예수님께 모이게 될 것입니다. 말씀하십니다. "그들이 인자가 구름을 타고 능력과 큰 영광으로 오는 것을 보저가 큰 나팔 소리와 함께 천사들을 보내리니 저희가 그 택하신 자들을 하늘 이 끝에서 저 끝까지 사방에서 모으리라."(마 24:30-31)

(2) 예수님이 재림하실 때 죽은 자들이 부활하게 될 것입니다. 말씀하십니다. "주께서 호령과 천사장의 소리와 하나님의 나팔로 친히 하늘로 좇아 강림하시리니, 그리스도 안에서 죽은 자들이 먼저 일어나리라"(살전 4:16). 또한 말씀하십니다. "나팔소리가 나매 죽은 자들이 썩지 아니할 것으로 다시 살리라."(고전 15:52)

(3) 예수님이 재림하실 때 살아 있는 하나님의 자녀들은 들림을 받게 될 것입니다. 말씀하십니다. "우리 살아 남은 자도 저희와 함께 구름 속으로 끌어 올려 공중에서 주를 영접하게 하시리니, 그리하여 우리가 항상 주와 함께 있으리라."(살전 4:17). 말씀하십니다. "우리가 다 잠 잘 것이 아니요... 마지막 나팔에 순식간에 홀연히 다 변화하리니 나팔 소리가 나매 죽은 자들이 썩지 아니 할 것으로 다시 살고 우리도 변화하리라."(고전 15:5-52).

(4) 예수님이 재림하실 때 하나님의 자녀들은 영광스럽게 될 것입

니다. 말씀하십니다. "우리 생명이신 그리스도께서 나타나실 그 때에 너희도 그와 함께 영광 중에 나타나리라."(골 3:4). 말씀하십니다. "거기로서 구원하는 자 곧 주 예수 그리스도를 기다리노니 그가 만물을 자기에게 복종케 하실 수 있는 자의 역사로 우리의 낮은 몸을 자기 영광의 몸의 형체와 같이 변케 하시리라."(빌 3:20-21).

예수 재림의 두 번째 목적은 세상을 심판하려는 것입니다.

구약성경의 이사야 선지자를 통해 예언한 바와 같습니다: "너희는 애곡할찌어다. 여호와의 날이 가까웠으니 전능자에게서 멸망이 임할 것임이로다."(사 13:6). 예수께서도 말씀하셨습니다: "그런즉 가라지를 거두어 불에 사르는 것 같이 세상 끝에도 그러하리라. 인자가 그 천사들을 보내리니 그들이 그 나라에서 모든 넘어지게 하는 것과 또 불법을 행하는 자들을 거두어 내어 풀무 불에 던져 넣으리니 거기서 울며 이를 갈게 되리라."(마 13:40-42).

예수 재림의 세 번째 목적은 이 땅위에 하나님 나라를 완성하기 위함입니다.

이것은 미래에 이루어질 예언이기 때문에 이와 관련된 성경 말씀은 요한계시록 20장 1-6절입니다: 말씀하십니다. "예수를 증언함과 하나님의 말씀 때문에 목 베임을 당한 자들의 영혼들과 또 짐승과 그의 우상에게 경배하지 아니하고 그들의 이마와 손에 그의 표를 받지 아니한 자들이 살아서, 그리스도와 더불어 천 년 동안 왕 노릇 하니, (그 나머지 죽은 자들은 그 천 년이 차기까지 살지 못하더라) 이는 첫째 부활이라. 이 첫째 부활에 참여하는 자들은 복이 있고 거룩하도다. 둘째 사망이 그들을 다스리는 권세가 없고, 도리어 그들이 하나님과 그리스도의 제사장이 되어 천 년 동안 그리스도와 더불어 왕 노릇 하리라."(계 20:3-6).

이에 대한 해석은 다양합니다. 이 본문에 따르면 예수님께서 재림하신 후에 이 땅위에서 천 년 간 통치하시는 천년왕국을 세우신다는 것입니다. 천년을 문자적으로 해석하느냐, 혹은 상징적으로 해석하느냐에 따라 천년왕국이 예수님의 재림 전일 수도 있고, 재림 후일 수도 있는데, 어떤 입장을 따르든지 예수님의 재림을 통해서 천년왕국이 완성이 되든지, 시작이 되든지 한다는 것입니다. 다시 말해서, 예수님의 재림이 없으면 하나님 나라는 완성되지 않는다는 말씀입니다. 하나님의 자녀 된 자들은 천년왕국의 하나님 나라에서 "하나님과 그리스도의 제사장이 되어 천 년 동안 그리스도와 더불어 왕"처럼 거룩함과 능력을 갖춘 백성들이 된다는 것입니다.

오늘날 참된 그리스도인인지 아니면 믿음이 있다고는 하나 불신자와 같은 자가 아닌지를 구별하는 확실한 기준이 있습니다. 주 예수 그리스도의 재림을 맞이할 준비를 하고 있는지를 확인하는 것입니다. 성경은 오늘 본문 한 절의 말씀처럼 "내가 진실로 속히 오리라"는 재림 예수의 말씀을 믿고 "아멘 주 예수여 오시옵소서"라고 대답하며 속히 오실 예수님을 맞이할 준비를 하는 나와 여러분이 되시기를 축복합니다.

2. 재림의 징조들

예수님께서 인류 역사의 꼭짓점에서 재림하실 때 이 땅에서는 큰 틀에서 두 가지 현상이 두드러지게 나타나게 될 것을 성경은 예언하고 있습니다. '하나님의 진리를 대적하는 악한 영이 강하게 활동하는 현상'과 이와 반대로 '진리의 성령이 강력하게 나타나는 현상'이 나타나게 될 것입니다.

하나의 징조는, 우리의 삶에는 악한 영의 활동으로 인하여 그리스도를 대적하는 죄악이 넘쳐나게 된다는 것입니다.

성경은 말씀합니다: "지금은 마지막 때라. 적그리스도가 오리라는 말을 너희가 들은 것과 같이 지금도 많은 적그리스도가 일어났으니 그러므로 우리가 마지막 때인 줄 아노라."(요일 2:18). 거짓 선지자들이 나타나서 하나님의 자녀들이 믿음을 잃게 됩니다. 성경은 말씀합니다: "성령이 밝히 말씀하시기를 후일에 어떤 사람들이 믿음에서 떠나 미혹하는 영과 귀신의 가르침을 따르리라."(딤전 4:1). 예수님께서 말씀하십니다. "불법이 성하므로 많은 사람의 사랑이 식어지리라."(마 24:12).

바울은 보다 구체적으로 20가지를 말씀합니다. "너는 이것을 알라. 말세에 고통하는 때가 이르러, 사람들이 자기를 사랑하며, 돈을 사랑하며, 자랑하며, 교만하며, 비방하며, 부모를 거역하며, 감사하지 아니하며, 거룩하지 아니하며, 무정하며, 원통함을 풀지 아니하며, 모함하며, 절제하지 못하며, 사나우며, 선한 것을 좋아하지 아니하며, 배신하며, 조급하며, 자만하며, 쾌락을 사랑하기를 하나님 사랑하는 것보다 더하며, 경건의 모양은 있으나 경건의 능력은 부인하니, 이같은 자들에게서 네가 돌아서라."(딤후 3:1-5).

한 편에서는 이처럼 죄악이 넘쳐나지만, 다른 한 편에서는 진리의 성령이 역사하는 것을 경험하게 될 것입니다.

마지막 때에 죄악을 이기고, 믿음을 견고히 지키고, 하나님의 복음을 주님 오실 때까지 증거 할 수 있도록 성령세례를 통해 성령으로 충만한 삶을 사는 성도들과 교회들을 보게 될 것입니다. 성경은 말씀합니다: "하나님이 말씀하시기를 말세에 내가 내 영을 모든 육체에 부어 주리니 너희의 자녀들은 예언할 것이요 너희의 젊은이들은 환상을 보고 너희의 늙은이들은 꿈을 꾸리라."(행 2:17). "세월을 아끼라. 때가 악하니라.... 술 취하지 말라. 이는 방탕한 것이니 오직 성령으로 충만함을 받으라."(엡 5:16.18).

3. 재림 맞이 준비의 삶

그러므로 우리 하나님의 자녀들은 주님의 재림을 맞이하기 위하여 어떤 삶에 참여해야 하겠습니까?

진리의 성령으로 충만한 삶에 참여함으로써 진리를 거슬리는 악한 영의 활동에 저항하는 삶이 되어야 할 것입니다. 이를 위해서 예수님의 재림 맞이 준비를 하는 자들은 재림의 주께서 이미 말씀하신 대로 순종하면 될 것입니다.

무엇보다도 첫째는 '깨어 준비하라'고 말씀하십니다. "그러므로 깨어 있으라. 어느 날에 너희 주가 임할는지 너희가 알지 못함이니라."(마 24:42). "이러므로 너희도 준비하고 있으라. 생각하지 않은 때에 인자가 오리라."(마 24:44). 그렇지 않으면 미련한 다섯 처녀들이 기름을 사러 간 사이에 신랑이 오므로 주님은 준비하였던 슬기로운 다섯 처녀들과만 혼인 잔치에 들어가고 문은 닫히게 될 것입니다(마 25:10).

또한, '적은 일에 충성하라!'고 말씀하십니다. 주께서 달란트의 비유를 통해 "오랜 후에 그 종들의 주인이 돌아와 그들과 결산할 새... 잘하였도다. 착하고 충성된 종아, 네가 적은 일에 충성하였으매 내가 많은 것을 네게 맡기리니 내 주인의 즐거움에 참여할지어다."(마 25:21)

또한, "사랑하라!"고 말씀하십니다. 양과 염소의 비유를 통해 말씀하십니다. "내가 주릴 때에 너희가 먹을 것을 주었고, 목마를 때에 마시게 하였고, 나그네 되었을 때에 영접하였고, 헐벗었을 때에 옷을 입혔고, 병들었을 때에 돌보았고, 옥에 갇혔을 때에 와서 보았느니라... 너희가 여기 내 형제 중에 지극히 작은 자 하나에게 한 것이 곧 내게 한 것이니라."(마 25:35~36, 40).

마지막으로, '땅 끝까지 복음을 전하라!'고 말씀하십니다. "이 천국 복음이 모든 민족에게 증언되기 위하여 온 세상에 전파되리니 그제야 끝이 오리라"(마 24:14).

우리가 이러한 주님의 말씀에 기쁨과 감사함으로 참여한다면, 이야말로 우리가 영생을 누리게 될 하나님의 자녀들임을 말해주는 움직일 수 없는 증거가 될 것입니다. 주님께서 속히 오시리라는 신실한 주님의 약속에 대한 신앙, 이 재림 신앙은 우리에게서 난 것이 아니요, 주께서 우리에게 주신 은총의 선물입니다. 그러므로 어떠한 종말론적 위기의 상황 속에서도 이 소중한 선물을 잃어버리지 말고, 세상에 빼앗기지 말고, 끝까지 지키는 주님의 백성들이 되어야 할 것입니다. 오늘도 어두움의 권세들은 하나님의 자녀들을 불신앙으로, 불순종으로 떨어뜨리려 하나, 끝까지 예수 재림의 신앙을 붙잡고 최후의 승리자들이 되기를 축복합니다.